旅游与饭店服务实训系列丛书

JIUDIAN FUWU SHIXUN JIAOCHENG

酒店服务实训教程

（中级）（第2版）

韩 鹏 刘晓芬 主 编
杨 丹 李 涛 副主编
韩 彧 参 编
缪小玲 主 审

北京·旅游教育出版社

图书在版编目（CIP）数据

酒店服务实训教程：中级 / 韩鹏，刘晓芬主编. -- 2版. -- 北京 ：旅游教育出版社，2021.7 （2024.8）
（旅游与饭店服务实训系列丛书）
ISBN 978-7-5637-4269-1

Ⅰ. ①酒… Ⅱ. ①韩… ②刘… Ⅲ. ①饭店－商业服务－教材 Ⅳ. ①F719.2

中国版本图书馆CIP数据核字(2021)第117277号

旅游与饭店服务实训系列丛书
酒店服务实训教程（中级）
（第2版）
韩　鹏　刘晓芬　主　编
杨　丹　李　涛　副主编

责任编辑	刘彦会
出版单位	旅游教育出版社
地　　址	北京市朝阳区定福庄南里1号
邮　　编	100024
发行电话	（010）65778403　65728372　65767462（传真）
本社网址	www.tepcb.com
E - mail	tepfx@163.com
排版单位	北京旅教文化传播有限公司
印刷单位	北京市泰锐印刷有限责任公司
经销单位	新华书店
开　　本	720毫米×960毫米　1/16
印　　张	15
字　　数	236千字
版　　次	2021年7月第2版
印　　次	2024年8月第5次印刷
定　　价	45.00元

（图书如有装订差错请与发行部联系）

前言

“绿水青山就是金山银山”是习近平总书记做出的重要科学论断，大力发展旅游产业，就是将之付诸实践。“十三五”期间，我国旅游业得到了前所未有的发展势态，旅游业发展指数达到了发展战略的要求，紧跟着国家发展战略的步伐，并且大步往前走，跻身于支柱产业范畴，已经成为我国经济战略支柱产业。旅游业的发展趋势是：经济的发展，社会的进步，旅游已经成为人民日常生活的一种消费；对旅游产品和服务的要求越来越高，旅游需求的品质化和中高端化趋势日益明显；旅游发展越来越全面和打破行业疆界；旅游业发展紧跟时代的脉搏，趋于现代化；在旅游业的发展过程中，广泛地使用现代信息技术。近年，高端酒店市场全面回暖，本土品牌加快了发展步伐，纷纷发力自营品牌；市场投资趋于理性，新开业酒店更多集中在中档。

现在饭店的核心业务是怎样的？饭店现在都在忙着抓服务质量、抓品牌、做工程改造，等等。但在所有的工作里面居于核心地位的有两块：一块是以互联网为代表的技术层面的工作；一块是服务，即当今时代最符合消费者需求的服务。这两项工作构成了当今中国饭店业最为核心的内容，也是这个时代饭店产业的主要矛盾。随着时间的推移，技术和服务这两块所占的比重将会继续提升，服务的改造和对技术的应用会继续深化，而其他要素的重要程度仍然会继续降低。

从技术层面来看，智能酒店不断有巨头加入，但各家的合作目前仍处在小范围试水推进当中，目前已有超过 10 万家酒店加入“未来酒店”战略。腾讯 QQ 与长隆集团达成战略合作，其中最受人瞩目的便是双方基于技术层面的合作，在珠海长隆企鹅酒店基础上共同打造的全球首家 QQ 智能主题酒店。在此之前，阿里巴巴集团旗下的 OTA 平台飞猪、国内最大在线旅游企业携程已有相应的智能酒店战略出台；从服务层面来看，酒店业经过30多年的发展已形成庞大的产业规模，在推动我国经济发展中发挥着越来越重要的作用。同时关注服务、重视服务又是这个行业的根本，在“中国服务”这一国家品牌创建过程中，酒店理应成为创新者、展示者与引领者。

这种认知，不论是对于酒店业务的理解，还是指导如何开展人才培养、人才培训，都具有非常重要的指导意义：首先，当今酒店业迅速发展技术手段比比皆是，而酒店管理专业课程资源有限，大多数使用传统的纸质版教学工具，即便有辅助学习资料仍然使用PC端学习，使用移动端学习的资源很少，这种单一的学习素材显然不符合互联网的时代要求；其次，从学生的职业生涯来看，在酒店实践与工作中，技能和知识掌握是需要不断学习的，然而酒店管理专业实训类的教材大多没有体现出学习的渐进性。酒店相关知识纷繁复杂，往往需要几年时间掌握，而这些酒店专业核心课程安排往往只有一个学期，由此对于学生理解知识和掌握技能是不利的；最后，理论和实践结合程度不够，在实践中缺乏理论，在理论中又缺乏实践，经常出现理论部分和实践部分各自独立的情况，没有很好地梳理理论知识和实践知识的相互关系，由此不利于学生更好地吸收酒店管理知识和技能。

为了让大家全面、系统地掌握酒店服务技能相关知识，我们以现代酒店业为背景，以学生认知能力为主线，以理论和实践结合为导向，以酒店核心部门为模块对学习内容进行了编排，其内容重点针对酒店服务与管理中级部分，适用于酒店管理专业的学生，也适用于有一定酒店实训基础的学生，还适用于新入职的酒店员工。本书主要从前厅、客房、餐饮及English for Hospitality四个方面介绍了酒店服务实训中级知识。

为了让学生们更好地吸收所学知识，编者还在多数小节后编写了配套的“练习”，题型有单选题和判断题，供同学们巩固所学知识。

本修订版在第1版编写框架不变的前提下，主要在以下几个方面进行了调整：

1. 内容更新。由于酒店业快速发展，各项统计数据有所变化，本修订版对相关数据进行了更新和补充。

2. 勘误修改。由于编者水平有限，第 1 版中存在疏漏和不合理之处，修订版重点做了修改。

本教材是在武汉职业技术学院和旅游教育出版社的共同努力下完成的，武汉职业技术学院韩鹏副教授完成了前厅部系统概览、客房部客房清扫服务和餐饮部中餐厅服务相关内容的编写工作；湖北省旅游学校刘晓芬老师编写了西餐厅服务和其他服务规范；武汉职业技术学院杨丹老师编写了预订接待和账务处理；湖北省旅游学校李涛老师编写了客房对客服务和公共区域清洁保养；武汉信息传播职业技术学院韩彧老师编写了 English for Hospitality；全书由武汉职业技术学院缪小玲副教授主审。

在此感谢旅游教育出版社的编辑为教材出版所付出的巨大努力。本书融可操作性、理论性与实用性于一体，该教材不仅是职业院校酒店管理专业的教学用书，也是服务行业培训教材和酒店服务类技能大赛的用书。由于时间仓促、编者水平所限，书中的问题和不足在所难免，敬请读者批评指正。

武汉 · 光谷
武汉职业技术学院
韩鹏
2021 年 4 月

目录
CONTENTS

前厅部

客房部

餐饮部

English For Hospitality

前厅部

第一章　系统概览

第一节　基本概念

酒店企业所涉及的信息系统非常广泛，涵盖一系列的软件和设备，本书将以某连锁集团酒店管理信息系统作为原型系统，从酒店日常运营最重要的酒店前台管理系统开始谈起。

酒店管理系统中有很多与酒店业务紧密相连的概念，只有熟悉了这些概念，读者才能很好地理解和掌握酒店管理信息系统的基本应用。

用户名：操作员的系统工号，最长可以是 20 位，编号形式没有特别规定，可以是数字、字母，也可以是字母与数字的结合，如 156、A15、ZXJK 等都可以定义为工号。用户名是唯一的，与员工实际工号有区别。

密码：密码长度可以为 1 至 32 位，输入时要注意字母的大小写。进入酒店管理系统的初始密码是由电脑管理员（或工程师）定义的，操作员用初始密码进入系统后，可以对密码进行修改。

宾客分类：系统将宾客分为散客与团队。

主单：本系统中把散客、团体的预订主单称为预订单，登记入住主单称为登记单。

账号：账号是客人账单的计算机代号，它由计算机自动产生。系统中涉及的账号有散客账号、团队账号、AR 账号、消费账号等。账号是按照流水号进行命名。

房类：这是房间类型代码，最多可以是三位，这三位既可以是字母、数字，也可以是两者的结合。房类一般由工程师或电脑管理员在代码配置中定义。如可以定义“ST”表示标准双床房；定义“NDK”表示无烟豪华大床房。

房价码：酒店针对不同的客户有不同的房价销售策略，一个房价码代表一套销售价。一般酒店需要建立的房价码有门市价、协议价、折扣价等。若不同的协议单位协议价不一样，可以再细分为协议价 A、协议价 B 等。

1. 宾客状态

主单状态反映一个客人的信息在酒店中所处的状态，本系统对客人的不同状态用专门的字母表示，具体见表 1–1。

表 1–1　客人状态

状态含义	备注
预订状态	基本状态
当前在住	
本日结账	
被取消的预订	
应到未到，即 No Show	其他状态
被删除的预订单（默认系统保存时间为 40 天）	
临时挂账（退房未结账）	

2. 客房状态（见表 1–2）

表 1–2　客房状态

房态含义
干净房
脏房
住净房
住脏房
维修房
锁定房

第二节　基础操作

1. 登录

一般系统管理员会把酒店管理软件的快捷方式放在电脑桌面上，操作员只需找到图标，双击即可打开登录窗口，如图 1–1 所示。

图 1–1　登录窗口

正确输入班次、用户名、密码三项信息，按回车键或单击登录即可进入系统，如图 1–2 所示。

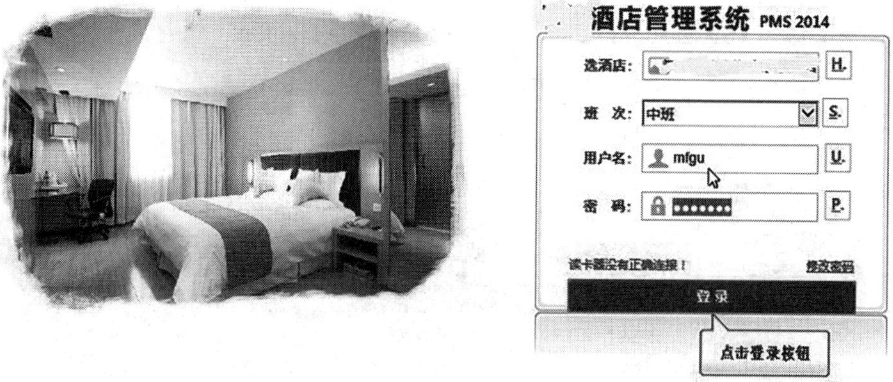

图 1–2　进入系统

2. 退出

单击系统主界面右上角的图标 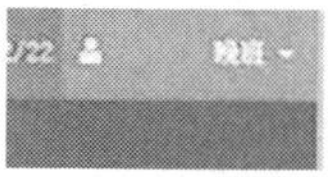，弹出如图 1–3 提示，点确定即可退出系统。

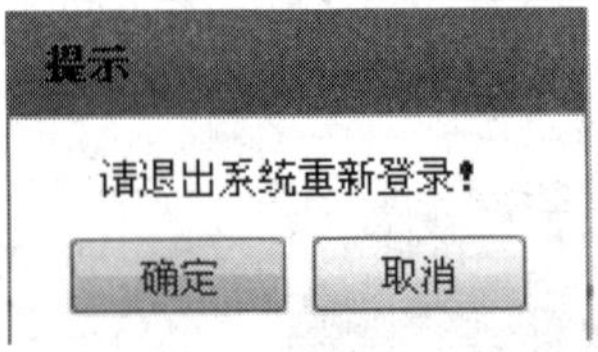

图 1–3　退出系统

3. 密码修改

每位需要操作 PMS（酒店管理系统）的员工都应有自己的账号，以便于对员工操作进行有效的检查和审核，实现“谁的 code 谁负责”，系统的可维护性和安全性。为防止泄密，操作员应该经常修改自己的密码（因为密码泄密可能造成一定的经济后果）。该功能只有在正确输入原密码的情况下才能修改成功（以防他人误改）。

操作步骤如下：

（1）系统登录界面中，单击右下角的修改密码，打开密码修改窗口。

（2）如图 1–4 所示，然后根据系统提示，输入用户名、旧密码、新密码，确认新密码，最后确认修改即可。

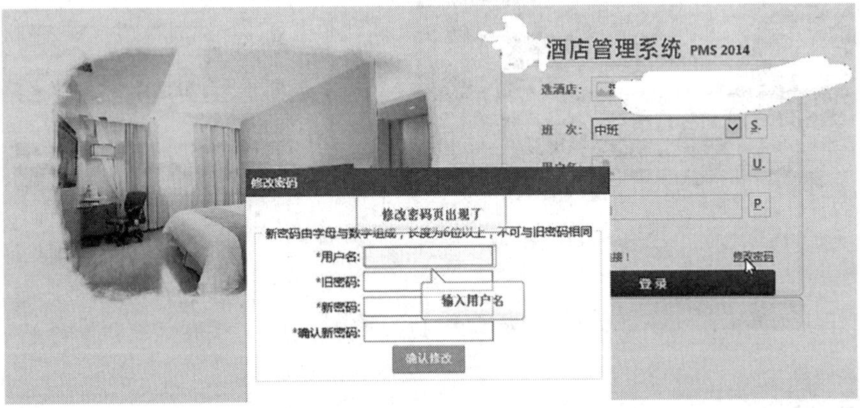

图 1–4　密码修改窗口

第三节　系统模块主界面介绍

系统登录后，主界面包括预订、接待、收银账务、客房管理、财务管理、会员管理、礼宾服务、报表系统、其他应用和后台管理十大模块。本教材主要介绍预订、接待、收银账务和礼宾服务四大模块。如图 1–5 所示。

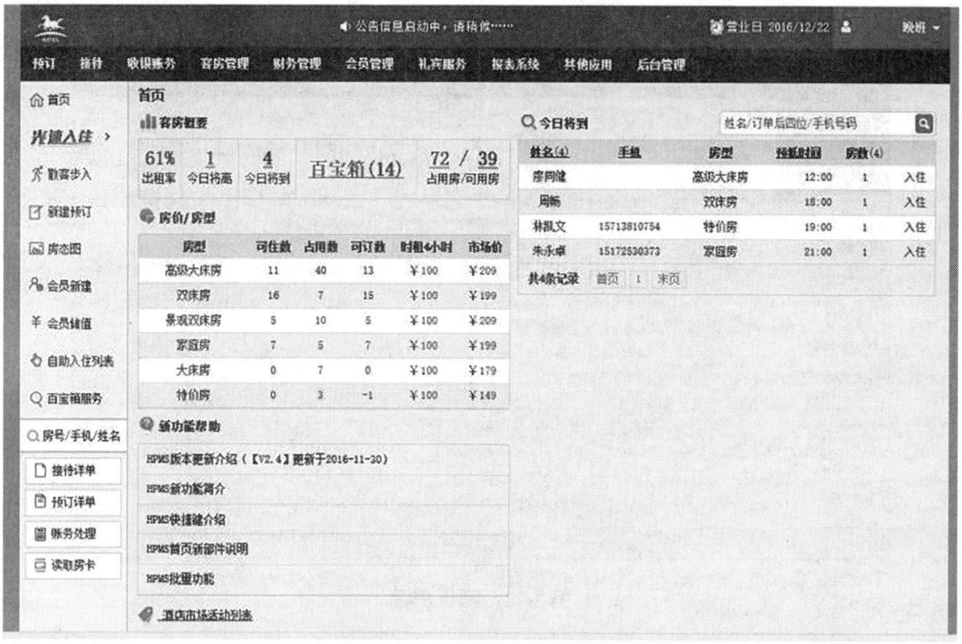

图 1–5 主界面

1. 日期

主界面右上角为系统日期显示区，当前系统日期为 2016 年 12 月 22 日，注意，当前实际日期为 2016 年 12 月 23 日，这就表明，系统日期不等于实际日期，这一设定的关键在于酒店夜审（Night Audit）的操作。

在酒店经营中，一天经营的结束并非以晚 12 点为标志，而是以夜审为标志。只有顺利地通过夜审，PMS 的系统日期才会更新，即一次成功的夜审会让 PMS 系统日期增加一天，且只有夜审才会产生客房费用。在实际运营酒店中，PMS 系统日期和实际日期必须满足：

· PMS 系统日期 = 实际日期

· PMS 系统日期 = 实际日期 –1

2. 预订

预订模块界面包含新建预订、预订列表、历史预订列表和团队长包预订四个子模块，如图 1-6 所示。

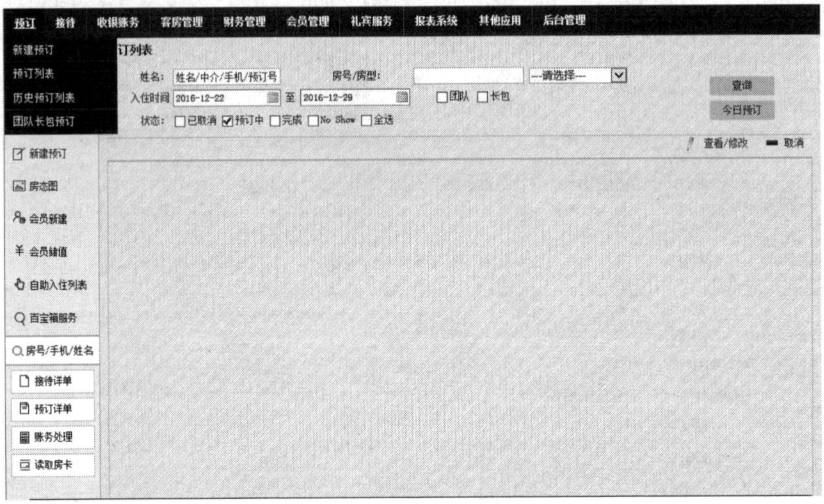

图 1-6　预订界面

3. 接待

接待模块界面包含散客步入、接待列表、夜审、客历管理、历史接待列表、催账、提前打印发票七个子模块，如图 1-7 所示。

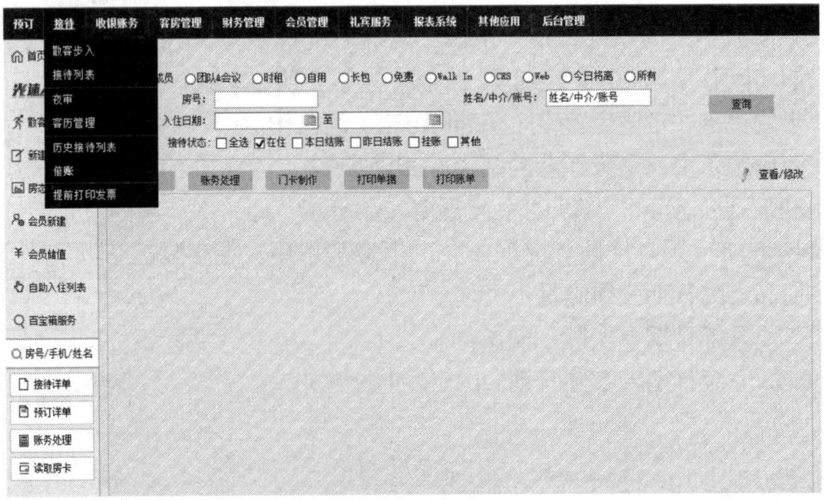

图 1-7　接待界面

4. 收银

收银账务界面包含账务列表、现付账、永久账户、账务历史列表、早餐购买、早餐录入和早餐查询七个子模块，如图 1-8 所示。

图 1-8　收银账务界面

5. 客房管理

客房管理界面包含实时房态、远期房态、区域房控和房量控制四个子模块，如图 1-9 所示。

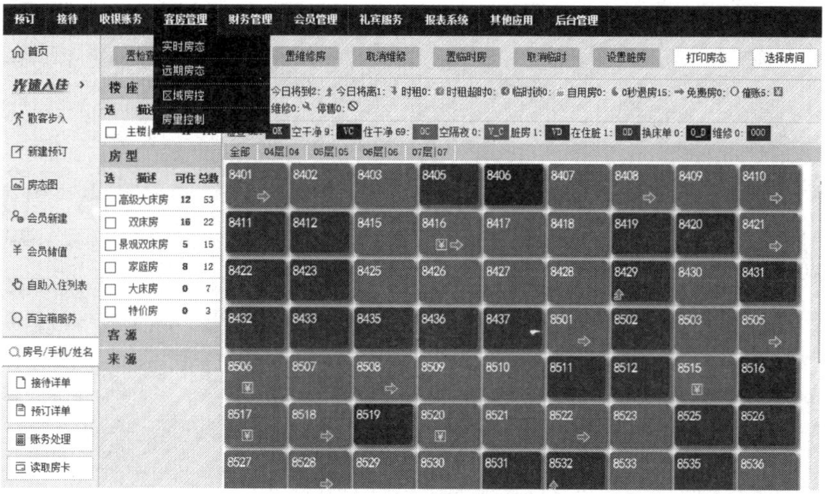

图 1-9　客房管理界面

PMS是酒店运营的基础工具，首先应掌握系统登录操作，熟悉系统主界面的布局、功能等，本章节以PMS为例，介绍了酒店管理信息系统的总体概览。夜审与PMS日期关联原则是重点，理解PMS原则的关键，应站在整个酒店经营的角度进行深入理解。

【自我评估】

1. PMS日期与实际日期不符的情况最有可能发生在（　）。

A. 凌晨1:00　　B. 早晨9:00　　C. 中午12:00　　D. 下午5:00

2. 酒店员工离职后，酒店为保护系统信息的安全，应该（　）。

A. 不予理会　　B. 通知酒店停用IT

C. 给新员工使用　　D. 作为通用工号

3. 某酒店前台存在一个班别使用一个工号，或者一天全部使用一个工号的现象。这样做的风险是（　）。

A. 只要大家细心，没有风险

B. 员工上班时间无法监控

C. 账目及责任不清晰，错账无法对应查询

D. 无法给客人进行账目操作

第二章　预订接待

预订（Reservation）服务的产生和发展的历史就是科技发展对酒店业影响与变革的发展史。由于缺乏有效、经济的通信手段，早期酒店并不提供预订服务。1940 年，威斯汀酒店最早推出预订系统 Hotel Type，提供了可以即时确认的预订服务，但这种预订是基于数量而非房型层面。由于当前的 PMS 存储了每间客房的详细信息，包括客房类型、楼层、朝向，甚至客房详细描述和照片，预订员可以用随时查询某天某种房型的客房和房价信息。这样根据信息系统所提供的信息，结合客人所提出的房型、位置、价格等需求，可以及时确认预订并生成预订确认单。

在介绍预订之前，必须先了解一下预订与宾客档案的关系。宾客档案是酒店关于客人、公司、旅行社、订房中心、团队的信息汇总，包括基本信息、住店历史、当前预订、房价折扣等，是 PMS 运营的核心，是预订的基础，其关系主要为三点：①一个预订仅有一个宾客档案与之关联。这种关联建立后，可以在预订、入住、在住阶段进行修改；②当顾客第一次预订（或入住）酒店时，PMS 会自动为顾客建立与之关联的宾客档案；③当顾客再次预订酒店时，PMS 将顾客与已经存在的宾客档案进行关联，从而形成正确的宾客统计信息。

第一节　预订新建

下面主要介绍预订的操作步骤。

1. 新建预订

根据提示逐步进行操作，步骤如图 2–1 和图 2–2 所示。

图 2-1　新建预订页面 1

图 2-2　新建预订页面 2

2. 提交订单

其次，根据提示输入姓名、手机号、选择入离日期、房型、预订房量后，点击提交订单按钮。如图 2–3、图 2–4 所示。

图 2–3　录入信息

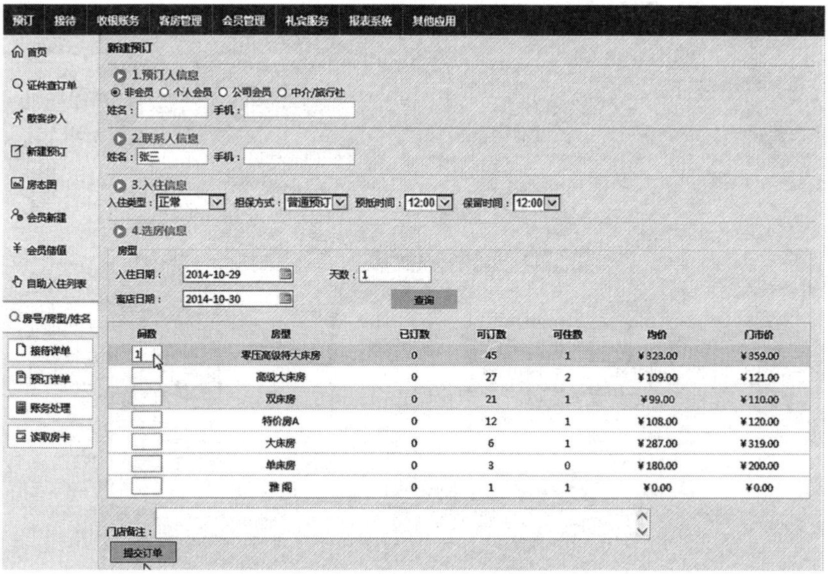

图 2–4　提交订单

3. 保存

最后弹出核对订单信息窗口，确认无误后点击保存订单按钮，按提示保存成功后点击确定按钮，最后在页面右上角会生成预订号，即预订成功。步骤如图 2–5、图 2–6、图 2–7 所示。

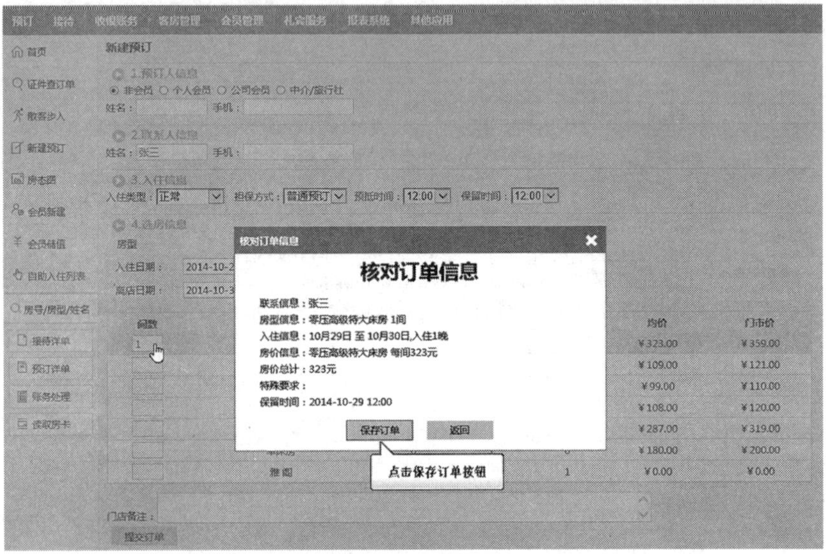

图 2–5　保存订单

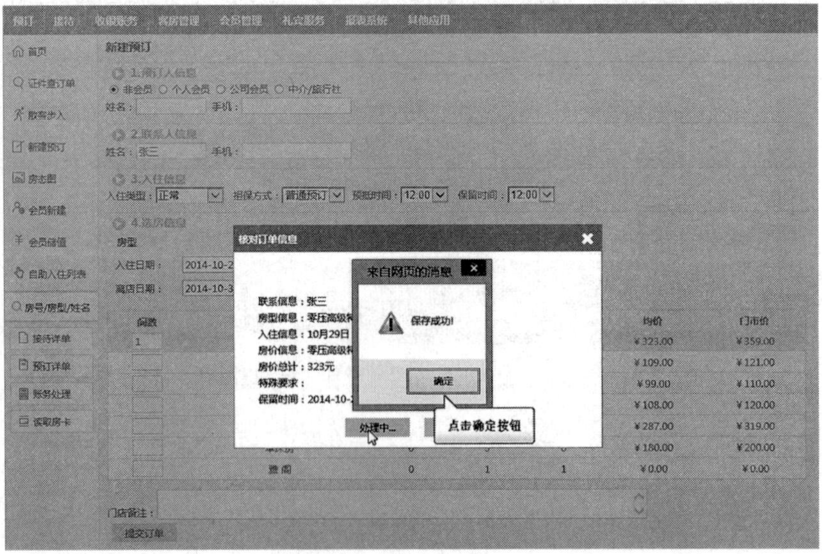

图 2–6　保存成功

图 2-7　预订成功

4. 预订确认

预订操作完成后，可进行预订确认单的导出、打印、E-mail 或者传真。

第二节　预订查询、修改

不论预订过程如何顺利，预订修改、取消和恢复都是客人常见的需求。在这种情况下，客人与酒店联系要求对预订做出修改，客服首先要迅速、准确地找到预订信息，确定之后再做修改。与此同时，预订修改的时间、修改人、修改前后的内容等信息都要准确记录，以便于日后查询。已经完成的预订可以取消，被取消后的预订也可以恢复。

操作步骤如下：

（1）在主界面单击预订、预订列表，如图 2-8 所示，查询已经完成的预订并双击目标顾客打开预订详单，如图 2-9 所示，再点击右边修改相对应的内容。

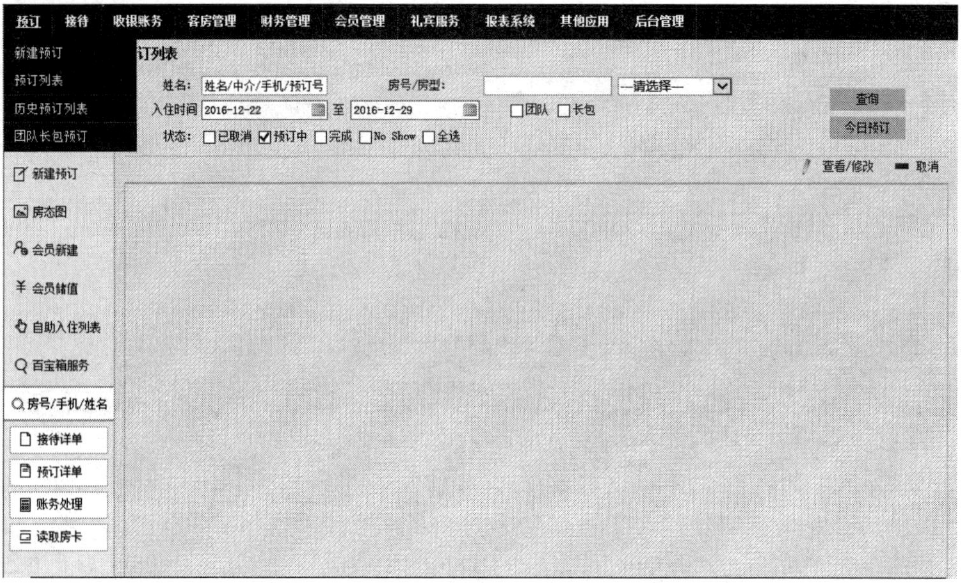

图 2-8　预订列表

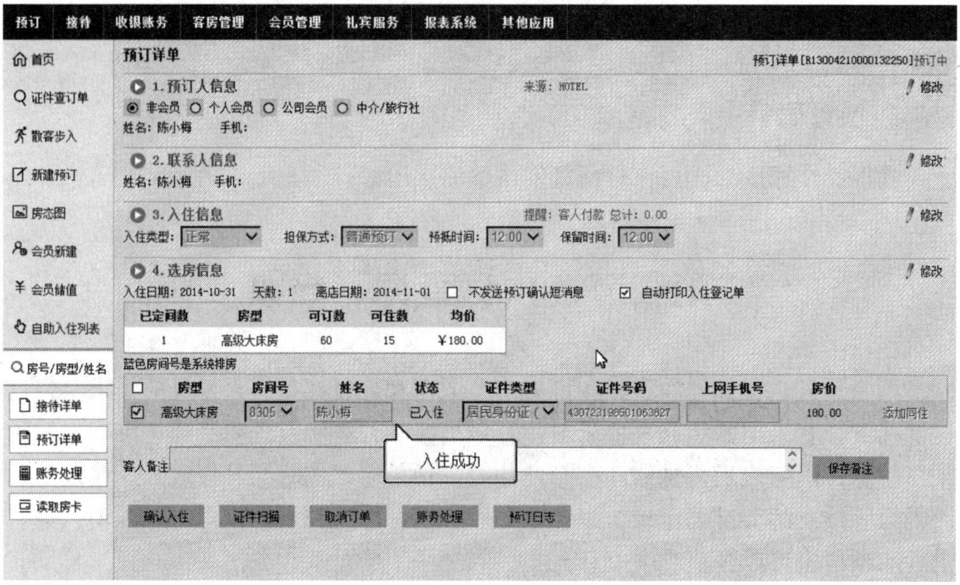

图 2-9　预订详单

（2）在主界面左侧单击证件查订单。如图 2-10 所示，若未登记证件信息，则如图 2-11 提示继续输入其他信息查询，若可以查询已经完成的预订，则双击打开预订详单，如图 2-9 所示，点击右边修改相对应的内容操作即可。

图 2-10　证件查订单

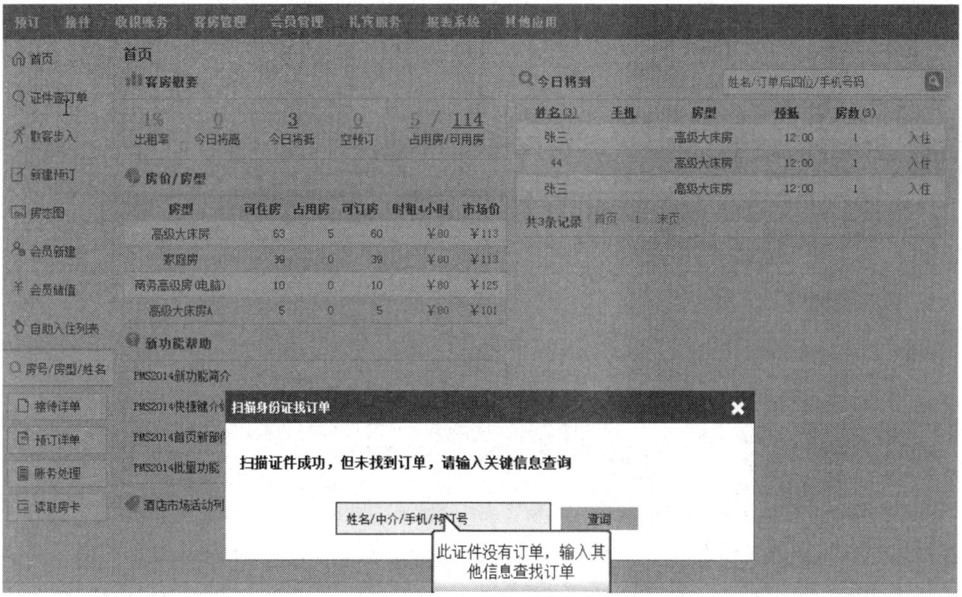

图 2-11　输入其他信息查询

第三节　散客入住

客人没有预订，直接来到酒店办理入住，通常被称为 Walk in 客人。这类客人进入酒店前与酒店之间不存在约定。

1. Walk in 散客入住流程

（1）询问客人需入住房型及房间数量情况。

（2）登录系统查找可售房间，若可以满足客人需求，与客人确认房型、房价、抵离日期。

（3）请客人出示有效证件，上传系统、公安系统。

（4）确认付款方式，按酒店政策收取相应押金。

（5）打印登记单及押金单，确保信息完整，告知客人退房时间、收费政策等，请客人确认签字。

（6）为客人办理入住，发放房卡，告知电梯位置及早餐时间。

（7）完成入住手续办理。

2. 系统操作步骤

（1）查看可售房间后，若可以满足客人需求，登录系统点击主界面左侧散客步入，如图 2–12 所示。

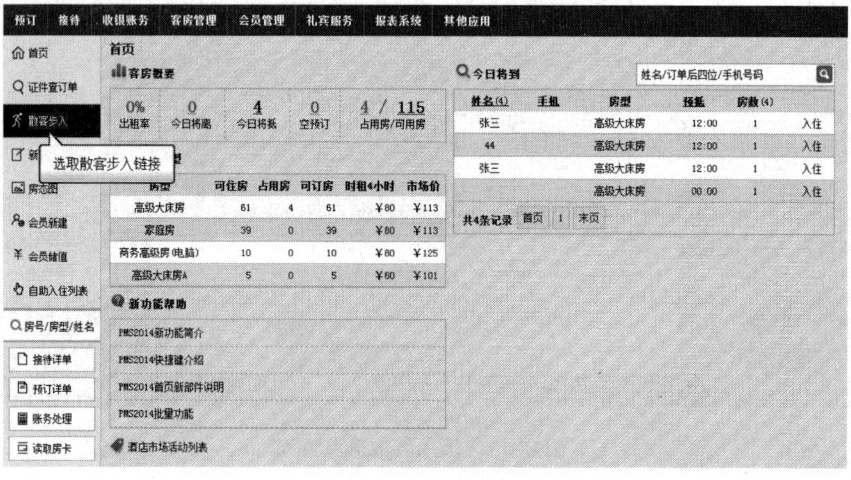

图 2–12　散客步入

（2）在散客步入页面中输入入住间数，选择入住房号点击主界面下方的保存订单即可，如图 2-13、图 2-14 所示。

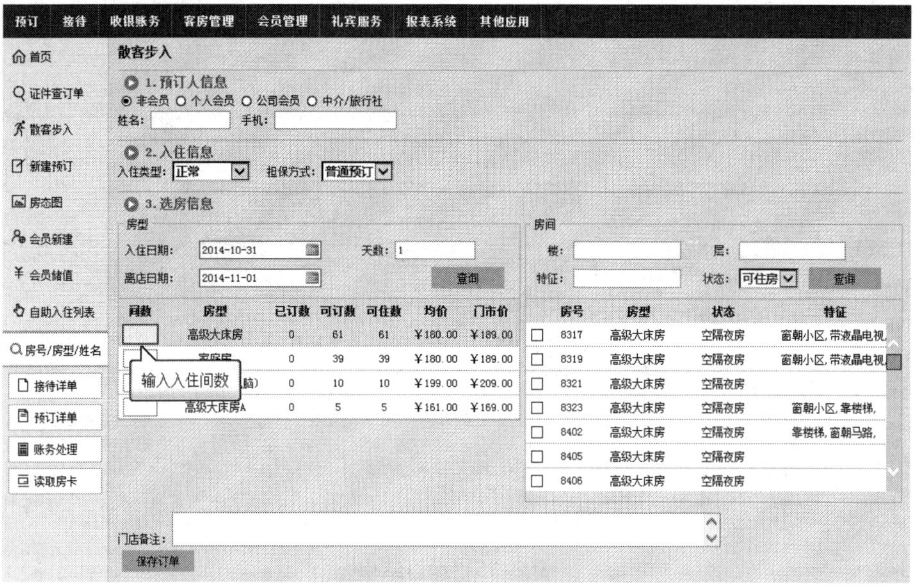

图 2-13 输入住房信息

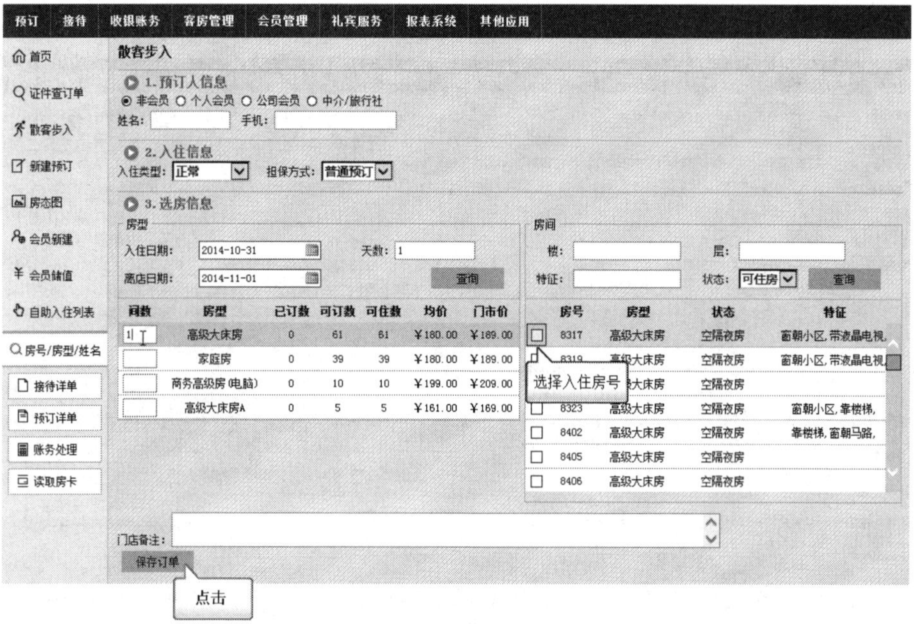

图 2-14 保存订单

（3）上一步操作之后如图 2-15 所示，界面上出现预订详单。

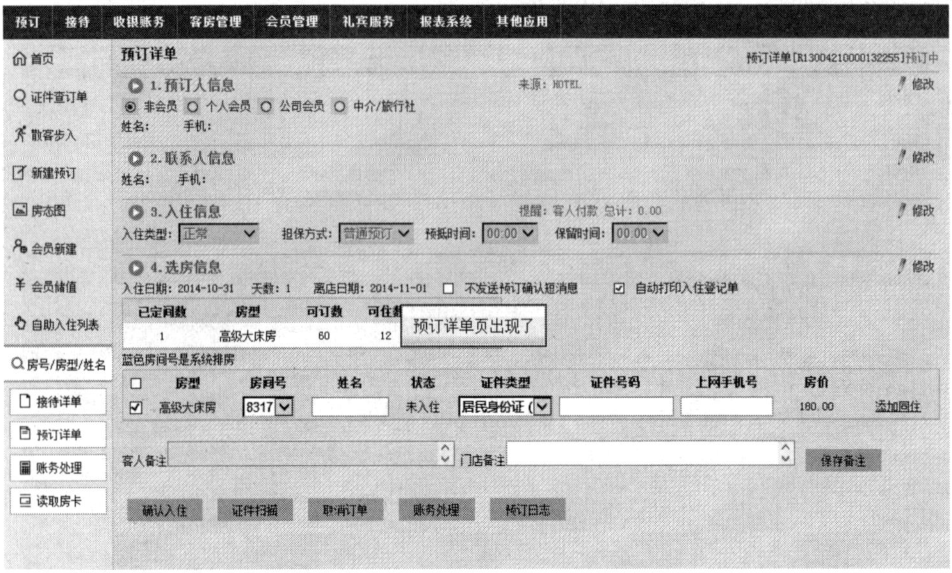

图 2-15　预订结果

（4）若无同住人，可直接单击证件扫描；若有同住人，预订详单上右下侧点击添加同住，如图 2-16 所示。

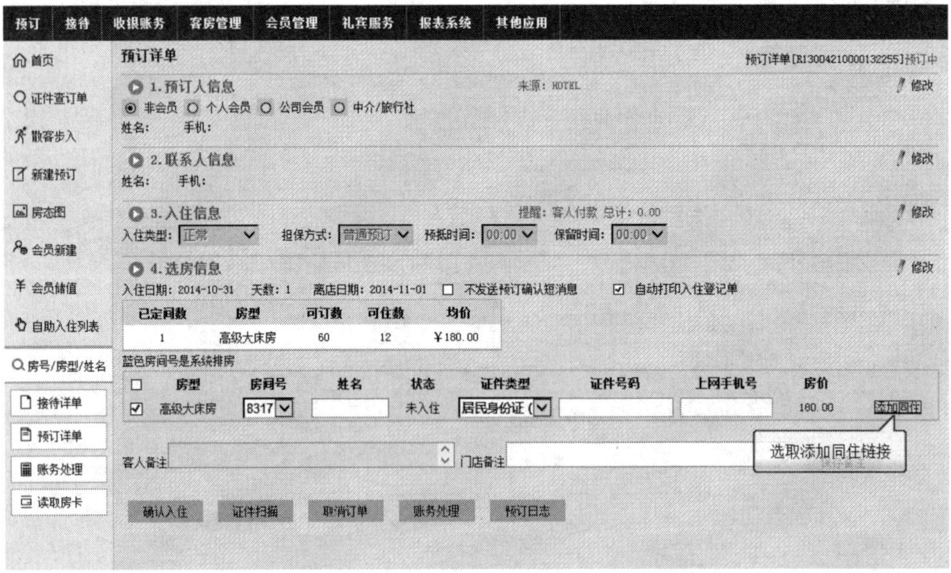

图 2-16　添加同住

（5）点击证件扫描，将客人的证件依次置于身份证阅读设备上进行读取，待扫描完毕单击确认按钮，则客人的信息自动输入酒店管理信息系统，如图 2-17、图 2-18、图 2-19 所示。

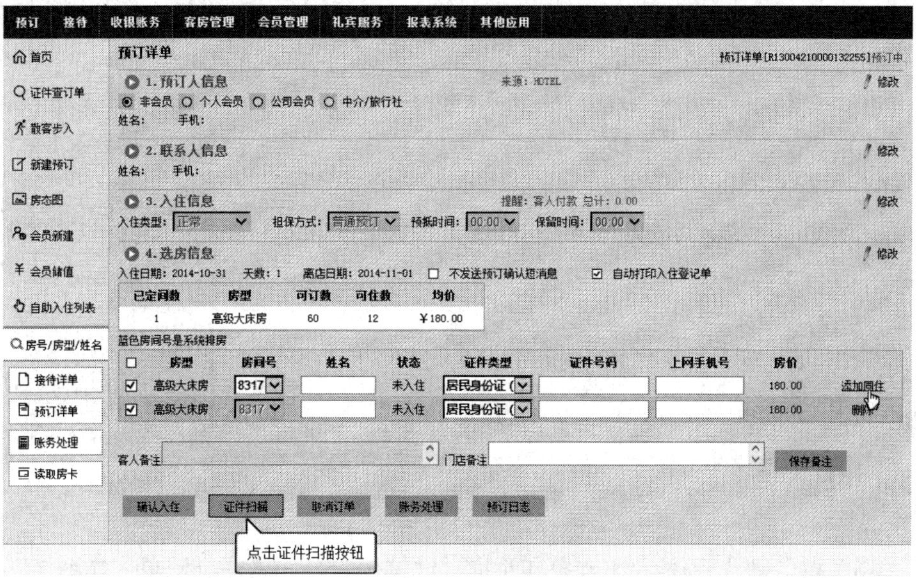

图 2-17 证件扫描

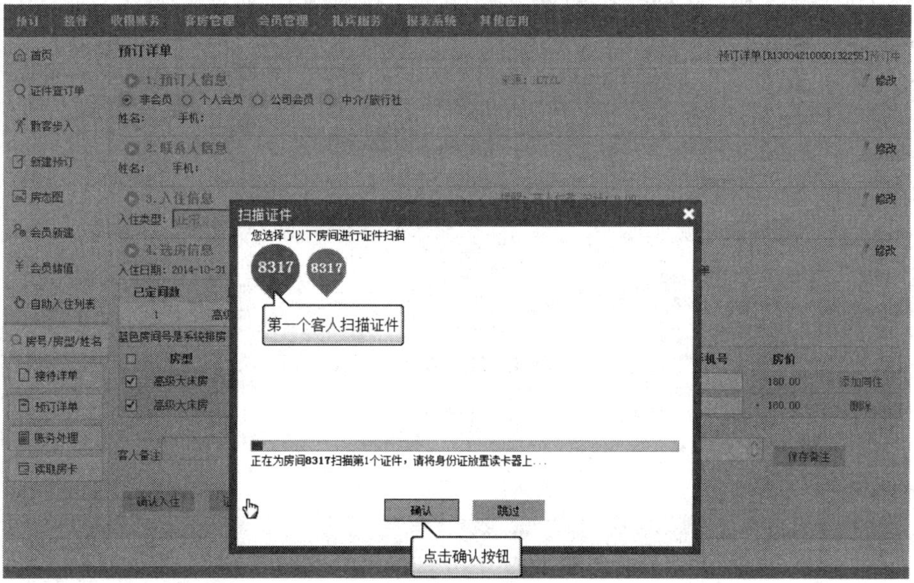

图 2-18 扫描证件 1

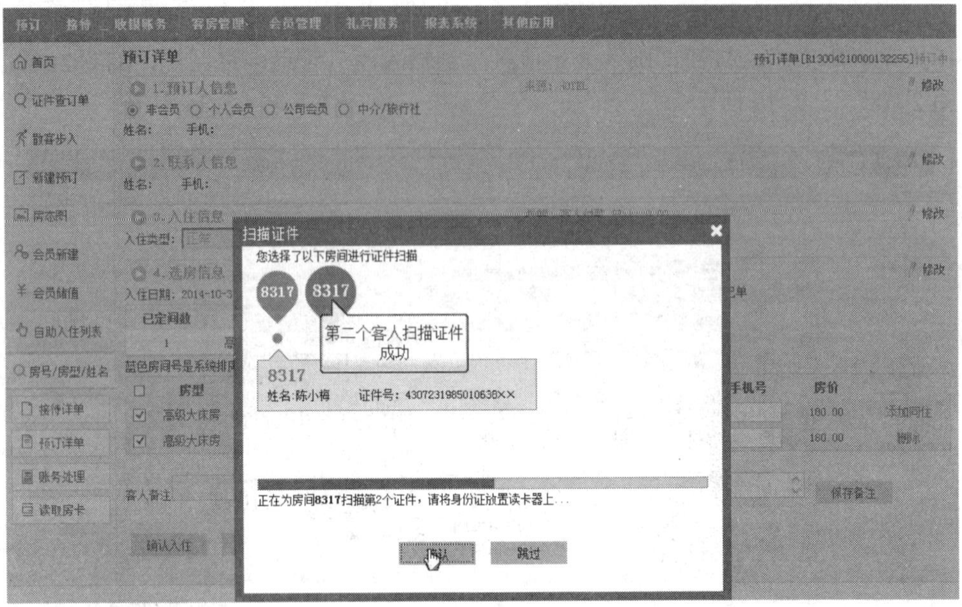

图 2-19　扫描证件 2

（6）点击确认入住，出现打印页面，继续确定打印入住登记单，如图 2-20、图 2-21 所示。

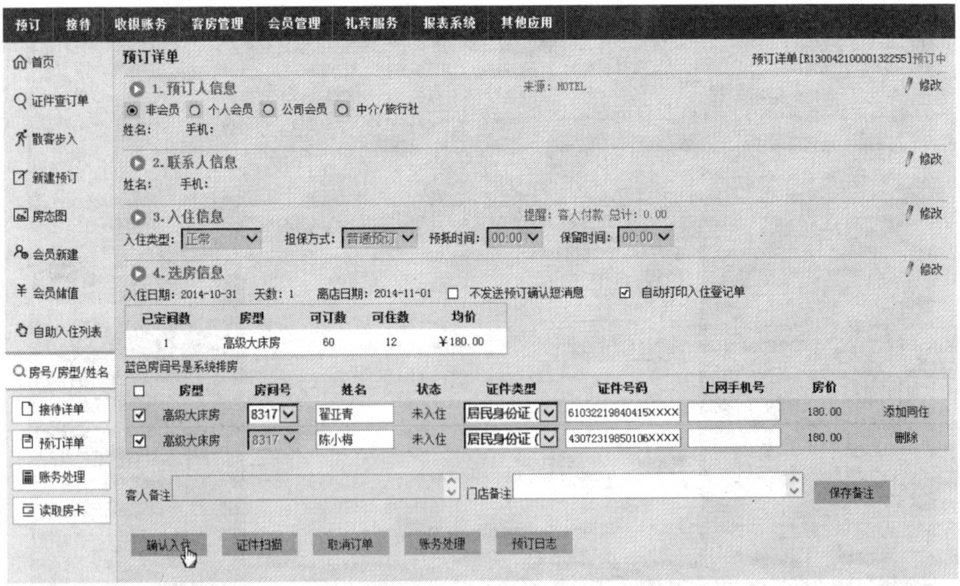

图 2-20　确认入住

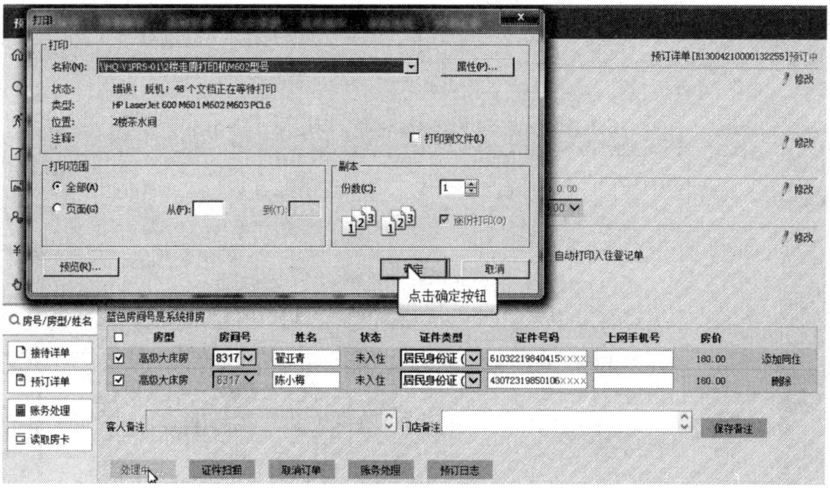

图 2-21　打印入住登记单

（7）押金收取：告知客人住宿押金金额，接受现金或其他支付方式并确定金额正确，开具定金单要填写房号、日期、币别、金额、用途，还要有经办人、客人签名。

操作步骤：押金如果是现金，点击页面下方入押金，输入具体金额后点击入账，确定打印定金单后，提示入账成功，根据提示按 Esc 键退出界面。如图 2-22、图 2-23、图 2-24、图 2-25 所示。

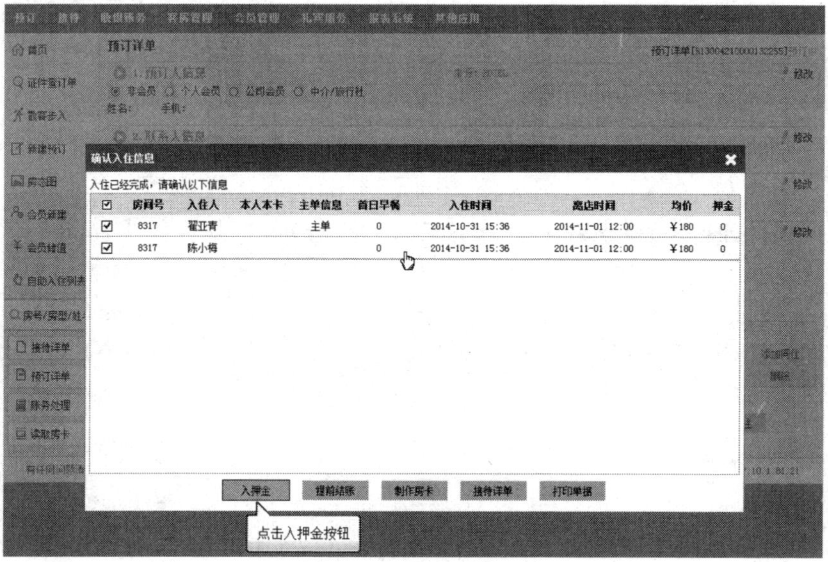

图 2-22　入押金

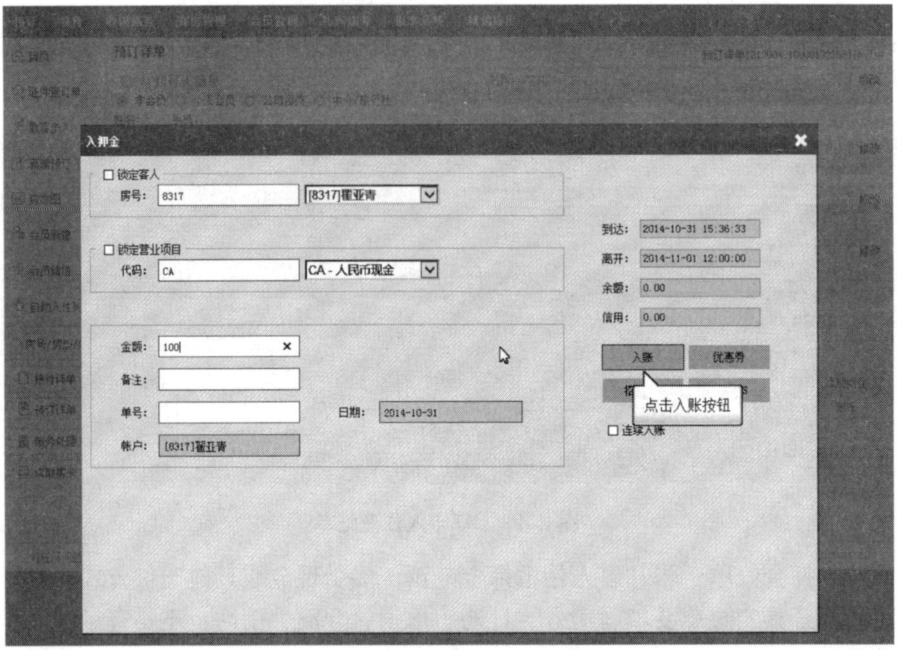

图 2-23　入账

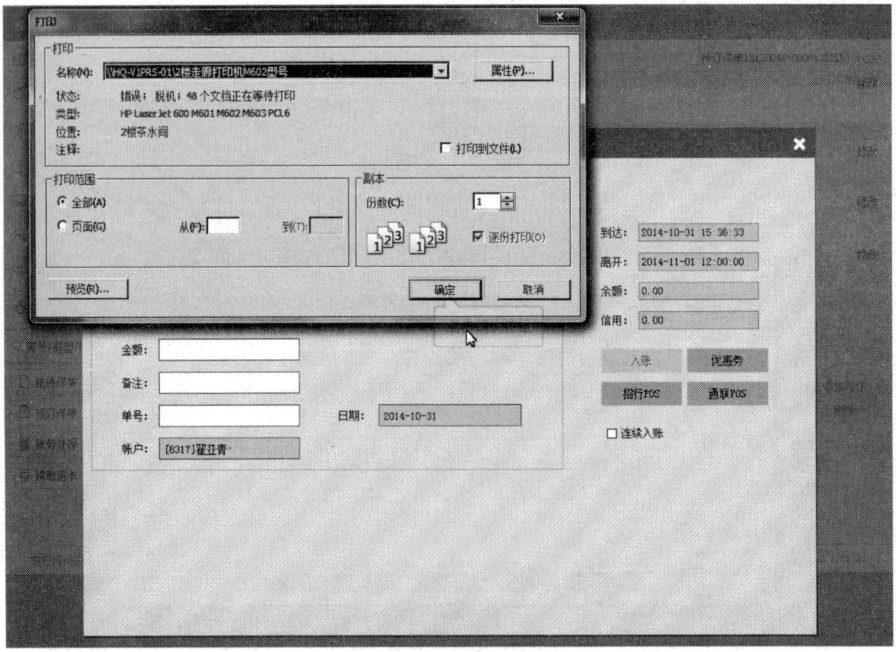

图 2-24　打印定金单

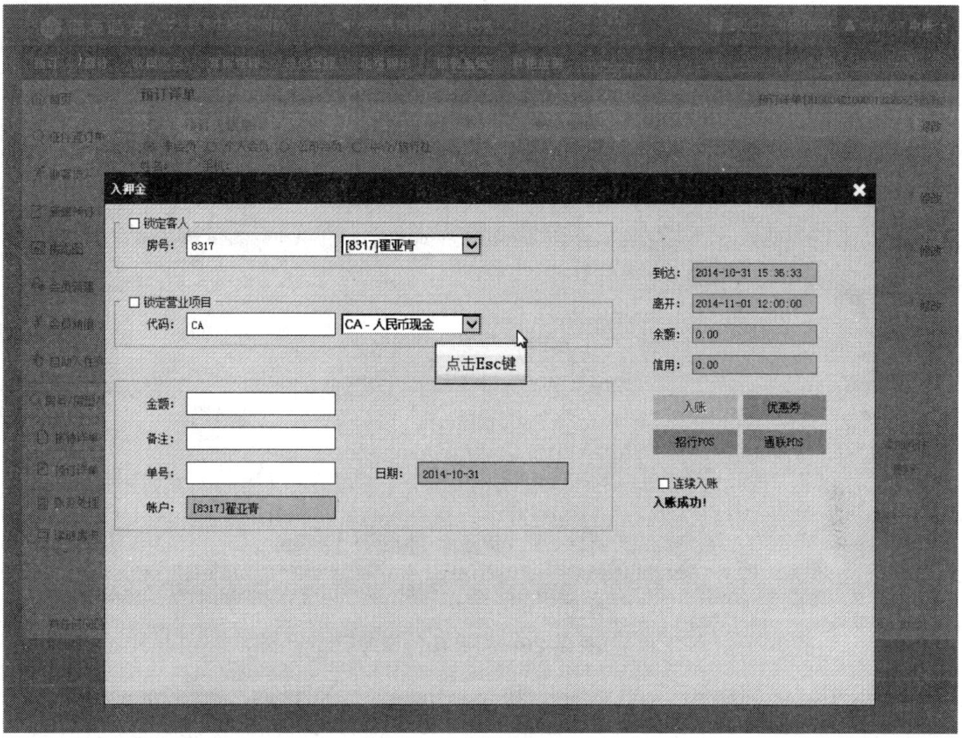

图 2-25 入账成功

押金除用现金交以外，还可以通过刷信用卡预授权来交，酒店信用卡预授权步骤：①识别信用卡——识别卡类、有效性及合法性。②用银联刷卡机进行预授权刷卡处理，核对信用卡签购单信息。③请客人签名，核对签购单客人签名与信用卡背面签名是否一致。④在信用卡签购单背面边缘上注明房号，将入住登记表、订房单、签购单依次归档管理。⑤在系统中录入预授权信息。打开接待详单，单击信用录入对应的预授权信息。如图 2-26、图 2-27 所示。

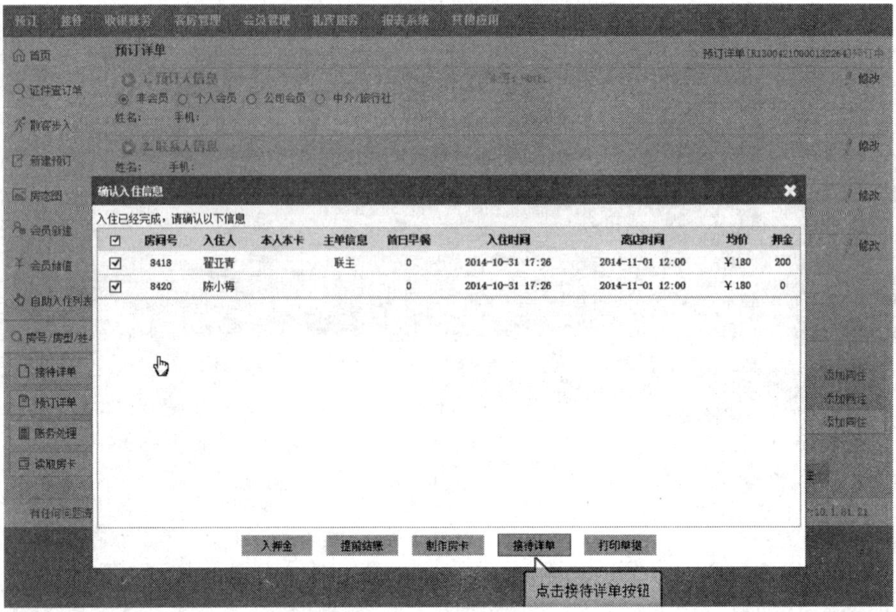

图 2-26　打开接待详单

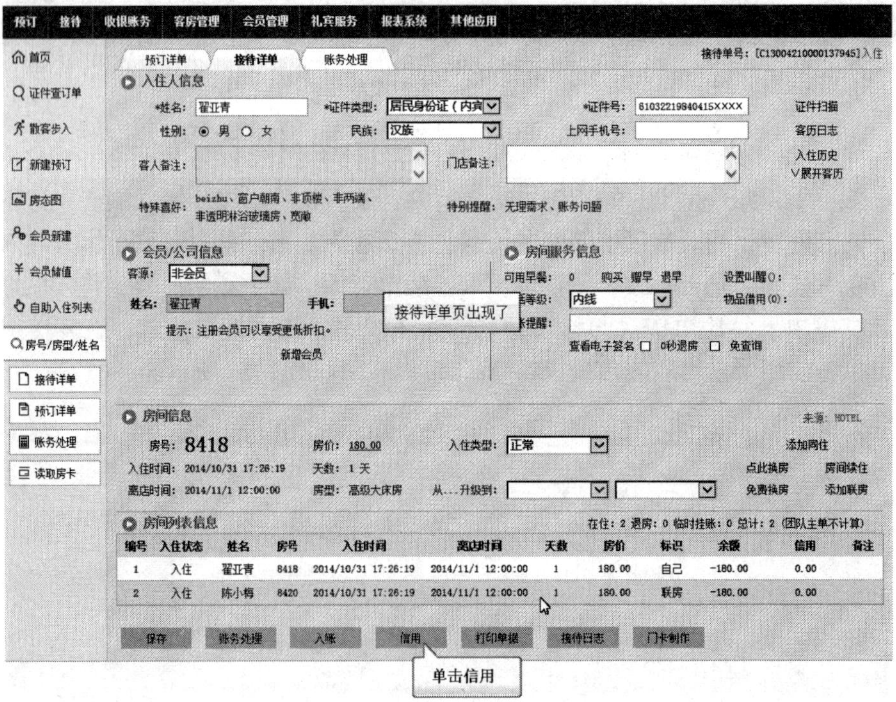

图 2-27　单击信用

根据提示在弹出的对话框中点击新增，然后将 POS 单上的内容填入到相关的信息中，点击保存即可。如图 2–28 所示。

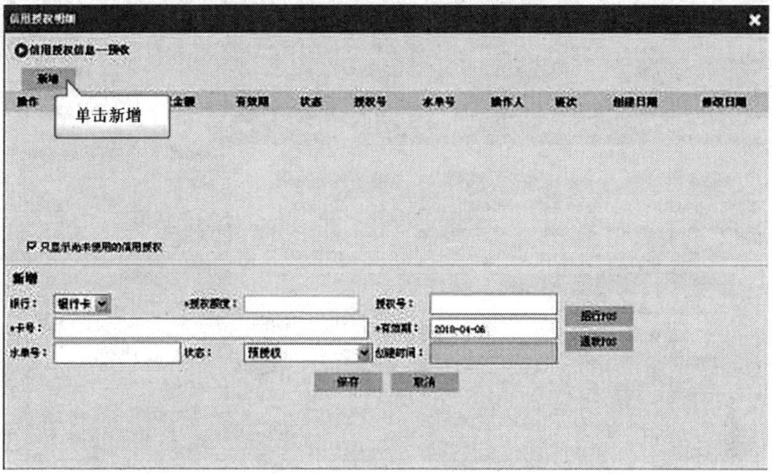

图 2–28 新增信息

（8）制作房卡操作步骤：点击制作房卡按钮，根据系统提示点击制卡，如图 2–29、图 2–30 所示。

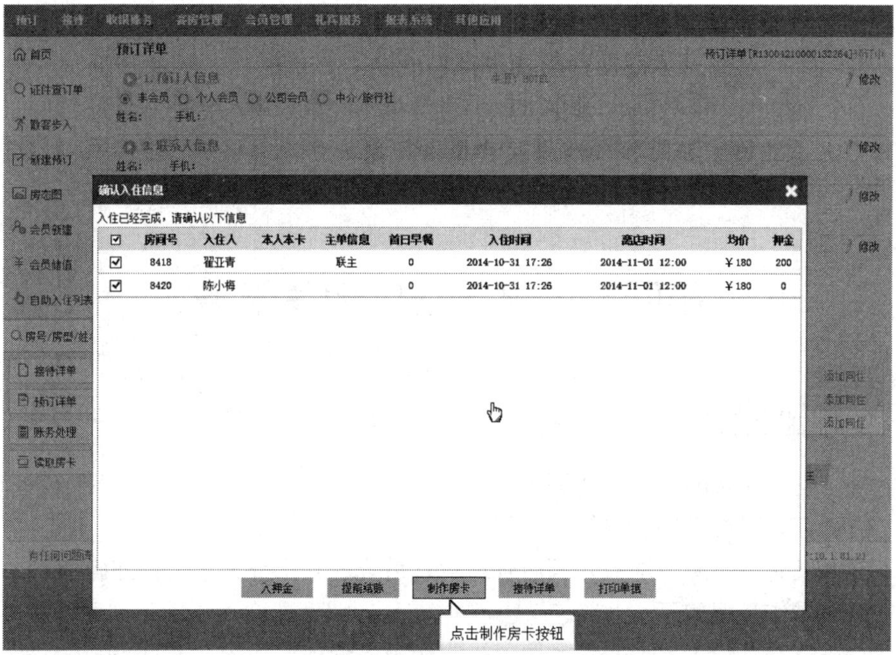

图 2–29 点击制作房卡

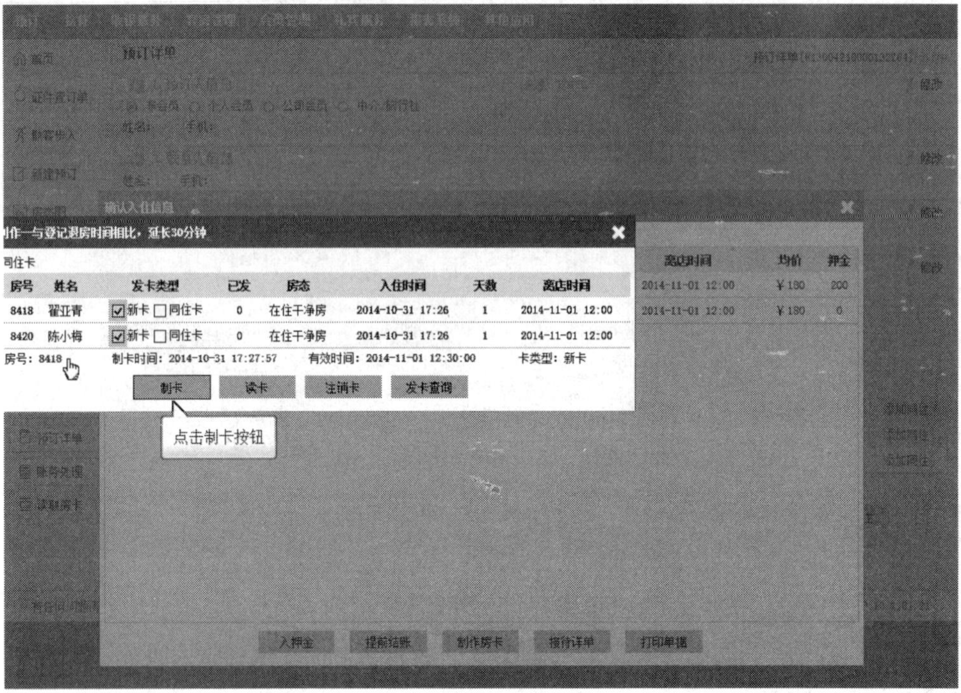

图 2-30　点击制卡

对于步入散客，前台接待员应根据酒店客情决定处理方法：在入住的高峰期，酒店也许由于满房而拒绝入住，也可能遴选高附加值的顾客，如有些酒店在旺季仅接受门市价入住的顾客；在入住的高峰期，不仅需要接受该入住，也许还需要通过各种手段吸引顾客，以提高出租率。

第四节　客人在店相关服务

1. 叫醒服务

（1）问清叫醒的具体时间和房号。

（2）记录叫醒日期、房号、时间。

（3）及时将叫醒要求输入酒店管理信息系统，并检查记录是否准确。

系统操作步骤如下：

（1）打开系统主界面→礼宾服务→叫醒服务管理，如图 2-31 所示。

图 2-31 叫醒服务管理

（2）输入设置叫醒的房间号，如图 2-32 所示。

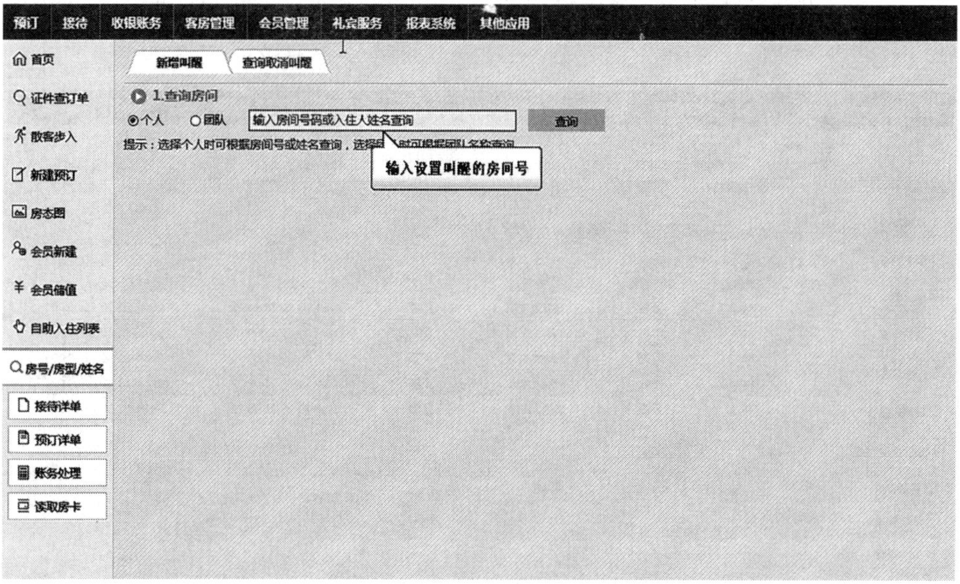

图 2-32 输入叫醒的房间号

（3）系统界面会列出所有联房的房间号，可勾选上需要设置叫醒的具体房间，如图 2-33 所示。

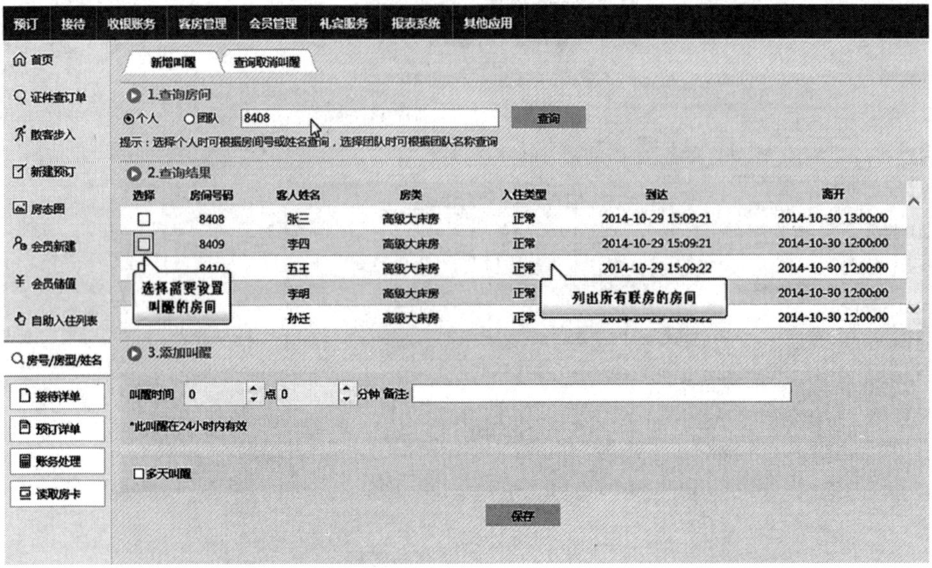

图 2-33　选择房间

（4）设置好具体时间，点击保存即可，若需要多天叫醒也可勾选上多天叫醒即可，如图 2-34。

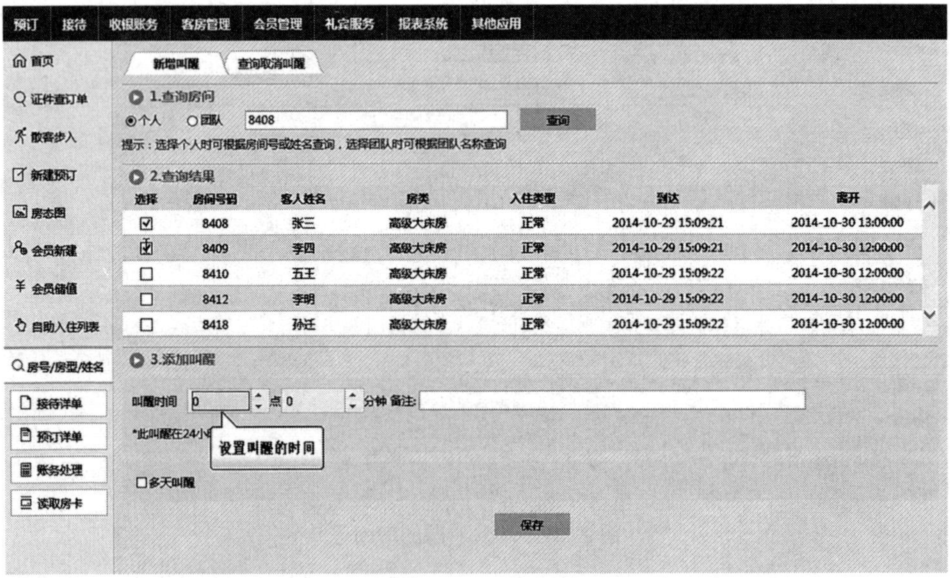

图 2-34　设置叫醒时间

2. 租借物品服务

客人在住店期间可享受租借物品服务，系统操作步骤如下：

（1）点开礼宾服务→物品借用管理，如图 2–35 所示。

图 2–35 物品借用管理

（2）根据系统提示可在归还物品列表中，直接点击归还即可；若需借用，可在物品管理标签下新增保存即可，如图 2–36 所示。

图 2–36 归还物品

3. 酒店续住流程

（1）查看酒店房间出租状况，在有房情况下为客人安排，同时还要查续住期间该房间是否已被预订，如有则视实际情况请客人转房或转换订房。

（2）检查押金或信用卡授权金额是否足够，如果不够，应加收押金或取得授权。

（3）如果续住涉及房价变更的（包括早餐份数变更），要填写《接待处通知单》，让客人签名确认后一联与登记表钉在一起，一联由前台存档。如客人无法即时签名的，应留交班跟办。

（4）更换欢迎卡、钥匙、电脑资料。

系统操作步骤如下：

（1）在系统主界面接待下拉菜单里选取接待列表，如图 2–37 所示。

图 2–37　接待列表

（2）系统出现后提示双击界面目标顾客打开房间的接待详单，如图 2–38 所示。

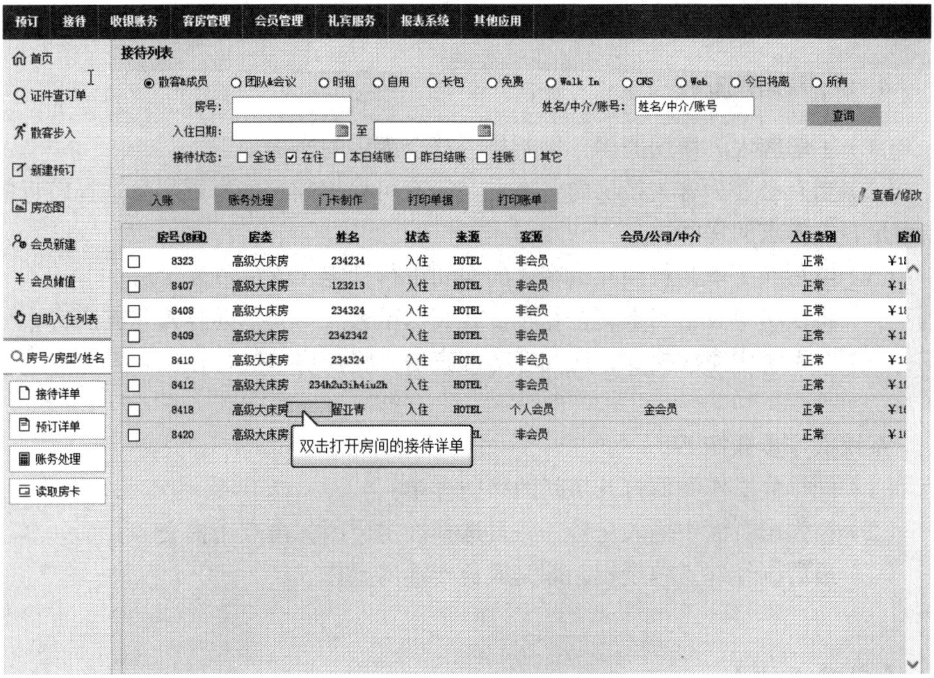

图 2-38 打开接待详单

（3）在页面下方点击房间续住，如图 2-39 所示。

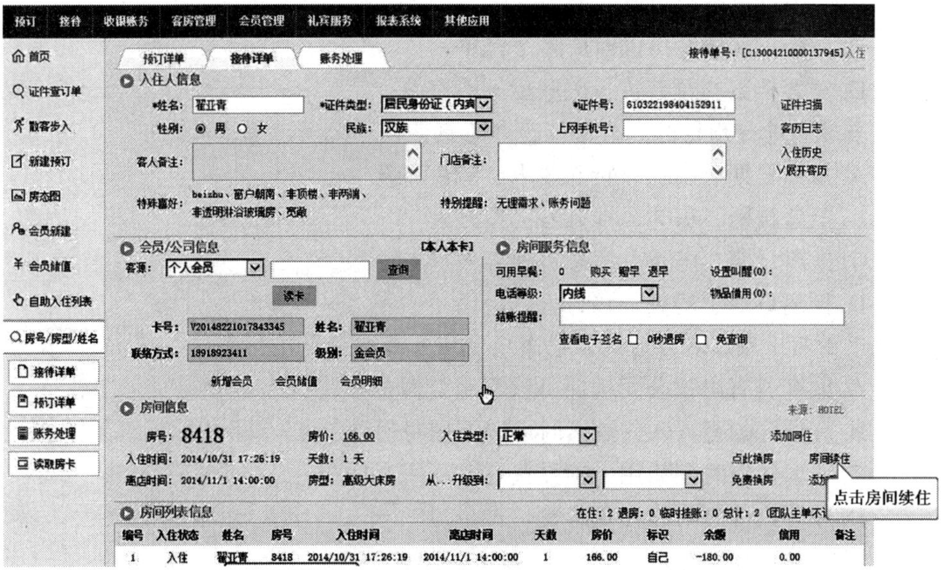

图 2-39 点击房间续住

（4）在页面中选择需要续住的天数，再点击保存即可。

4. 酒店换房流程

（1）了解客人的换房原因，判断是否符合酒店的换房规定。

（2）当有必要为客人换房时，查看是否有可换房间，如有则尽量选择较近的能满足客人需求的房间。

（3）填写换房单，将预换给客人的房间进行锁定，避免重复卖房。

（4）将换房单及新房卡交至礼宾，礼宾送至客人房间帮助客人完成换房。

（5）在系统中完成换房，通知客房部查房，将换房单进行存档。

系统操作步骤如下：

（1）同续住操作类似打开房间的接待详单。

（2）在弹出页面中输入房号，并且选择换房原因，再点击提交。

（3）最后刷经理工牌授权，即完成免费换房操作。

【自我评估】

1. 以下关于预订与宾客档案之间的关联关系，描述正确的是（　）。

A. 一个预订有且仅有一个宾客档案与之关联

B. 一个订单可以关联多个宾客档案

C. 一个宾客档案可以对应多个订单

D. 宾客档案与预订进行关联后不能修改

2. 当客人进行预订时，为保证预订的完整性，必须记录客人的（　）信息。

A. 抵离日期、房类、特殊要求、VIP 等级

B. 抵离日期、房类、预订号、预订人

C. 抵离日期、房类、房态、预订人

D. 抵离日期、房类、预订人、电话

3. 下面对于顾客入住时的注意事项说法不正确的是（　）。

A. 顾客若有协议公司担保可以不用交押金

B. 有预订的客人入住酒店时可以不用身份证

C. 顾客住店时刷信用卡预授权可以不用交押金

D. 顾客入住时可以用现金交付押金

第三章　账务处理

作为酒店前台宾客服务员需要实时关注客账余额，防止客人余额不足出现逃账成功的现象，对于前台收银主要需要关注的是以下三种类型账户的费用。

宾客账： 每位入住客户均会有针对本次订单对应的特定账户，用于记录该客人本次在酒店对应的消费记录。

团队账： 每个团队会有对应的团队主账，用于支付需要团队或会务统一进行支付的账目。

消费账： 这是指酒店为了工作需要，或财务审计因账务须进行特殊处理而设立的账户；根据酒店的营业需求不同使用不同；例如，对于非住店客人产生的账目可以在消费账中进行处理。

以上三种账户中的账目需要及时关注，避免因把控不严给酒店造成统计错误及经济损失。

第一节　基础收银

收银是敏感的操作，所有涉及客户账户的操作均需要授权许可，一方面是出于财务安全的考虑；另一方面是为了便于对数据进行统计。酒店员工登录系统进行账务操作时，必须核对好班次，用户名等信息，完成一天的收银操作交接班时，应确保工作期间的每个交易类型金额正确，并核实交班时收银抽屉中的各种货币、支票、银行卡等款项与系统记录相符合，确定一切吻合后，即可执行交接班、打印收银报表等工作。

1. 进入账务界面

操作人员进入账务界面的方式很多，可以根据所在的界面，选择不同的方式进入。本文以系统其中一种为例。

系统操作步骤如下：

（1）在系统主界面接待下拉菜单里选取接待列表，如图 3-1 所示。

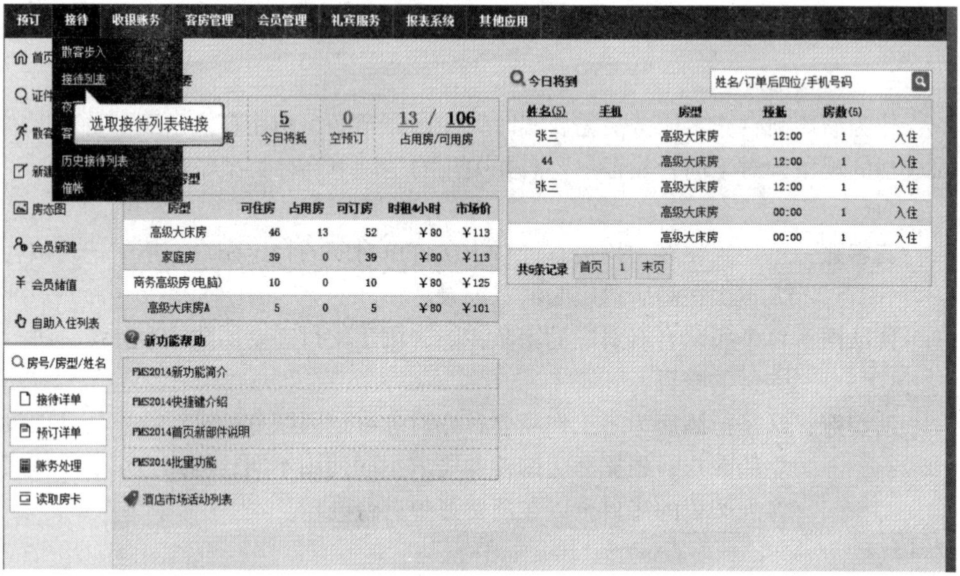

图 3-1　选择接待列表

（2）系统提示，双击界面目标顾客打开房间的接待详单，如图 3-2 所示。

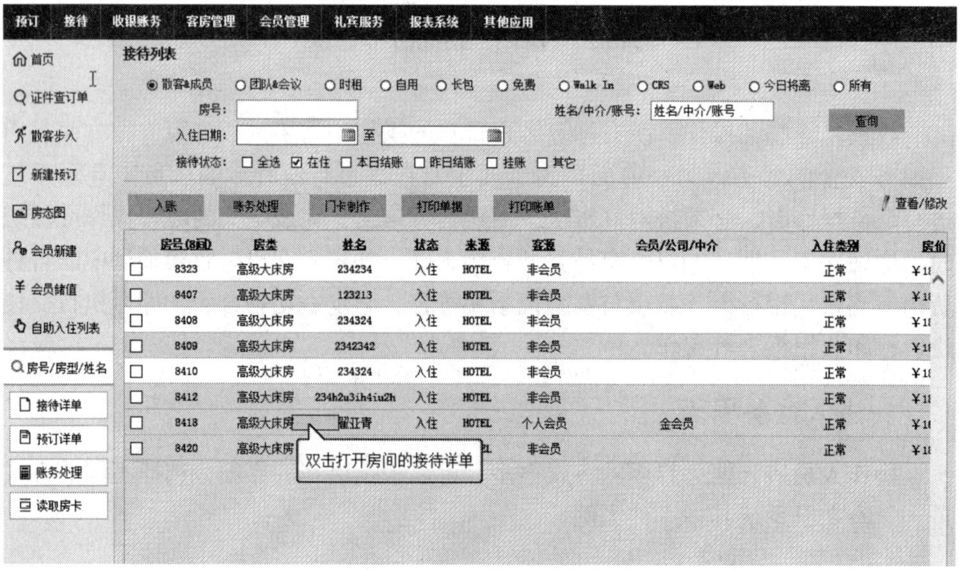

图 3-2　打开接待详单

（3）在页面下方点击账务处理，如图 3-3 所示。

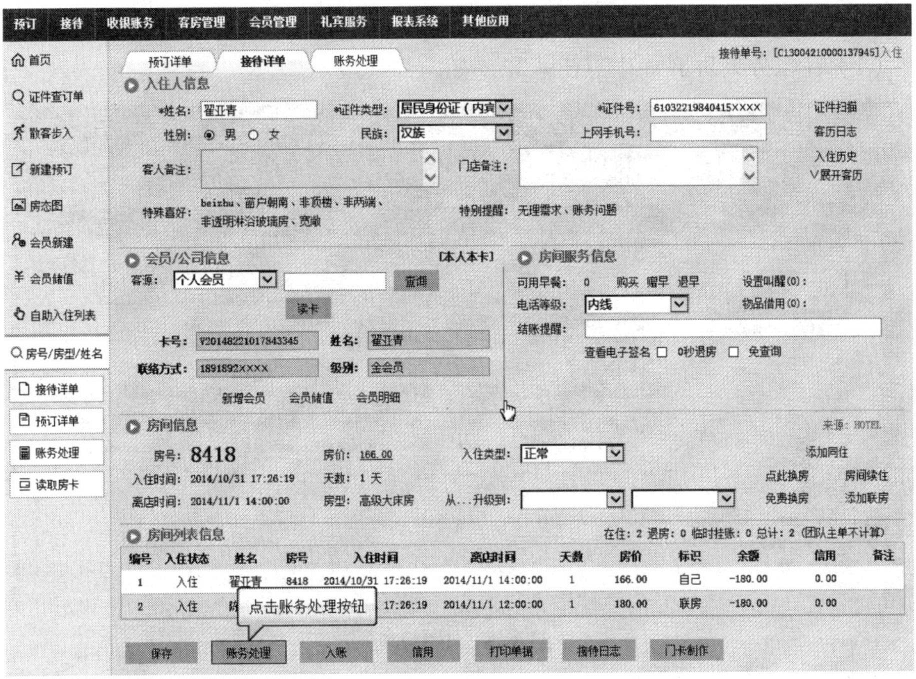

图 3-3　点击账务处理

（4）账务处理页面就打开了，如图 3-4 所示。

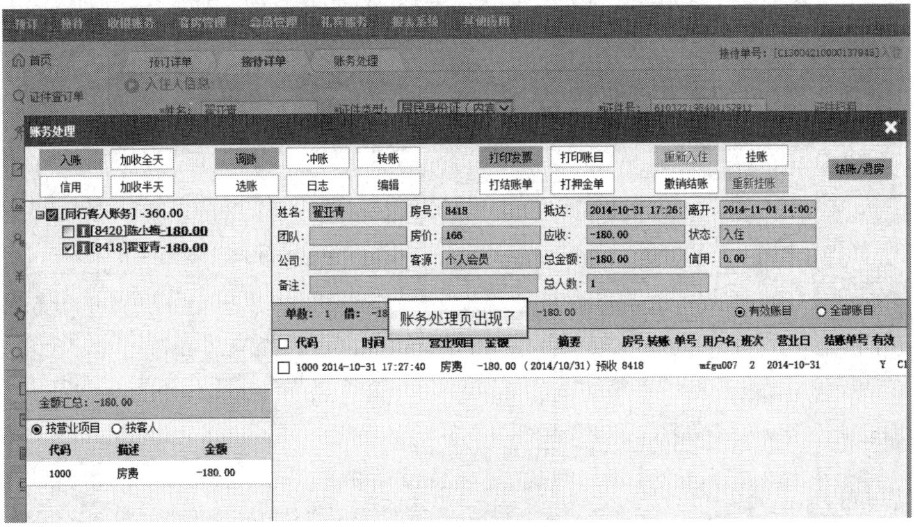

图 3-4　打开账务处理页面

2. 账务录入

现金入账系统操作步骤如下：

（1）在账务处理界面中点击入账，如图 3-5 所示。

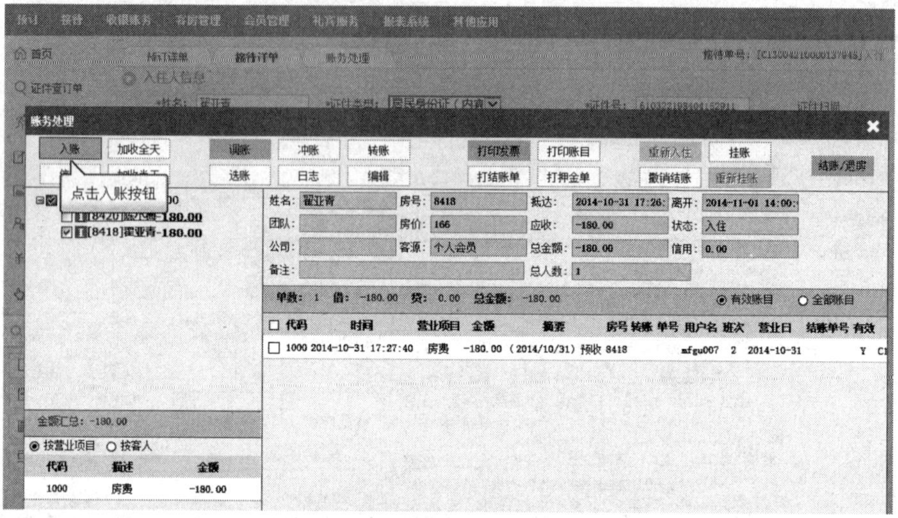

图 3-5　点击入账

（2）在弹出窗口中选择好营业项目代码 CA- 人民币现金，继续点击入账，如图 3-6 所示。

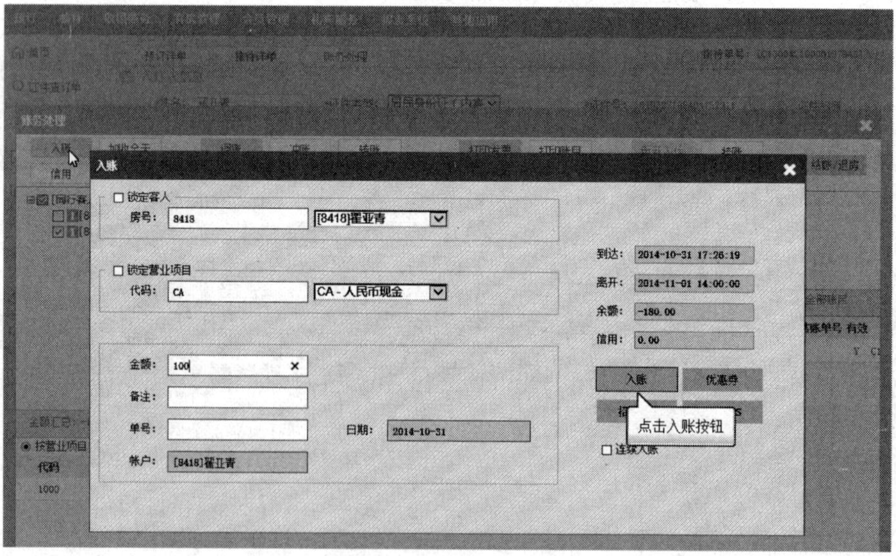

图 3-6　选择项目代码

（3）弹出窗口上就出现了刚才所录入的那笔账务，如图 3-7 所示。

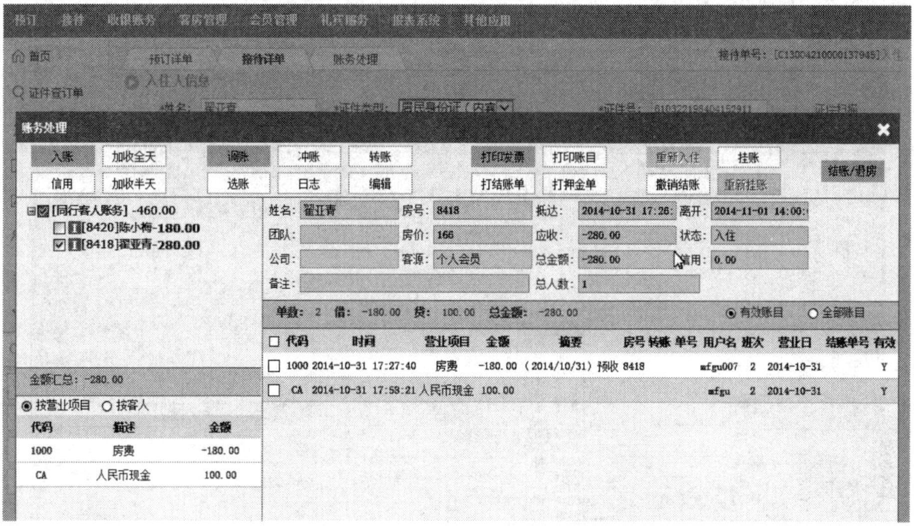

图 3-7　显示入账结果

消费明细入账系统操作步骤如下：

（1）在账务处理界面中点击入账，如图 3-8 所示。

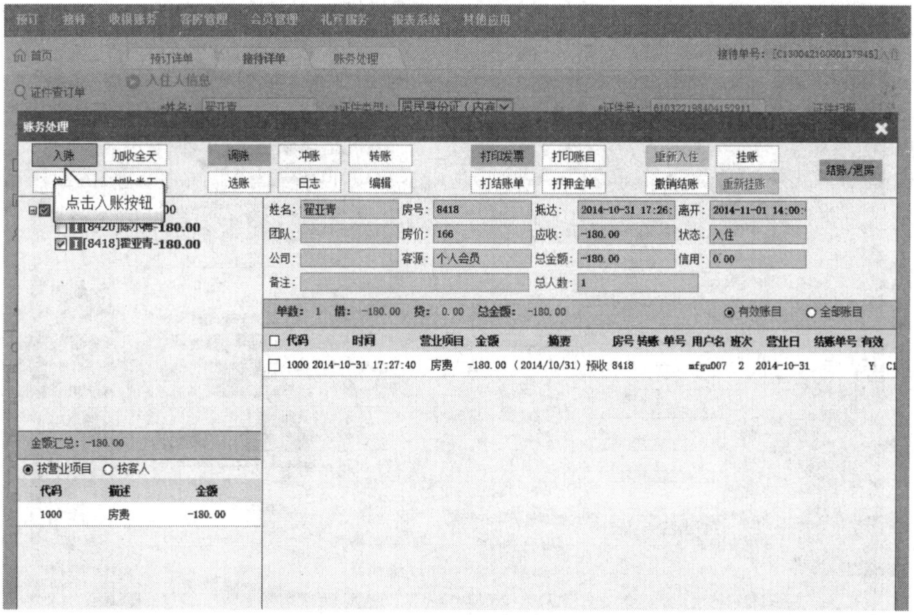

图 3-8　点击入账按钮

（2）在弹出窗口中选择营业项目代码 4000 – 洗衣费，继续点击入账，如图 3–9、图 3–10 所示。

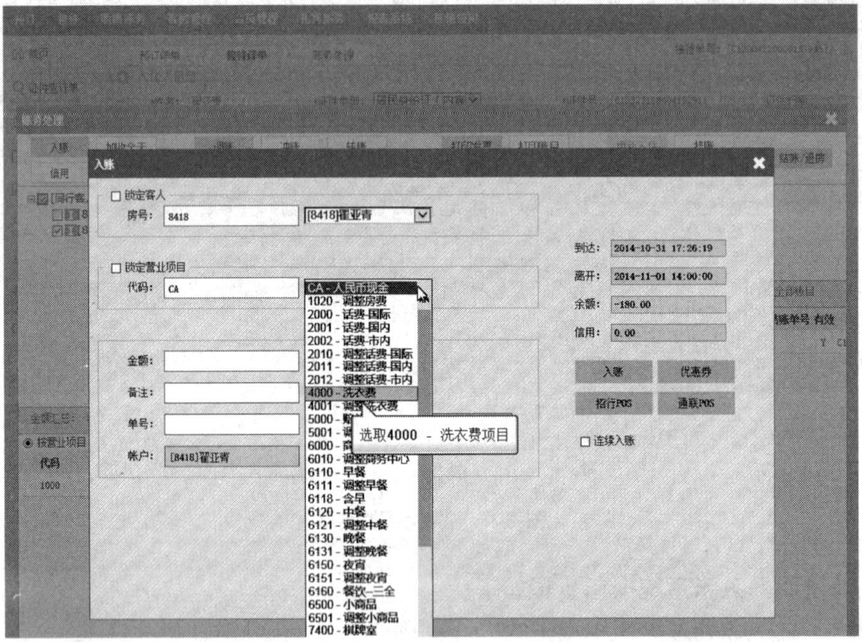

图 3–9　选择营业项目代码

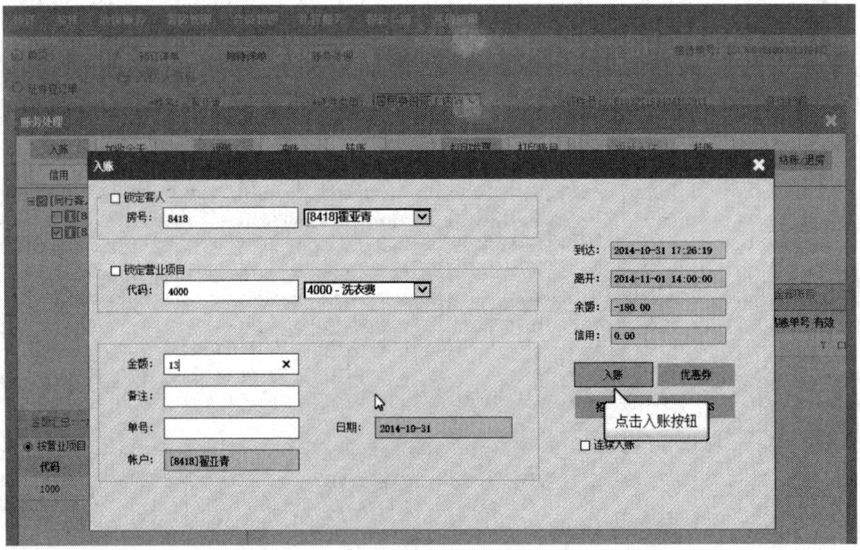

图 3–10　点击入账

（3）弹出窗口中会出现刚才录入的那笔洗衣费的账目。

第二节　错账补救

1. 系统中错账补救条件

（1）冲账：只能冲自己当日当班次的账目，包括明细账。

（2）调账：当日其他班次员工非明细入账输错的账目。

2. 冲账系统操作步骤

（1）在账务处理页面中勾选所需冲掉的账，点击冲账，再选择 CA 人民币现金，如图 3–11、图 3–12 所示。

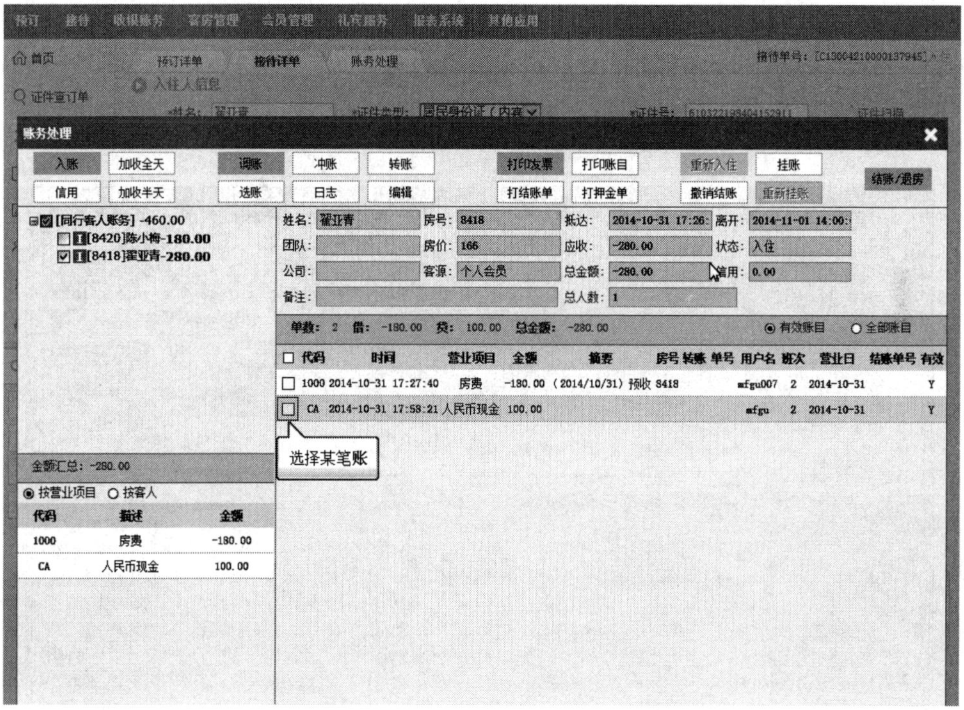

图 3–11　选择账目

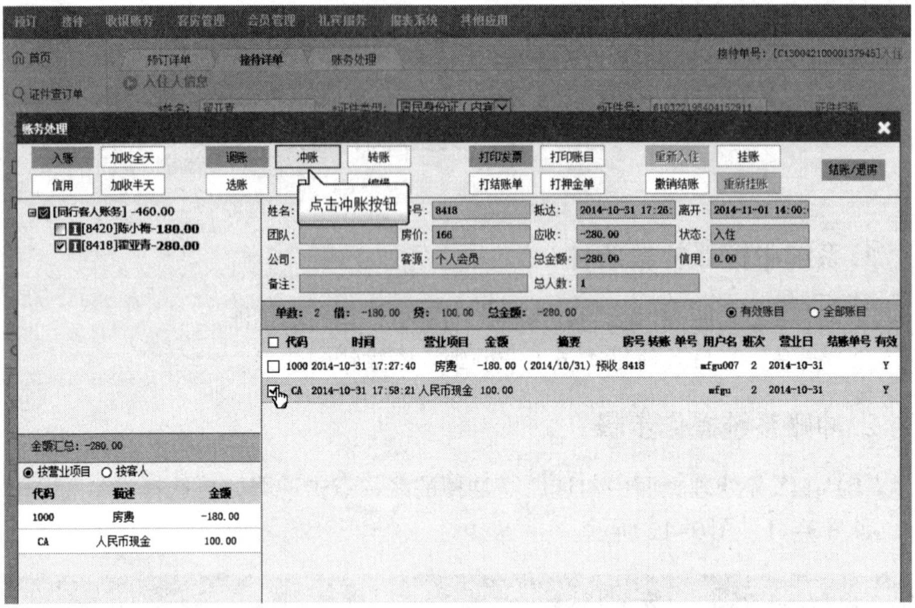

图 3–12　点击冲账按钮

（2）弹出页面中点击确定，如图 3–13 所示。

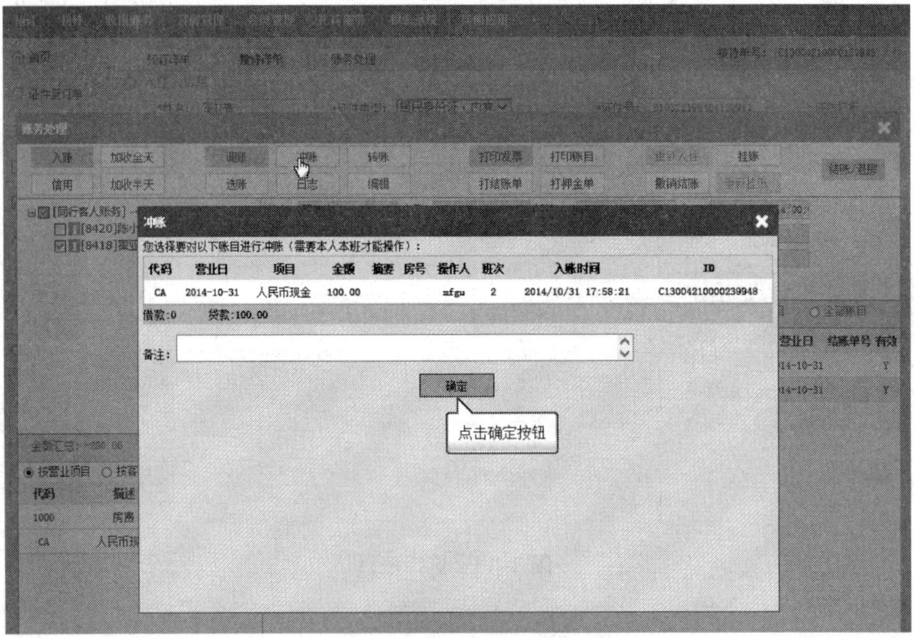

图 3–13　点击确定按钮

（3）因涉及账务问题，需刷授权卡方可冲账成功，如图 3-14 所示。

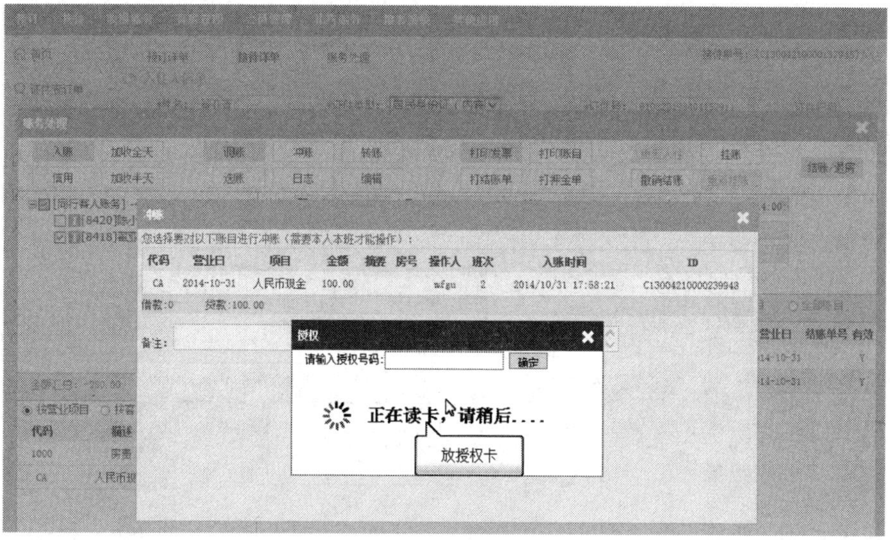

图 3-14　刷授权卡

3. 调账系统操作步骤

（1）在账务处理页面中勾选所需调整的账，点击调账，如图 3-15 所示。

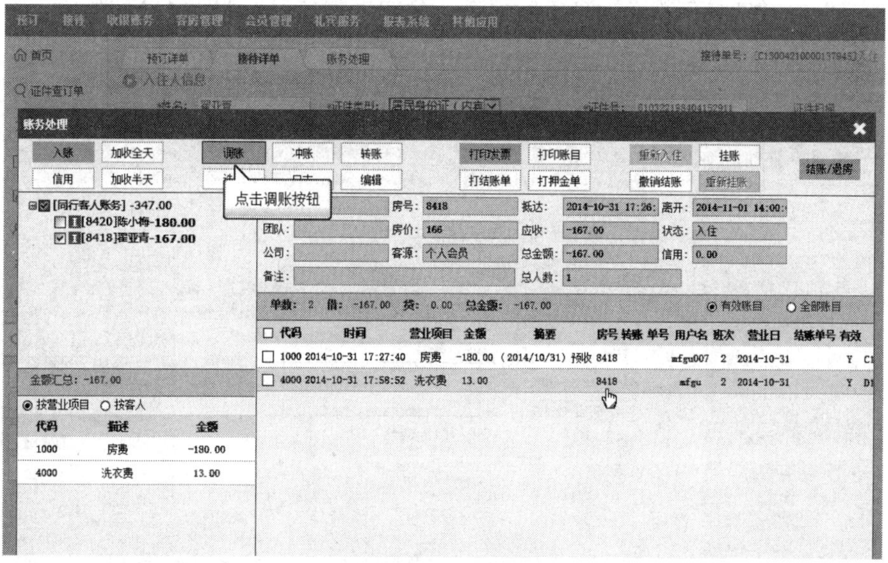

图 3-15　选择账目

（2）弹出页面右侧下拉菜单中选择调整账目和理由，如图 3–16 所示。

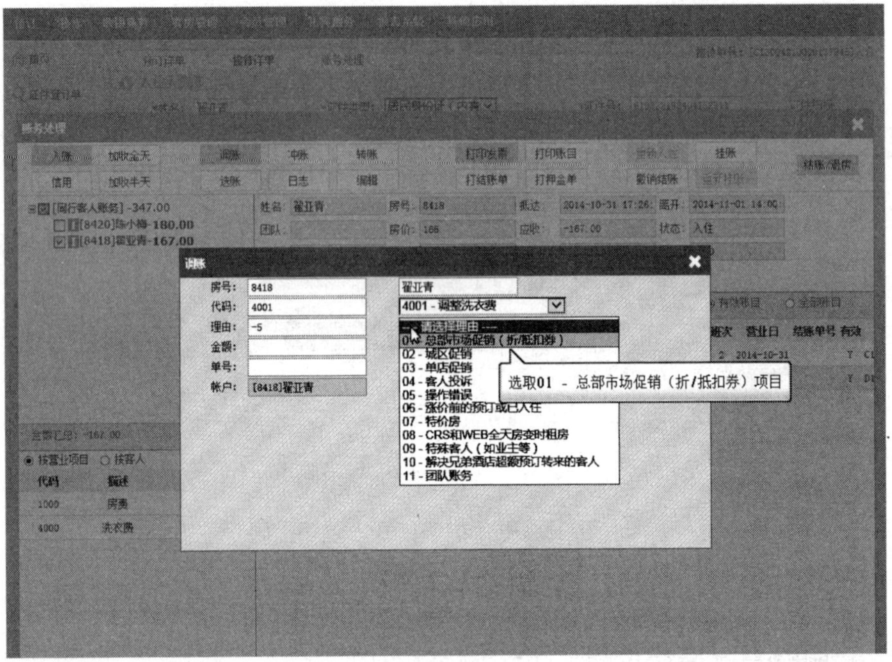

图 3–16　选择调整账目和理由

（3）弹出页面左侧输入具体的金额，金额可为负数，如图 3–17 所示。

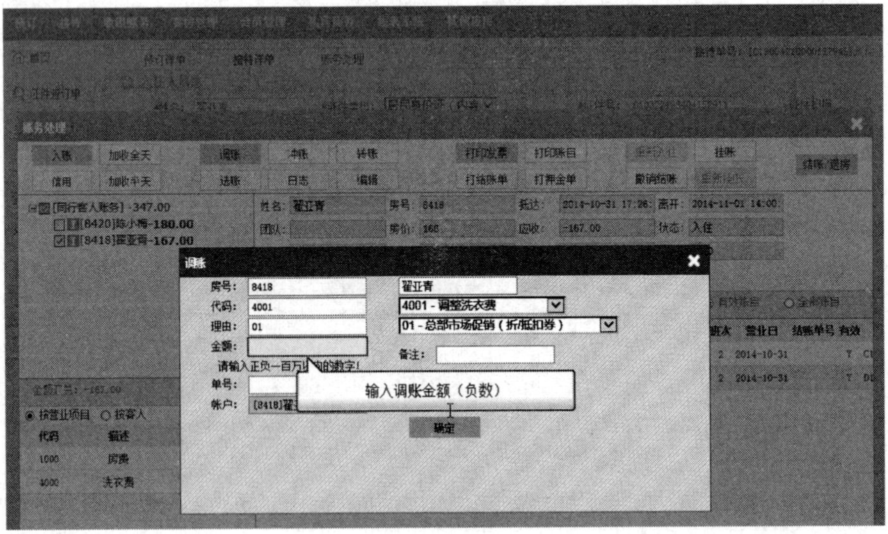

图 3–17　输入金额

（4）因涉及账务调整问题，需刷授权卡方可调账成功，如图 3-18 所示。

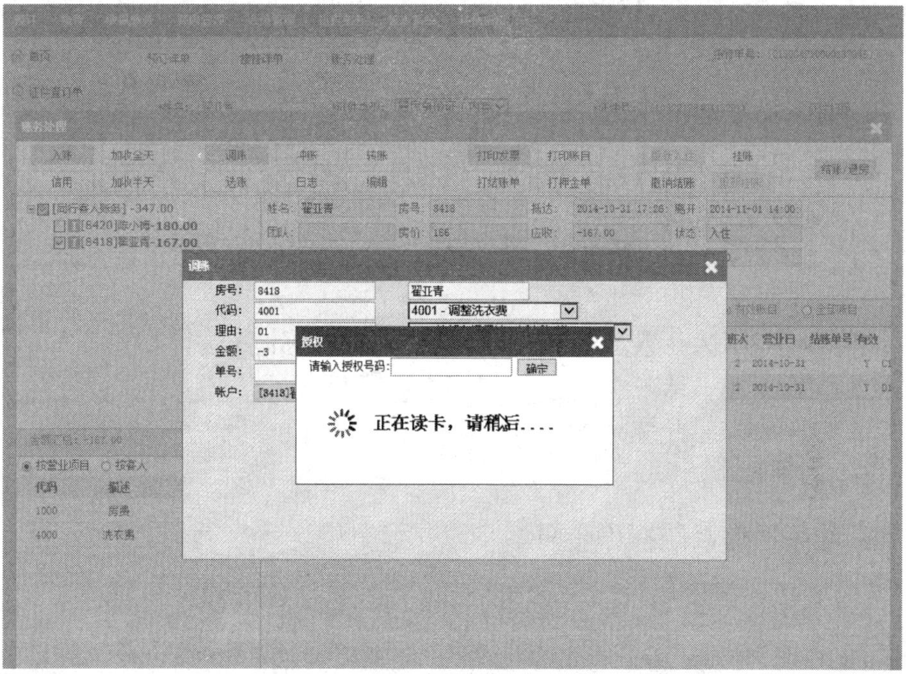

图 3-18　刷授权卡

第三节　结账离店

1. 结账方式介绍

（1）**现金**：一般为人民币现金；如是外币，则需要根据汇率换算成人民币现金进行收取。

（2）**银行卡**：一般分为国内卡、国外卡，需要在客人同意的情况下用银联 POS 刷卡机，刷消费操作后，在酒店管理信息系统中进行结账。

（3）**微信支付**：集成在微信客户端的支付功能，用户可以通过手机扫码完成快速支付。

（4）**支付宝支付**：集成在支付宝客户端的支付功能，用户可以通过手机扫码快速完成支付。

（5）**转 AR**：必须符合酒店的挂应收账规定，可先将消费结账至对应的应收账户，财务与客户集中结算。

（6）ENT（内部款待）： 由酒店有权限的管理层进行签字免单。

（7）支票： 支票是以银行为付款人的即期汇票，可以看作汇票的特例，前台收取得很少。

2. 前台结账退房流程

（1）与客人确认退房（收回房卡、核对房号、姓名）。

（2）通知客房查房。

（3）查看有无特殊付款说明（例：是否为其他房间担保付款，是否有挂公司账等）。

（4）询问客人入住感受，房间有无消费，根据实际情况进行入账。

（5）确认付款，结账。

（6）打印账单，开具发票。

（7）告别客人。

3. 结账退房系统操作步骤

（1）在目标顾客预订详单中点击“结账 / 退房”，如图 3-19 所示。

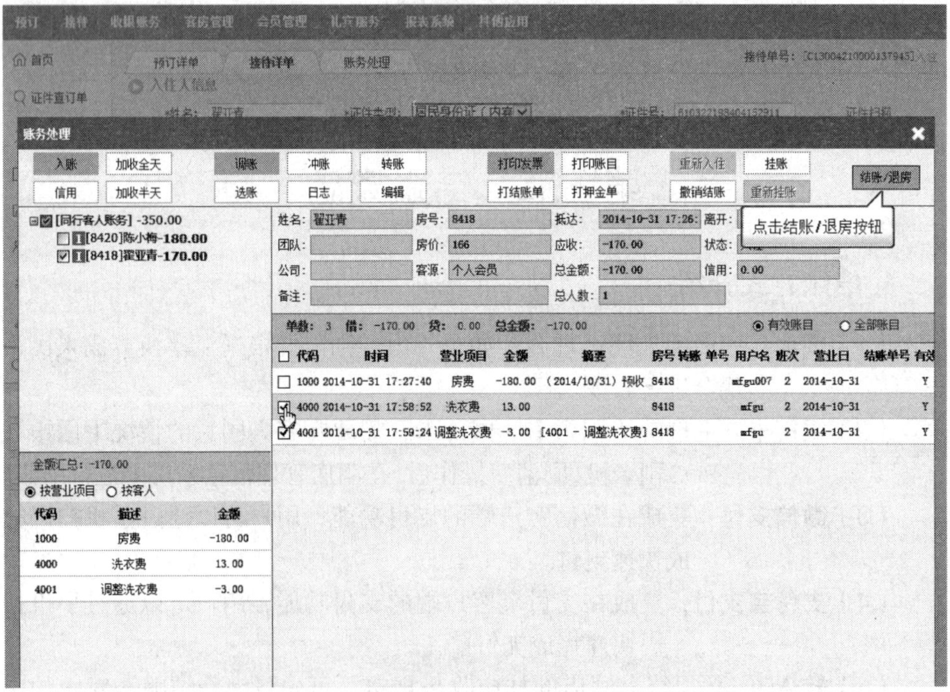

图 3-19　点击“结账 / 退房”

（2）在弹出页面中点击确定按钮，如图 3–20 所示。

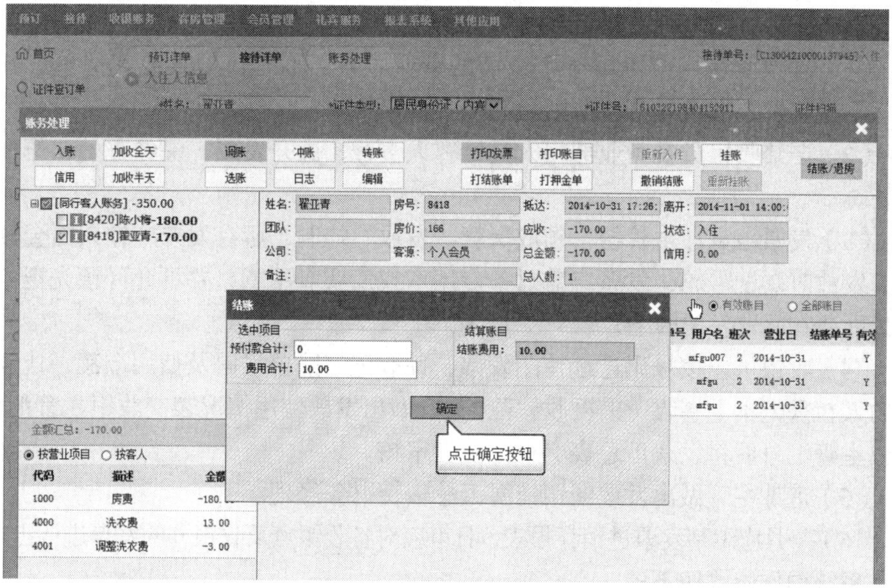

图 3–20　点击确定按钮

（3）确定后再打印账单，向客人收取费用点击确定按钮即可，如图 3–21 所示。

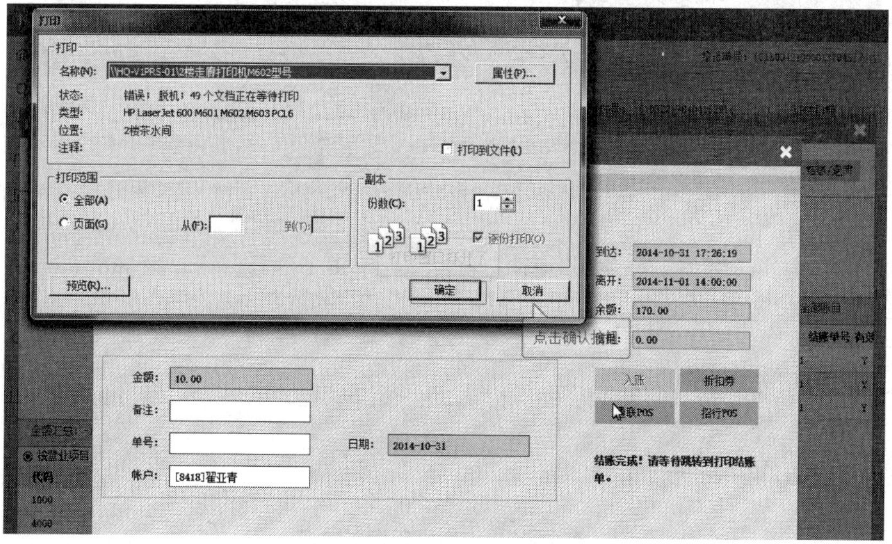

图 3–21　打印账单

客人结账退房后，客人所住房间状态将由住脏房或者住净房转为脏房。

4. 发票打印

酒店业务链接——发票管理制度

（1）发票的使用范围限于本酒店的营业收入，不得代他人或其他单位开发票，不得将发票借给外单位使用。

（2）严禁收银员及营业部门人员给客人多开、虚开发票，一经查处，作舞弊论处。

（3）发票由审计主管统一领取保管、发放、控制，所有发票应按票面金额归类，发放时登记号码，发票应盖财务专用章或发票专用章，并不允许预先把章盖好，而要在领取发票时盖章。

（4）收银员应按号码连续使用发票，并登记好账单号码及使用金额，让领发票的人在登记本上签收（前厅收银除外），做出发票使用情况表交收银主管汇总，收银主管汇总后将发票汇总表交审计主管审核。

（5）审计主管做出发票使用情况汇总表交财务经理。

（6）每月应编制发票进销存报表，日审应对各收银点及收银办的发票进行盘点。

系统操作步骤如下：

（1）打开目标顾客的账务处理详单，点击界面上方打印发票，如图 3–22 所示。

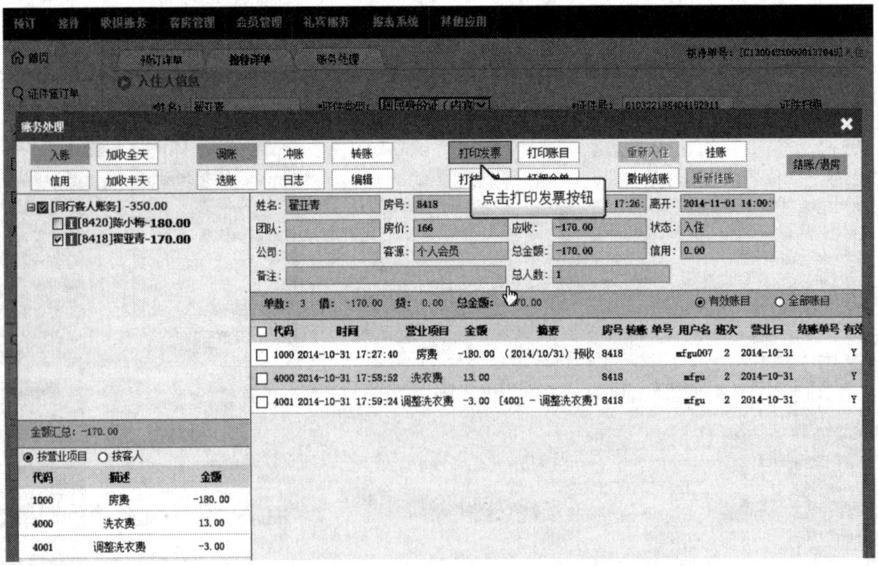

图 3–22　点击打印发票按钮

（2）弹出窗口中，依次填入付款单位及项目等重要信息后直接打印即可，如图 3–23 所示。

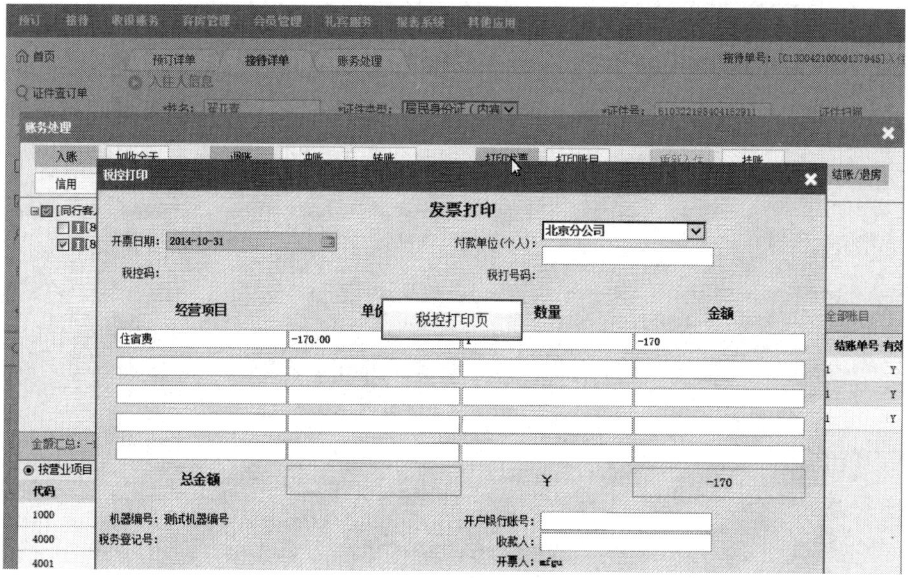

图 3–23 打印发票

【自我评估】

1. 对于顾客账务处理时，(　　) 情况下必须授权。

A. 结账　　B. 消费明细入账

C. 现金交押金入账　　D. 冲账

2. 账户调账，可以输入负值账目来进行完成账户的调账等功能，关于该功能，下列说法错误的是 (　　)。

A. 调账可能会使所操作的账户余额增加

B. 酒店应对调账进行严格控制和要求，必须注明理由和刷授权卡

C. 调账可能会使所操作的账户余额减少

D. 调账可以用来对隔夜账目进行调整

3. 关于收银账号的登录与退出，下列描述错误的是 (　　)。

A. 收银权限并非每个酒店员工都有

B. 所有酒店员工的收银权限都不一定是一样的，有些账务处理需要授权

C. 每日交接班或夜审前，可以把自己的收银账号交给下一个员工使用

D. 收银账号中记录了收银员每次操作的日志，是收入审计和收银审核的重要依据

客房部

第四章　客房清扫服务

客人入住饭店后，客房属于客人的私人场所，客人对客房的要求往往比较高。虽然客人在跨入饭店的同时已形成对饭店的第一印象，但当其最后来到属于自己私人空间的客房时，这之前所有的印象会马上被眼前的景观所取代。饭店是通过重复不断地销售客房的使用权来获得房租的，而房间能周而复始地销售，靠的是客房部保持高品质的清洁。

客房产品是饭店提供给客人各项服务的核心组成部分；与之相对应，客房清扫工作是饭店楼层工作的核心。客房清扫服务就是为了保障饭店这一核心产品的质量，客房清洁工作是很烦琐的，要做好清洁服务工作，除了必须具有耐心和体力外，更需要具备细密周详的工作计划和流程，才能达到事半功倍的效果。

第一节　清扫前的准备

客房是饭店最直接销售的商品，一间清洁舒适的客房是客人对饭店产品的最基本要求。当客人进入客房后，首先映入眼帘的应该是一张宽大舒适整洁的床，接着就是清洁、整齐的环境。每家饭店的客房清洁皆有所差异，但提供舒适、清洁与高雅的住房是每家酒店努力达到的目标，它关系着顾客对饭店服务品质及管理水准的评价好坏。

“工欲善其事，必先利其器”，要维护客房的清洁卫生，为客人提供清洁舒适的客房，清扫前的准备工作必不可少。

一、清扫前的技术准备

要成为一名合格的客房服务员，清扫房间是必备的技能。在开展清扫前，必要的技术准备主要包括基本的清扫方法和常见客房房态的掌握。

（一）掌握客房清扫的基本方法

客房清扫的具体程序和方法可能各师各法，每个饭店都有各自的一套。但是，有一些客房清扫的基本方法是公认的准则，服务员必须加以掌握，以达到避免重复劳动、防止意外事故发生、提高工作效率、确保客房清洁保养质量的目的。

（1）从上到下。在清洁卫生间和房间抹尘时，应采用从上到下的方法进行。

（2）从里到外。在给卧室地毯吸尘和擦拭卫生间地面时，应从里到外倒退着进行。

（3）环形整理。家具物品的摆设是沿房间四壁环形布置的，因此，在房间抹尘、检查房间和卫生间的设备用品时，应从房门口开始，按照顺时针或逆时针方向循环线路进行，这样可以避免出现卫生死角或重复整理，既省时、省力又提高清洁卫生的质量。

（4）区分使用抹布。应严格区分擦拭不同家具设备及物品的抹布，避免“一条抹布抹到底”。

（5）抹布折叠使用。擦拭家具设备、物品时，不论是干抹布，还是湿抹布，都应该折叠使用，这样可以提高抹布的使用率，有利于提高清扫速度，保证客房清洁卫生质量。

（二）房态含义

在服务宾客尤其是在对宾客房间进行清扫的过程中，要体现隐性服务，所以服务员应提前了解自己所要清扫客房的不同状况，亦称房态，具体请见表 4–1。

表 4–1　房态含义表

房态类型	中文术语	英文术语	缩写	代表的含义
住客房 Occupied（OCC）	请勿打扰房	Do Not Disturb	DND	该房客人不愿被服务人员或其他人员打扰
	请即清扫房	Make Up Room	MUR	该客房的住客因会客或其他原因需要服务员立即清扫客房
	外宿房	Sleep Out Room	S/O	该客房已被租用，但住客昨夜未归
	无行李房	No Baggage	N/B	该客房的住客无行李
	轻便行李房	Light Baggage	L/B	该客房的住客行李数量很少
	贵宾房	Very Important Person	VIP	该客房的住客是饭店的重要客人
	长住房	Long Staying Guest	LSG	被客人长期包租的客房
	自用房	House Use	HU	该客房的住客为本饭店人员
	免费房	Complimentary	Comp	该客房的住客为免费入住人员
	无须服务	Need No Service	NNS	该客房住客提出无须清洁整理
	加床房	Extra Bed	EB	该客房有加床服务

续表

房态类型	中文术语	英文术语	缩写	代表的含义
走客房 Check Out（C/O）	预退房	Expected Departure	E/D	该房住客不续住，预期在当天中午 12 时前退房
	未清扫房	Vacant Dirty	VD	该房住客已结账并已离开客房，未经过清扫
	已清扫房	Vacant Clean	VC	该客房已清扫完毕，并经过检查可以重新出租的客房
空房		Vacant	V	指昨日暂时无人租用的 OK 房
维修房		Out Of Order	OOO	该客房因设施设备发生故障，暂时不能出租

由于位置有限，所以，在报表上和在电脑管理系统中，房态一栏通常使用英文缩写标明，这就要求我们对房态尤其是其英文含义加以掌握。

二、清扫前的预备工作

客房服务员进入饭店开始一天的工作，首先要做的是清扫预备。这些预备工作包括以下环节：

（一）签领客房钥匙

服务员在清扫客房前，应先签领客房工作钥匙和客房清扫日报表。工作钥匙通常由客房服务中心保管和收发，收发时必须履行一定的签领、签还手续，使用工作钥匙登记表，当事人双方填表签字认可；客房清扫日报表可兼作任务书，领到的表上通常会注明该服务员当天负责清扫哪些客房、房态信息、特殊要求等。

（二）确定客房清扫顺序

客房服务员在安排客房清扫顺序时，要考虑两方面的问题：一要满足客人的需要；二要尽可能加快客房的周转。针对旅游旺季、淡季及其他情况，客房清扫顺序安排要求也有所不同。

1. 旅游旺季

旅游旺季，客房出租率比较高，房间往往是供不应求，客房清扫的顺序一般安排如下：

（1）总台急需房（指总台已预排给当天抵店的预订客人或临时急需清扫出来供出租的客房）。

（2）空房。

（3）走客房。

（4）请即清扫房。

（5）VIP 房。

（6）普通住客房。

（7）维修房。

2. 旅游淡季

旅游淡季客房出租率不高，房间需求量不大，应尽量先考虑满足客人的特殊需求，客房清扫顺序一般安排如下：

（1）请即清扫房。

（2）空房。

（3）走客房。

（4）VIP 房。

（5）住客房。

（6）维修房。

3. 其他客房

（1）长住房客人起居生活有一定的规律性，清扫时间应与客人协商。

（2）当日预期离店房如客人没有特别需求，一般待客人退房后再安排清扫。

（3）请勿打扰房需要在饭店规定的时间进行处理。

【案例赏析】

可以先打扫 810 房间吗？

住在 810 房的两位客人来自浙江温州，他们当天上午刚抵达杭州，经朋友介绍下榻到这家酒店。离午饭还有近两个小时，他们去苏堤、白堤转了转，下午便开始了工作。

第二天用完早餐回到房里，一位原定下午来与他们商议一宗出口业务的杭州市某大公司副总经理来电，因故欲改到上午进行，由于这宗买卖关系到温州客人半个年度的经营计划，同这位副总经理洽谈是他们此次来杭的首要目标，所以尽管上午已有安排，他们还是一口答应，挂上电话后，马上与另外两家公司联系，把原定上午会面的计划推迟到下午。

“邢副总还有半小时便要到达，房里还是乱七八糟的，请服务员快来打扫吧。”年纪较大的那位营业部经理对助手说道。

助手开门出去找客房服务员时发现，一辆服务车已停在 801 房外面，801 房的门敞开着，显然服务员已经开始在那儿做客房清洁工作。

助手到 801 房，十分斯文地请两位服务员立即打扫 810 房，最后没有忘记说一声“谢谢”。

两位服务员听到他的要求面面相觑，似乎有什么难处。

“不知我的要求会给你们带来什么困难吗？”助手还是彬彬有礼地询问。

一位年纪稍大的服务员开口了，她说：“我们每天打扫房间都按规定的顺序进行，早上八点半开始打扫 801 房，然后是 803、805 等，先打扫单号，接着才是双号，打扫到 810 房估计在 10 点左右……”

“那么能不能临时改变一下顺序，先打扫 810 房呢？”助手十分耐心地问道。“那不行，我们的主管说一定要按规范中规定的顺序进行。”她们面露难色地说道。显然她们很理解客人的心情，她们也很愿意满足他的要求，但她们不敢违反酒店的规定。

案例点评

本案例反映了该酒店在管理上的两个问题：一是在员工培训方面，管理人员片面强调服务员执行规定和按程序操作，没有把服务上的灵活性告诉她们。二是一切规范和程序的根本目的是保证服务质量，因此制订各种规范和程序的唯一依据是站在客人立场上，为客人考虑，一味强调程序，固然能在一般情况下保证大多数客人满意，毕竟还有一部分客人的特殊需求不在规范之内，甚至可能与酒店服务程序有悖，只要那些特殊需求是合理的，酒店应予以尽量满足。

以上案例是酒店服务中常遇到的小事，但是能反映出服务员的应变能力和服务技巧，我们有些服务员在工作中确实存在上述问题，规范和程序是不能满足所有的客人的，有些客人的需求有时比较特殊，一般规范难以包罗万象，所以要求服务员在工作中一定要灵活机智地处理每件事情，绝不能麻痹大意，造成不好的后果，减少饭店潜在客源。

（三）房务工作车（见图 4-1）的准备

房务工作车对客房服务员而言是非常重要的。工作车的准备通常于当日工作结束之后次日工作开始之前再检查一次，如发现物品短缺，应及时补齐。房务工作车准备程序如下：

（1）清洁工作车：将车子放在楼层工作间，用半湿的抹布将全车内外擦干净，并检查有无损坏现象，使用是否灵活，如有问题应及时修理。

（2）挂好垃圾袋和布草袋。将干净的垃圾袋和布草袋挂在工作车的两侧，并扣紧搭扣，分别用于放置客房内撤出的垃圾和脏布草。

（3）配备车上物品。首先将干净的布草折叠整齐放在车架的格子中。一般上面一格和中间一格放置浴衣和卫生间的“四巾”（即浴巾、面巾、小方巾、地巾），下面一格放置床单、枕套。为了减少重复劳动，“四巾”应按饭店规定折叠好，如有店徽，应把店徽朝外折叠；床单、枕套放入工作车时应齐口朝外，以便拿取；然后将客用品主要是低值易耗品分门别类、整齐地摆放在工作车的顶架上。摆放客用品时最好从工作车开口一面由低到高排列，以方便服务员拿取；较贵重的物品勿暴露在显眼处；同时应注意有些用品不能混置：香皂不能与茶叶放在一起，以免茶叶变味。各饭店应根据自身的实际情况，规定好不同物品的摆放位置，做到统一规范。

（4）最后将清洁桶放在工作车底层的外侧，专用清洁桶通常分为四格，用于分别摆放不同用途的清洁工具和清洁剂。常用清洁工具有：海绵、浴缸刷、恭桶刷、胶皮手套、抹布等；常用清洁剂有：多功能清洁剂、恭桶清洁剂、地毯去渍剂、消毒剂等，所有物品应整齐地放在清洁桶内。

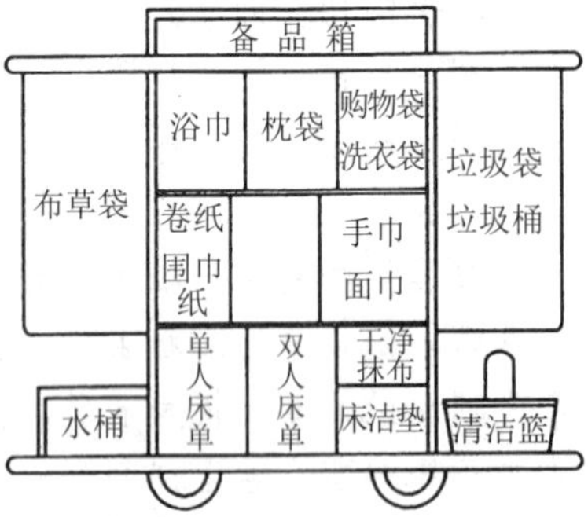

图 4–1　房务工作车

（四）吸尘器的准备

清扫客房前，应检查吸尘器是否完好，尘袋有无倒净，并准备好清扫所需的其他配件。

（五）检查仪容仪表

客房服务员做好以上准备工作后，应检查自己的服装、名牌、头发、鞋袜、手表等是否符合饭店的要求。检查完毕后，将房务工作车和吸尘器推到自己负责清扫的区域，开始当天的清扫工作。

三、掌握客房铺床及撤床技能

铺床又称做床，是客房服务员必须要掌握的基本技能之一，能熟练地铺床，对提高客房清扫效率，节省清扫时间起到关键性的作用。

（一）中式铺床

1. 准备好中式铺床所需的干净布草

床单 1 条，被套 1 条，枕套 2 条，枕芯 2 个。

2. 检查整理床垫

（1）将床垫放平，留意床垫角落所做标记是否符合本季度标记。

（2）注意床垫护褥是否干净、平整，四角松紧带是否套牢在床垫四角。床垫若有污染应及时更换。

3. 操作程序

中式铺床的操作步骤如表 4–2 所示。

表 4–2 中式铺床的程序

步骤	做法及标准
1. 抛单	（1）站在床侧（或床尾甩单），将折叠的床单正面朝上，两手分开，用拇指和食指捏住第一层，将床单向前抖开，待其降落时，利用空气浮力调整好位置。 （2）床单正面朝上，中折线居中，两侧下垂长度均等
2. 包边包角	用直角手法包紧床头、床尾四角，将床单塞至床垫下面。四角角式角度一致、包角均匀紧密
3. 套被套	（1）将被套打开。 （2）将被子两头塞入被套两个角并整理好。 （3）将被子另两头塞入被套内并做整理。 （4）抖动被子，使其平铺在床垫上，被子两侧下垂均等。被套四角饱满、平整，被套开口在床尾。 （5）被头反折 45 厘米
4. 套枕套	将枕芯塞入枕套，并做整理，枕头四角饱满
5. 放枕头	（1）将枕头放在与床头平齐的位置，与床两侧距离相等。 （2）枕头开口理顺，开口背向床头柜
6. 放床尾垫	将床尾垫放在饭店规定之处，整理好床铺

【特别提示】

铺床时应将用品准备齐全，按使用顺序放置。铺床时，身体应靠近床边，上身保持直立，两腿前后分开稍屈膝，这样有助于扩大支持面，增加身体稳定性，既省力又能适应不同方向的操作；同时手和臂的动作要协调，要尽量连续操作，避免过多地抬起、放下、停止等动作，以节省体力消耗，缩短铺床时间。

（二）撤床

（1）将床拉出，在床尾处将床单全部拉出，然后床单、枕套逐一撤出，注意不要夹裹客人物品。

（2）将撤下的被芯叠好和枕头一起放在椅子上，将撤下的床单、被套、枕套，连同卫生间内需要更换的方巾、毛巾、浴巾等布草，分类点清放入工作车的布草袋内，注意勿夹带宾客的个人物品（在撤床上物品时切莫夹带客人的衣物及房内小型物件，卫生间注意是否有客人的白色毛巾）。

（3）将受污染的织物放入专用的布草袋中，贴上标签分类提供给洗衣房。

【特别提示】

撤床的技巧

将床拉出时注意要下蹲，以保护自己的腰部不受伤。

1. 卸枕套

（1）左手抓着枕套角，右手将枕头从套中拉出。

（2）取出后放在椅子上。

（3）切忌动作过分猛烈地将枕头从枕套中拉出，并且需留意枕头是否有污迹。

2. 卸棉被

（1）从角部开始，将棉被从被套中拉出，并将棉被放在椅子上。

（2）留意是否有破损和污迹。

3. 卸下脏床单

从角部开始，将床单逐一拉出，且应查看是否有遗留物。

4. 拿走已用过的床单及枕套

【相关知识】

了解西式铺床

西式铺床，是用床单加毛毯在床垫上包边包角，再加盖床罩的一种铺床方式。这种铺床方式线条突出，造型规范，平整美观。然而，西式铺床也存在着不足：一是不方便。由于床单和毛毯包边包角后紧压在床垫下，睡觉时要使劲将床单拉出来，用脚使劲蹬，才能钻进去，给客人带来了不必要的麻烦。二是毛毯和床罩不能经常洗，容易沾染灰垢和细菌。三是服务员做床较费时间，影响工作效率。目前，绝大部分饭店取消了西式铺床的方法，采用中式铺床法。

【知识链接】

中式铺床的配置

（1）床裙。床裙的尺寸同床体的长、宽和高。高度考虑到客房的地毯高度，因而用床体的高度减 1 厘米。如：200 厘米 ×120 厘米 ×25 厘米的床体，则床裙为 200 厘米 ×120 厘米 ×24 厘米。

（2）保护垫。保护垫的尺寸同床体的长、宽。

（3）床单。床体四周加40厘米，床单的尺寸为床体的长和宽分别加80厘米。如床铺为 200 厘米 ×120 厘米，则床单为 280 厘米 ×200 厘米，另外还要加 5% 的缩水率。

（4）被子。考虑到被子三边挂下的部分需要遮挡住床体与床垫的间隙，所以被子的尺寸为床体长度加 25 厘米，宽度加 50 厘米，如床垫为 200 厘米 ×120 厘米，则被子为 225 厘米 ×170 厘米。

（5）被套。被套尺寸为被子的长、宽分别加上飞边的尺寸，常规被套款式为三边 5 厘米飞边。如被子为 225 厘米 ×170 厘米，被套款式为三边 5 厘米飞边，则被套的尺寸为 230 厘米 ×180 厘米，另外还要加 5% 的缩水率。

（6）枕芯。枕芯常规有 70 厘米 ×40 厘米（700 克）、75 厘米 ×45 厘米（800 克）、70 厘米 ×50 厘米（800 克）三种。

（7）枕套。无飞边的枕套直接加 5% 的缩水率，四周飞边的枕套尺寸为枕芯的长、宽分别加上飞边的尺寸。如枕芯 75 厘米 ×45 厘米，做四边飞边 5 厘米的枕套，则枕套尺寸为 85 厘米 ×55 厘米，另外还需要加 5% 的缩水率。

（8）床尾垫。床尾垫的宽度一般为55厘米，长度等于床体的宽带加50厘米。

【课后练习】

一、单选题

1. 客人入住饭店后，客房属于客人的（　）场所。

A. 公共　B. 私人　C. 待客　D. 商务

2. 房间能周而复始地销售，靠的是客房部保持高品质的（　）。

A. 员工　B. 管理　C. 清扫　D. 客用品

3. 基本的清扫方法和常见客房房态的掌握是清扫前的（　）。

A. 知识准备　B. 技术准备　C. 心理准备　D. 信息收集

4. 酒店常规的枕芯规格不包括（　）。

A. 60 厘米 ×40 厘米　B. 70 厘米 ×40 厘米

C. 75 厘米 ×45 厘米　D. 70 厘米 ×50 厘米

5. 房态类型中“未清扫房”的英文缩写为（ ）。

A.“V” B.“VC” C.“VL” D.“VD”

二、判断题

1. 饭店通过重复不断地销售客房的使用权来获得房租。（ ）

2. 客房清扫工作是饭店楼层工作的核心。（ ）

3. 在清洁卫生间和房间抹尘时，应采用从下到上的方法进行。（ ）

4. 铺床时应将床上用品备齐，按大小顺序放置。（ ）

5. 使用抹布时应严格区分擦拭不同家具设备及物品的抹布，避免“一条抹布抹到底”。（ ）

第二节 客房的日常清扫

一、进入房间

为表现服务的规范性，客房服务员请求进入客人房间前应严格按照饭店规定的程序进行。先应观察门外情况，观察房间是否开启“请勿打扰”灯或挂上“请勿打扰”牌，然后再按照规定程序敲门。

1. 服务员侧身站立于门边，保持适当位置，姿势要规范。

2. 用右手食指和中指轻叩房门三下，报“HOUSEKEEPING”。

3. 敲门时轻重适当，声响适度，节奏不宜过快。

4. 注意房内有无发问声，如客人问：“谁？”可回答：“服务员，可以进来吗？”外宾房，则用外语，如：“Housekeeping，may I come in？”

5. 若房内无发问声，等候 3~5 秒钟后，第二次按门铃或敲门。

6. 第二次敲门方法同上，并等候 3~5 秒。

7. 将门打开 30 度后，在门上轻敲三下，自报家门，征求客人意见。如：“早上好！我是客房服务员，可以进来吗？”说话声音要平稳、清晰。

8. 将房门开直，工作车停放在门口，将取电卡插入取电槽，轻步进入客房。

【特别提示】

（1）客房出租给客人后，其使用权就是客人的，服务员若非因工作需要，不能随意进入客房。如工作需要，也须先敲门（按门铃）通报，房间无人方可进入房间。住客房应尽可能趁客人不在房间内时清扫整理；如客人在房，则须征得客人同意后才能进房清扫。

（2）饭店通常规定，服务员须开门清扫整理客房；为防止闲杂人员进入客房，保证客房安全，清扫住客房时工作车挡住门口的三分之一；清扫过程中，如有宾客要进入客房，服务员须核实其身份。其他无人租住的客房，工作车应挡住房门口。

【案例赏析】

工作车堵住房门的作用

我去南方一家四星级饭店参观学习。富丽堂皇的吊灯，色彩艳丽的地毯，美丽庄重的迎宾小姐，均未能使我驻足流连。但当我走出电梯，来到第14层楼时，突然一个房务工作车引起我的注意：它不是按惯例放在过道中间，而是紧紧地堵住房门。

我轻轻地推开工作车。

“是谁啊？”里面传出一个和蔼可亲的声音，走出一位年约二十的小伙子，手上拿着抹布。

“是我，客人。”我出示了住宿证。

“您有什么需要帮助的吗？”

“我是一家饭店的经理，很想知道工作车堵住房门的原因。”

“噢，是这么回事了。”他讲了一起严重的客房失窃事件。

当地的另一家五星级宾馆，20层2005房门，女服务员正在打扫卫生间。她一边轻声哼着流行歌曲，一边用刷子清洗恭桶。门敞开着，工作车放在走道中央。一个西装革履、留着长发的小偷，绕过工作车，轻手轻脚地溜了进来。坐在床旁，背对房门，拿起话筒，假装打电话。

服务员清洗完毕，走出卫生间。看见有一个人坐在床旁打电话，以为客人回来了，不宜干扰，于是退出房间，关上房门，到其他房间做清洁整理。

由于客房内没有配备小型保险箱，客人的公文包放在写字台上，大衣挂在衣橱里，旅行箱放在沙发旁的圆桌上。小偷乘机行事，用螺丝刀撬开公文包，翻寻值钱的物品。其中有一个豪华的钱包，他搜出一叠美元。又从衣橱中拿出客人的长大衣，从口袋中翻出一叠人民币，一支名贵金笔。他打开旅行箱，把里面的杂物一股脑儿地倒在地上，寻找珍贵物品。

很快找到一串珍珠项链，一只装金戒指的首饰盒，将它们塞进自己的西装口袋。然后，迅速地将未看中的物品塞回旅行箱，把大衣、公文包放回原处，打开房门，溜了出去。

傍晚，客人回房，发现失窃，立即报案。保卫人员和公安人员赶到现场，搜集线索，拍摄脚印、指印照片，询问女服务员。她一边哭，一边讲述了事情的经过。

5 天后，公安机关在小商品市场抓获了正在向行人兜售珍珠项链的罪犯。

案子虽然侦破，但给客人带来的精神上的痛苦和不必要的经济损失，严重地损害了饭店的声誉。

而防止盗窃的有效方法是，服务员用工作车堵住房门，可防止小偷和闲杂人员乘机潜入。

二、走客房的清扫

通常走客房的清扫要求是最全面、最彻底的，客房清扫工作是一套完整的程序，因此我们重点了解走客房的清扫程序（见表 4–3、表 4–4）就可以举一反三了。

表 4–3　走客房（房间）清扫程序

步骤	操作要领	质量标准
1. 进入客房	按进房程序进入客房	规范操作
2. 停放工作车	工作车挡住房门，开口向着房内	防止闲杂人员进入客房
3. 检查电源开关	（1）检查灯具有无损坏 （2）熄灭多余的灯	发现损坏灯具及时更换
4. 拉开窗帘	厚薄两层窗帘都要拉开	注意窗帘挂钩有无脱落
5. 打开窗户或开空调	风沙大或阴雨天不宜开窗，可将空调通风系统调至最高档	保证客房内空气清新、无异味
6. 检查客房	检查客房是否有客人遗留物品、是否有被客人带走或损坏的物品	检查要仔细
7. 检查客房小酒吧	检查客房小酒吧有无消耗，若有，及时补充	认真检查，无漏查
8. 收集烟缸及杯具	（1）将脏烟缸放入卫生间备洗 （2）杯具最好采用更换的方式	杯具采用更换的方式更为卫生

续表

步骤	操作要领	质量标准
9. 收集垃圾	（1）将垃圾倒入工作车上的大垃圾袋 （2）清洁垃圾桶 （3）更换垃圾袋	严格执行饭店有关节能降耗和绿色饭店的质量标准
10. 撤床	按撤床程序操作	动作快捷
11. 清洁卫生间	见表 4–4 走客房（卫生间）清扫程序	卫生间清洁、无异味
12. 铺床	见表 4–2 中式铺床的程序	床铺美观、平整
13. 除尘、除迹	（1）按同一方向顺序，从上至下、从里至外擦拭房间浮灰 （2）注意逐项检查设备是否完好。若有损坏，立即报修 （3）记住需要更换或补充的客用品 （4）特别要注意抽屉、衣橱的清洁	（1）注意边角处、避免遗漏 （2）干湿抹布须分开使用 （3）彻底清洁
14. 补充房间用品	根据饭店规定的房间用品量和摆放位置补充用品	一次性补齐放好
15. 拉窗帘	轻轻将纱窗帘拉上，遮光窗帘不要全部拉上	纱窗帘须合拢
16. 吸尘	（1）由里到外进行吸尘 （2）边吸边检查地毯有无破损、污迹 （3）边吸边调整家具 （4）注意边角处的吸尘	地面干净、无杂物
17. 自我检查	环视客房，检查有无遗漏之处	确保客房清扫质量
18. 关窗或空调	将窗户关上或关闭空调	按饭店有关规定操作
19. 关门离房	关灯取回取电卡后退出，关上房门	关门后注意回推一下，确保房门锁上
20. 填写“客房清扫工作报表”（见表4–5）	按要求逐项填写	填写及时、准确

表 4–4　走客房（卫生间）清扫程序

步骤	操作要领	质量标准
1. 开灯、开排风扇，准备清扫	（1）检查灯具有无损坏 （2）清洁篮放在卫生间适当之处	（1）灯具完好 （2）方便操作
2. 恭桶放水	（1）掀起恭桶盖板，放水冲净 （2）待水冲完后，喷上清洁剂	使清洁剂充分溶于水中

续表

步骤	操作要领	质量标准
3. 撤出垃圾	撤出垃圾，放进工作车上的大垃圾袋中	严格执行饭店有关节能降耗和绿色饭店的质量标准
4. 收布草	撤走用过的毛巾，放入工作车上的布草袋内	脏布草不能放在地上
5. 清洗垃圾桶、烟缸、皂碟	用清水冲洗干净、擦干	洁净、无残留水迹
6. 擦洗洗脸盆及水龙头等金属器件	（1）先用湿抹布擦洗，再用干抹布擦干 （2）注意下水塞、下水口的清洁	无污迹、无水迹、光亮
7. 清洗浴缸	（1）关闭浴缸活塞 （2）浴缸中放少量热水和清洁剂，用浴缸刷清洗浴缸内外、墙壁、浴帘、金属器件 （3）打开活塞，冲走污水 （4）用温水冲洗墙壁、浴缸 （5）擦干、擦亮 （如无浴缸，清理淋浴设施、墙壁、地面等）	（1）无污迹、无水迹 （2）设备完好有效
8. 清洗恭桶	（1）用恭桶刷刷洗恭桶内壁，冲洗干净 （2）用专用的抹布将恭桶内外壁及盖板擦干、擦净	须用专用的清洁工具、抹布清洁恭桶
9. 擦净电话机	将电话机听筒、机身、电话线擦干净，放好	定期用酒精棉球消毒
10. 除尘、除迹	（1）用干抹布将洗脸台四周瓷壁擦干、擦净 （2）用半湿抹布擦拭镜面，再用干抹布擦净、擦亮	注意边角处无遗漏
11. 补充毛巾	补充干净毛巾，并按规定折叠、摆放	补充齐全
12. 补充用品	将用品按规定补齐，摆放整齐	一次性补齐放好
13. 擦拭地面	用抹布从里到外，沿墙角平行擦净整个卫生间地面，注意边角和地漏处	地面洁净
14. 吸尘	用吸尘器从里到外吸尘	地面干净、无杂物
15. 自我检查	检查有无遗漏之处	保证卫生质量
16. 关灯、关排风扇、关门	（1）将卫生间门虚掩 （2）撤走清洁用具	便于卫生间通风透气

表 4-5　客房清扫工作报表

楼层＿＿＿＿＿　　姓名＿＿＿＿＿　　日期＿＿＿月＿＿＿日

<table>
<tr><th rowspan="2">房号</th><th rowspan="2">状况</th><th rowspan="2">人数</th><th colspan="2">清扫时间</th><th rowspan="2">维修项目</th><th rowspan="2">备注</th><td rowspan="8">当天计划卫生：</td></tr>
<tr><th>入</th><th>出</th></tr>
<tr><td>01</td><td>OCC</td><td></td><td></td><td></td><td></td><td></td></tr>
<tr><td>02</td><td>VIP</td><td></td><td></td><td></td><td></td><td></td></tr>
<tr><td>03</td><td>OOO</td><td></td><td></td><td></td><td></td><td></td></tr>
<tr><td>04</td><td>LSG</td><td></td><td></td><td></td><td></td><td></td></tr>
<tr><td>05</td><td>VC</td><td></td><td></td><td></td><td></td><td></td></tr>
<tr><td>06</td><td></td><td></td><td></td><td></td><td></td><td></td></tr>
<tr><td>07</td><td></td><td></td><td></td><td></td><td></td><td></td><td rowspan="5">上级指示：</td></tr>
<tr><td>08</td><td></td><td></td><td></td><td></td><td></td><td></td></tr>
<tr><td>09</td><td></td><td></td><td></td><td></td><td></td><td></td></tr>
<tr><td>10</td><td></td><td></td><td></td><td></td><td></td><td></td></tr>
<tr><td>11</td><td></td><td></td><td></td><td></td><td></td><td></td></tr>
<tr><td>12</td><td></td><td></td><td></td><td></td><td></td><td></td><td rowspan="6">其他事项：</td></tr>
<tr><td></td><td></td><td></td><td></td><td></td><td></td><td></td></tr>
<tr><td></td><td></td><td></td><td></td><td></td><td></td><td></td></tr>
<tr><td></td><td></td><td></td><td></td><td></td><td></td><td></td></tr>
<tr><td></td><td></td><td></td><td></td><td></td><td></td><td></td></tr>
<tr><td></td><td></td><td></td><td></td><td></td><td></td><td></td></tr>
</table>

【案例赏析】

使客人心悦诚服地负担赔偿

某五星级宾馆 1508 客房内的大理石花架台面的一只角掉落在地面上。客房服务员发现后即向大堂副理汇报，经过检查分析，是属于人为损坏性质。

当晚，当客人回来后，大堂副理有礼貌地到客房内拜访了解。住客是两位外籍中年妇女。

其中一位胖太太气冲冲地说："昨天晚上在客房内拍照，我刚坐上台面，一个角便落了下来，当时我没有穿袜子，尖角还擦破了皮肤！”另一客人在旁帮腔说：“你们五星级宾馆怎么能采用质量如此差的设施。”

大堂副理不动声色地听完两位客人的申诉，脑子转了一下，便接口道：“台面的大理石是世界有名的意大利进口货，花架台是放花盆用的，如果由于花盆的重量而使台面破裂失角，责任自然在饭店，如果客人因而受了伤，那么饭店应该负责。但是这一次的事故却是因为压了重物才造成的，显然饭店不应负责。”（大堂副理在这里有意避开“肥胖”这一类的字眼，而用“重物”代之，目的是不伤客人的自尊心。）

那位胖太太听了以后，开始平静下来，继而考虑如何解决此事。

此时，另外一位客人用比较平静和打圆场的口气说：“我们住进这间客房时便发现这个台面的一角有浅浅的裂痕。”

大堂副理听了以后，对破损的边缘进行了仔细检查，果然发现留有污痕，于是他客气地对客人说：“不错，台面的确过去就有裂痕。”说完便又请来了工程部的有关人员，经过商量决定划去台面的周围一圈，改成一个较小的花架台。当客人被告知只需负担200元人民币的时候，她们点点头，当场从钱袋中掏钱付清。

案例点评

在不少省市的宾馆饭店，客人一看到客房里的《旅客须知》就像当面被训斥一通，感到受到侮辱，因为那上面是一连串的“严禁”，接着是“加倍处罚”“照价赔偿”的语句，毫无亲切感可言。上面所提及的五星级宾馆并没有明文规定被告人损坏客房中物品时的赔偿制度，但处理的方法还是可取的。

一般处理的程序和做法如下：

第一，服务员在打扫房间时，发现有物品损坏，如客人在场，可婉转地向其了解原因，并将情况报告领班后一起向客人说明赔偿制度；第二，在客人不承认的情况下，会同上级主管人员和客人做解释，避免饭店受损；第三，可视实际情况酌情减免赔偿费用。

【拓展知识】

客房清扫的内涵

· 酒店客房的气味

应该说，客房的气味是衡量一家酒店是否洁净的首要标志。客房内既不允许有霉味，也不能有明显的香水味。住店客人一般都喜欢自己所住客房的卫生间里有柠檬型香味，而卧室里则应该有混合型香味。气味浓烈，刺鼻的空气清新剂很容易让客人产生恶心等反应，因此一定要谨慎使用。勤开窗户也能使客房保持空气清新。

· 前一位住店客人留下的痕迹

酒店客房内有没有前一位客人留下的痕迹应该是客人对一家酒店的洁净程度感知的最重要因素之一。入住一家饭店的客人，绝对不希望在自己的房间里看到任何会使他们联想到有人曾在此处居住过的痕迹。一般来说，最令客人反感的痕迹包括：留在卫生间面盆和浴缸里、卫生间地面上的毛发，走道里凌乱摆放的客房送餐盘，有污渍的地毯和布草，抽屉里上个客人忘了拿走的个人用品等。

· 酒店员工的态度和工作效率

一家酒店的员工，尤其是客房部、工程部以及餐厅工作人员的整体服务态度也会影响到住店客人对酒店洁净程度的认识。一般来说，客人只要看见酒店的员工在不停地清扫公共区域，他们就会很自然地觉得这家酒店十分洁净。而且员工本身的整洁也很重要。干净利落、着装整齐的员工有助于提升客人对酒店整体洁净程度的印象。

· 酒店设备的维护

住店客人的基本要求是，客房里的每一件物品和设施设备在任何时候都完好无损，而且维护得当。即使某个设施设备有故障，也应该在最短的时间内修好，否则即使客房表面上再干净，客人还是会觉得不舒服，而使其满意度受到影响。

· 客房的装备优良

入住一家酒店的客人都会要求这家酒店客房的设施和装备合理、实用。在客房的工作区域，照明效果好，易于连接电话接口、数据接口和电源插孔的写字台对于商务旅行者来说尤为重要。另外，适当数量的毛巾、口杯、免费的卫生用品、一定数量的毛毯和枕头、床头收音机、闹钟、电视机及其遥控器都不可缺少。

· 酒店本身的历史

一家酒店的设施、家具陈设的年代长短与这家酒店是否洁净应该说是没多大的联系，但是，酒店的客人一般会觉得，破损而且陈旧的客房家具和布草，就会传达出这家酒店不洁净的信息。

· 照明

住店客人一般都希望自己所住的客房及其卫生间的照明效果好。这就要求酒店尽量使用日光灯、床头阅读灯，卫生间墙上方或四周有明亮的照明，尤其是公共区域要有良好的照明。在客房里巧妙地使用灯光，不仅可以使客房显得更加明快，还可以令客人感到心旷神怡。

· 客房的色调

吸引客人目光的色调也是客人对一家酒店的洁净程度产生重要印象的基础。一般而言，酒店的客人更喜欢米色和奶油色等中性颜色，而对于那些太亮或太深的颜色并不是十分感兴趣。

三、住客房的清扫

走客房清扫整理主要是为了尽快提供给前台出租，住客房清扫整理还要考虑住客的需要。住客房的清扫整理与走客房基本相同，但需要特别注意以下几点：

（一）清扫顺序

走客房清扫一般是先撤床、清理卫生间，然后才铺床，这样可以让席梦思和羽绒被等留有一定时间透气，达到保养的目的；而住客房清扫一般要求先整理房间，再清理卫生间，这是因为住客可能回来，甚至带来访客。所以，应先将房间整理好，使房间外观整洁，给客人以舒适感。这时服务员再清理卫生间，也不会有互相干扰之嫌。

（二）住客房的清扫

（1）每次进房都应按照服务规范进行，如房门挂有“请勿打扰”牌，应做好记录，待客人方便时再提供服务。

（2）清理房间时房门应该打开，调整工作车至房门口（如客人在房间推车挡一半门，客人不在则全挡）。

（3）若宾客在房间里，应微笑着问候“早上好，先生（女士）”，然后问对方是否需要清理房间。

（4）检查所有设备，发现问题应及时报修；维修设备时，服务员必须陪同，跟踪检查维修结果，并签字确认。

（5）清理垃圾前最好能事先做一定的检查，避免客人的损失（如在垃圾桶边的“垃圾”，在不能确定前不要先扔掉，可征询客人的意见）。

（6）将所有送餐服务的用具拿走，并通知服务中心。

（7）更换干净的茶杯、玻璃杯，先检查杯内是否有客人放在里面的假牙、隐形眼镜等；茶杯里的茶叶，冷的更换，热的不更换，杯内的茶叶一律不准倒入恭桶。

（8）更换干净的床单，并将所折叠好的宾客的睡袍和衣服摆放在床上，女士的衣服不要轻易动；客人床单不做更换的，也要检查床单上面是否有发丝，如有则做清除或更换。

（9）迷你吧用品及时入账并补入。

（10）特别注意检查卫生间冷热水是否正常，出水是否顺畅。

（11）客人卫生间的化妆品，若不知具体的使用方法顺序，可按从高到低的顺序排列，若有些化妆品可能会因某些因素将台面弄脏，可在下面垫上方巾，做好防护工作。

（12）强调卫生间整理时必须将门打开，提高安全防范意识。

（13）住房内酒店赠送的鲜花如已枯萎，要及时撤出。

（14）电视机频道不做调整。

（15）房间的空调除非客人操作错误，其他情况不做改动。

（16）发现房内物品缺少时，先要注意房内物品有否配备齐全，再考虑是否是客人拿走，不要盲目地让客人赔偿，以免引起客人投诉。

（17）对于取电卡，若客人无任何电器使用，可将卡拔掉；若客人用梳子等其他异物取电，必须用楼层的备卡做更换；若客人有手机充电器或传真机等在使用，不可将客卡取出，以免影响客人使用。

（18）吸尘前必须询问客人是否可以吸尘。

（19）卫生整理好关门后要注意反推，确保完全上锁。如果客人在房内，客房整理完毕时，要有礼貌地向客人致歉、道别、询问客人是否还有其他需求。退出客房时一定要面向客人后退两步再退出客房。关门时注意面对客人退出。

（20）房内有加床时，注意不能遗忘补充相应的客用品。

【案例赏析】

案例 1

眼镜液

某酒店一名客房服务员由于疏忽，将客人放进玻璃杯里的眼镜液和隐形眼镜倒掉了，客人回来后大发雷霆。服务员承认了错误，并马上给客人配了一副，客人表示满意。事情到此可以说圆满解决了，可是酒店并没有就此满足。晚上开夜床时，酒店为客人做了一个眼镜型的小蛋糕，作为礼物送给客人。客人看了开怀大笑，之后成为酒店的忠诚回头客。

案例点评

由于客房服务员的工作疏忽，给客人带来不必要的麻烦。此时，靠一两句道歉的话是难于平息客人的震怒，酒店做出快速反应、准确采取补救措施，不仅弥补了客人的损失，而且抓住时机创造惊喜。这是一个由疏忽到补救，由震怒到满意，由创造惊喜到成为忠诚客户的典例。

案例 2

重要的便笺

在北京某四星级酒店的客房部，实习生服务员小任正在清扫一间走客房。小任看到客人的行李已经全部收拾好，整齐地摆放在行李架上，便开始去收垃圾。她看到床头柜上有一张皱巴巴的便笺纸，就认为是客人不要的废纸，于是顺手丢进了垃圾袋中。此房间整理就绪后，就去整理其他房间了。一会儿，那个房间尚未离店的客人急匆匆地找到小任说："小姐，你有没有看到一张记有电话号码的小纸条？那个电话号码对我有用的。"

小任一听就傻眼了，反问道："您的电话号码是不是在床头的便笺纸上写的？"客人说："我记得好像是在床头柜那儿。"

"对不起，我马上去找。"小任边说边来到工作车的垃圾袋旁，翻了半天，终于找回了客人记有电话号码的小便笺。客人不住地向小任道谢。而此时作为实习生的小任，心里真不是滋味。因为自己扔掉了客人记的电话号码，给客人添了麻烦而深感自责，幸亏及时找到了，没有耽误客人的事。经此事后，小任便懂得了客房内无论是什么东西，哪怕是张小纸片，只要是客人的东西，都要保存好，不能随便扔进垃圾袋，否则不仅会引起投诉，且会给客人带来很大的麻烦。

案例点评

（1）客房服务中，清洁整理房间和清理垃圾是每天例行的工作。但服务员要明确一点，所有服务工作都有其严格的服务操作程序和规范，所有程序和规范都是在总结了多年经验和进行科学测算基础上制订出来的。服务程序和规范，是保证服务质量和消除各种隐患的法规，必须严格遵守。在客房清扫过程中，服务员对属于客人的一切东西，只能是略加整理，不能随意挪动位置，更不能将客人的东西或客人用过的东西自作主张地进行处理，哪怕是空瓶、空纸盒，只要客人没有扔进垃圾袋中，就要谨慎对待，更不能随意扔掉或倒掉。哪怕一副假牙、一包黄土、一副隐形眼镜、一张皱巴巴的便笺、一枚细小的粗糙戒指、一件小小的护身符，都可能由于我们服务中的粗心大意，不按操作程序去做，而酿成大事。这一桩桩不愉快的事情不仅会使饭店承受直接或间接的经济损失，更严重的是给客人的生活带来不便和痛苦，使饭店的声誉蒙受损害。这些深刻的教训是应该认真吸取的。"细微之处见功夫"，养成细心负责的工作作风，认真按服务程序与规范去操作，才能保持饭店较高的服务水准，避免此类不恰当的事情发生。

（2）作为饭店的服务人员，必须在思想上树立一种意识：客人一旦填好入住登记单，交了房租，住了饭店的房间，就形成了饭店与客人的契约关系。顾客是饭店房间租用期间的唯一占有人，房间的使用权属于这位客人，客人即是房间的主人。饭店方面有义务尊重客人的权利，即使是例行的客房清洁整理工作，也要充分尊重客人对房间的使用权。饭店有关敲门通报、等候客人的程序，不能乱动客人东西的规定，等等，正是根据尊重客人权利的原则而制订的。有的饭店服务人员缺少这种服务意识，总认为我才是饭店客房的主人，所以工作粗心大意，不经客人同意随意进出住客房间，不断骚扰客人，结果闹出不少笑话、惹出了许多不愉快，得罪了不少客人。

饭店服务工作看起来是一些简单的事，就拿清扫客房来说，一个生手，经过

7天的培训，完全可以应付。但要懂得如何尊重客人的权利，按服务标准与程序操作，形成良好的职业习惯和服务意识，却是一件要求经过长期培训和磨炼才能称职的事。

【特别提示】

住客房物品的补充

牙具：客人使用过的不要处理掉（可配备牙膏），新的补入。

梳子：客人使用过留在清洁后房内的可以不用补充。

肥皂：用过的肥皂少于二分之一更换，补入新的。若超出二分之一不更换，但仍要补入新的。

沐浴液、洗发液：住房用过少于二分之一更换，补入新的。

卷纸：住客房不少于二分之一不用做更换。

面巾纸：走客房不少于三分之二、住客房不少于二分之一。

拖鞋：住客房内可再次使用时不用更换，但要在衣柜内补入新的。

火柴：住客房内的火柴保证有10根。

圆珠笔：配入住客房前要进行检查是否可以书写，住客房内也要进行检查。

铅笔：客人使用过后视情况更换或将铅笔重新削好。

其他一次性用品及时补充，如擦鞋布、信封、信纸等。

（三）清扫时尊重住店客人的服务细节

（1）客人一旦进入房间，该客房就成为客人的私人空间。客房服务应以不干扰客人为准则。打扫住客房应尽量选择客人不在房内时打扫，同时根据客情，住客房尽可能在中午12点之前打扫完毕，以方便客人午休；客人在房间时，必须征得客人同意方可进行打扫。

（2）注意做好客房正在清洁的标志。如客人在客房清洁时回房，会通过房门口的工作车、“正在打扫”牌、房门打开等标志提示客人有服务员在进行客房服务。

（3）打扫前，先根据房间状况，首先检查客人是否有什么特殊的习惯，并做好记录，以便做针对性的个性化服务。在打扫的过程中应收集客人的喜好：如客人使用几个枕头，物品的摆放位置，喜欢哪些水果等。客人在房内时要特别注意工作的动作幅度不能太大。

（4）尊重客人的生活习惯。客人的文件、书报等不要随便合上，不要移动位置，更不准翻看。不要触摸客人的手机、笔记本电脑、钱包、手表、照相机等贵重物品（如发现违禁物品及时上报处理）。女性用的化妆品即使用完了，也不得将之扔掉。总之，对于住客房内的物品不能轻易处理。

（5）不能偷吃客人的食品，也不要在打扫中将客人的食品随意的放置。

（6）如果客人在房内，除了必要的招呼和问候外，不应主动与客人闲谈。

（7）注意了解客人的习惯，保护客人的隐私，满足客人合理的要求。

（8）在清洁整理客房时，遇到客人回房，要主动向客人打招呼问好，并征求意见是否继续清扫。如客人不要继续清扫时，要做好交班，特别是房内配备的物品未补齐时，以防误报。

（9）不得享用客房内的设备用品，不得在客房内休息。完成工作后应即时离开客房，不得在客房内滞留。

（10）不能让闲杂人员进入客房。如果客人中途回房，服务员也需礼貌地查验住宿凭证，核实身份。注意语言技巧，示范用语："我帮您检查一下您的卡是否有效。"

（11）讲究职业道德，不得将客用布草作为清洁擦洗的用具。

（12）清扫过程中如不小心损坏客人的物品，应如实向主管反映，并主动向客人赔礼道歉，如属贵重物品，应有主管陪同前往。若客人要求赔偿，应根据具体情况，由客房部出面进行赔偿。

（13）不得使用或接听住客房内的电话，以免发生误会或引起不必要的麻烦。

（14）注意节约，保护环境。

【案例赏析】

案例 1

少配的两条面巾

某天早上，某酒店二楼早班服务员检查团队退房时，发现207房少两条面巾，等这个团队其余房间全部检查完后，未发现有多出的面巾。服务员通知领班，一同再次检查了207房，仍未发现有面巾。服务员只好告诉前台，207房少面巾两条。当前台人员告诉207房客人房间少了两条面巾时，客人非常生气，说他们昨晚入住时就发现两条面巾未配，而且，在这之前已告知了大堂副理。

事后，客房管理人员和大堂副理找当值服务员查询，服务员这才想起：她自己昨天早上清扫207房时，因当时缺干净面巾，未及时配入。下班前集中给二楼房间配放面巾时，因该房客人刚进店，且房间有DND标志，所以当时未配入。可后来又忘记将此事做书面交接，从而导致今天早上查房的误报。

案例点评

在客房退房检查中，会经常遇到房间物品少的问题，有的是客人有意无意带走，也有是客房服务员未配入或查房不仔细未发现等，在处理这方面问题时，要严格按照“客人永远是对的”原则办。

案例 2

7 月 11 日晚 21 点左右，8209 客人打电话到前台说：“你们的服务是怎么搞的？矿泉水没给我送，牙刷少一个。”当班接待员说：“很抱歉，先生，我们马上派服务员给您补上，您稍等。”客人很不高兴地说道：“你光道歉有什么用，马上给我送过来。”随即挂断电话。当班接待员立即打电话到客房服务中心说明情况。

案例点评

我们的企业精神是以情服务，用心做事，我们给客人提供的个性化、亲情化服务是建立在满足物质需求和精神需求的基础上的一种升华，如果说连客人最基本的必需品都满足不了，又何谈用心做事呢。再有就是当班服务员的责任，在为客人清理房间的时候这些东西都是应该备的，应该备却没有备，很简单的问题就造成了顾客的不满，我们所做的努力就全白费了，这就是 100−1=0 的道理。另一方面，我们常讲：细节、细节还是细节；检查、检查还是检查。员工干工作的同时要注意细节问题，而管理者在检查工作的同时更要注重细节，管理的一半是检查，没有的检查的管理那就是无效的管理，是管理的另一大缺陷。所以说，无论我们做任何事情，不管对谁来说，都不能偷工减料，任意省略。换一个角度思考，假如自己是客人，在住酒店的时候要什么没什么，连最基本的东西都没有，那你会是什么样的感觉。在工作当中还要加强换位思考的意识，时刻把客人的利益摆在第一位。

【拓展知识】

酒店客房的卫生隐患

酒店客房清扫很多步骤都是细节上的要求，对洁净程度要求越高，也就越要求我们的工作人员在工作中不放过任何细节。以下卫生隐患都是值得我们的酒店管理人员注意的。

· 空气浑浊不新鲜

服务员每天打扫好房间后，都习惯把门窗关紧，并拉上窗帘，让房间处于封闭之中。房内空气无法流通，房外阳光也无法晒入。客人入住时，会明显感到房内空气浑浊不清新。如遇淡季，入住客人往往会闻到一股很浓的霉变气味。有些宾馆已经装有紫外线消毒器，但显然是不够的。为此建议：服务员每天打扫好房间后，不管是否有客人入住，都应把门窗打开一定的时间，让房内空气流通，晴天时还应让阳光晒进房间，保持房内有清新空气。

· 地毯潮湿不清爽

许多中低档酒店的客房地面铺化纤地毯，客人倒水、喝水、喝饮料、吃瓜果、用餐、洗晒衣服等，常常会将污渍泼溅到地毯上，把地毯弄湿弄脏。时间一长，地毯不仅潮湿，易生细菌，而且痕痕斑斑，很是难看。特别是卫生间门口的一块地毯，由于客人洗漱时不注意，常常被弄湿。有些酒店装修时，卫生间的地面偏高，洗澡时常常把水溅出池外，溅在地面，渗进地毯。服务员用吸尘器可以吸去灰尘、杂物，但无法把脏湿的地毯吸干净弄清洁。脏湿地毯长时间得不到处理，很容易发生霉变，梅雨季节还会产生一股难闻的气味。

· 床上用品不干净

客人直接接触的床上用品，如床单、垫单、枕套能每天换洗之外，其他如枕芯、毛毯、床罩、棉被等则长时间不更换。虽然睡眠时肢体不直接接触这些用品，但也与客人息息相关。有的客人外出回来后，会直接躺在床罩或毛毯上休息，这些床上用品也是客人经常会直接接触的，不定期洗晒消毒是不妥当的。还有些客人习惯靠在床头靠板上，特别是晚上洗澡后，头发未干，就靠在床头靠板上抽烟、看电视，时间一长，有些床头靠板已变黑、变脏，触目可见。这些物品虽不用每天更换，酒店也应制订换洗计划。

· 卫生间内不清洁

卫生间是客人使用率最高的地方之一，也是卫生隐患最多的地方。卫生间内用水较多，特别是洗澡时热气、水汽蒸发，湿度很大。加上客人洗澡时不注意，经常把水溅到浴池外，流到地面。如果下水管不畅，地面上就会积水，变得非常潮湿。洗脸池下更是阴暗潮湿，往往还要摆放废物篓，更是容易滋生细菌。为此建议：除加强对浴缸、洗脸盆、恭桶、地面的清洗消毒外，酒店还应放置一些干燥剂、消毒剂，浴帘也应及时清洗更换，时常检查排气扇是否完好、能否使用。

四、开夜床的服务

夜床服务是针对住客提供的一项方便客人就寝和沐浴的服务项目，体现饭店对客人的关怀。在星级评定标准中，要求三星级以上（含三星级）饭店提供夜床服务。

开夜床操作程序及标准如下：

（1）中班开床前准备好工作车以及看好早班的交接情况，补好干净的布草和物品。

（2）晚上 6：30 开始开床，由中班领班打印好房态送至楼层，并交代好特别事项及当日的 VIP。

（3）观察房间是否处于“请勿打扰”或“双锁”，如是，在工作日报表上做登记。

（4）进房先敲门，敲门三次，每次三下并报称自己是服务员。

（5）在确认房内无宾客后，使用钥匙将门轻轻打开30度，报称“我可以进来吗？”或“May I come in？”方可进入。

（6）如果宾客在房内，要等宾客开门或经宾客同意后方可进入并向宾客问候及询问：“是否可以为您开夜床？”如宾客不需要服务，则在工作日报表上做登记。

（7）将工作车挡住房门，开口向着房内，在工作日报表中填写开始开夜床的时间。

（8）打开灯具，并作检查。

（9）将窗帘拉严至窗户居中位置。

（10）清理并倾倒房内垃圾，撤换用过的杯具，清洁烟灰缸。

（11）开夜床。将被子向后折成一个呈30度的三角形（也有折45度的做法），枕头摆放整齐。一个双人间住两人，两张床都开夜床；一个双人间住一个人，开靠近卫生间的那张床；一个大床间住两人，对开床。

（12）将电视遥控器、晚安卡放在床头柜上。

（13）将拖鞋放在床头指定位置。

（14）若是VIP房，则在开床的一边添加地巾和拖鞋，并在指定位置放置夜床礼品，添加水果等。

（15）检查、调节电视频道。

（16）根据情况进行抹尘，并补充迷你吧消耗物品。

（17）整理卫生间。将浴帘拉开一半并放入浴缸，靠恭桶一边，将防滑垫放在浴缸里面，将地巾摆在浴缸旁地面上或淋浴间门口，将恭桶盖板打开一层，保证上面无尿渍、水渍，从衣柜拿出浴袍挂在门后。

（18）如果有客人用过三缸，则应用清洁剂冲洗干净，并更换干净的布草，恭桶用过则应用一条抹布抹，不要跟其他抹布混在一起，以确保卫生标准并补充其他物品。抹干地面，虚掩卫生间门。

（19）整理完卫生间后，巡视房间自我检查一遍，打开夜灯，保留廊灯和床头灯。

（20）认真完成因疏忽而未做好的任何工作；轻轻将门关上，检查门是否已锁上，这是宾客及其财物安全的保证。

（21）填写出房时间。

五、其他类型客房的清扫

（一）空房的清扫程序

（1）每天进房开窗、开空调进行通风换气。

（2）每天用干抹布除去家具、设备及物品上的浮灰。

（3）浴缸、面盆、恭桶每天要放水一两分钟。

（4）连续空着的客房，隔几天要有吸尘器吸尘一次。

（5）检查房间有无异常情况，卫生间五巾是否因干燥而失去弹性和柔软度。如果有不符合要求的情况，要在客人入住前换好。设施设备如果有故障，应及时报修。如不能修复时，应及时通知前厅部。

（二）维修房的清扫程序

（1）服务员接到恢复维修房的通知后，应立即到达指定客房。

（2）先检查维修的设备是否已完好。如果故障未排除，应马上报告领班进行登记，并再次报修。

（3）按正常清扫程序进行整理。

（4）整理完毕，应立即报告领班，以便通过检查后及时出租。

【拓展知识】

客房小整理

本项服务一般是对 VIP 住客房提供的。为体现对 VIP 客人的重视，其客房除了每天一次的全面清扫整理之外，还要进行小整理，就是在每次客人外出后，如果房内不够清洁整齐，服务员就进行简单的收拾整理，使之恢复清洁整齐的状态。这种做法对于充分体现饭店客房服务工作的水准有着一定的积极意义，但也有一定的负面影响，主要是增加了劳动成本和物品的消耗。因此，并非所有饭店都必须这么做。

通常，客房的小整理主要包括下列内容：

（1）整理床铺。一般是客人用过的床重新整理好，不更换床单、枕套等床上用品。如果住客是特别重要的贵宾，或者床上用品脏了，才更换。

（2）除尘除迹。将房内家具设备上的灰尘、污渍清除干净。

（3）清除垃圾。将房间的垃圾杂物清除干净。

（4）更换茶杯和烟灰缸。将用过的茶杯和烟灰缸撤出，换上干净的。

（5）整理卫生间。如果卫生间被用过，则进行简单的清洁整理，使之干净、整洁。一般不更换毛巾。

（6）添补消耗品。如果房内的客用消耗品已被用完，或者所剩不多，可能不够当天使用，则予以添补。

（7）调节空调。调节空调开关，使客房内保持理想的温湿度。

客房清扫的注意事项

发现下列问题须立即报告。

（1）客人损坏了设施、设备和用具。

（2）客人遗留物品。

（3）已通知是走房，但房间内留有行李。

（4）客人生病。

（5）水电设备发生故障。

（6）房间内有动物。

（7）房间内发现有害虫和鼠类。

（8）客人携带违禁物品。

（9）客人开了房但未使用。

（10）空客房有人住过。

（11）损坏了客人的物品。

（12）住客人数、性别等和入住记录不符。

（13）“请勿打扰”房超过下午 2 时。

（14）房内有其他异常情况。

【课后练习】

一、单选题

1.（　）的清扫要求是最全面、最彻底的。

A. 走客房　　B. 住客房　　C. 维修房　　D. 空房

2. 客房服务员准备进入房间进行客房清扫时，应先（　）。

A. 观察门外情况　　B. 敲门　　C. 通报　　D. 询问

3. 客房服务员在清扫房间时，不能让（　）人员进入客房。

A. 维修　　B. 闲杂　　C. 安保　　D. 管理

4. 房内有（　）时，注意不能遗忘补充相应的客用品。

A. 访客　　B. 加床　　C. 女性客人　　D. 小孩

5. 空房清扫时，浴缸、面盆、恭桶每天要放水（　）分钟。

A. 4~5　　B. 2~3　　C. 1~2　　D. 以上皆不是

二、判断题

1. 服务员因工作需要，可随意进入客房，无须通报。（ ）
2. 住客房应尽可能趁客人不在房间内时清扫整理。（ ）
3. 走客房清扫一般是先撤床、铺床，然后清理卫生间。（ ）
4. 清理房间时房门应该打开，调整工作车至房门口。（ ）
5. 根据客情，住客房尽可能在13：00之前打扫完毕，以方便客人午休。（ ）

第三节　客房计划卫生和专项卫生

计划卫生是日常卫生清洁工作的补充，是全面清整日常工作中没有做到的清洁工作。计划卫生的完成能够对设备进行有效维护和保养；计划卫生能够明确各项工作任务，合理安排人力和机器设备的使用，特别是对设备的保养能起到极佳的作用。客房计划卫生和专项卫生如表4–6所示。

表4–6　客房计划卫生和专项卫生

<table>
<tr><th colspan="2">房间专项计划卫生</th><th colspan="2">公共区域专项卫生</th></tr>
<tr><th>日期</th><th>房间专项卫生内容</th><th>日期</th><th>公共区域专项计划卫生</th></tr>
<tr><td>01/16</td><td>床底及边角吸尘 / 吸尘机</td><td>一</td><td>地脚线 / 墙角线</td></tr>
<tr><td>02/17</td><td>玻璃窗户 / 玻璃镜</td><td>二</td><td>工作间 / 电梯间</td></tr>
<tr><td>03/18</td><td>电视机 / 电话机酒精球消毒</td><td>三</td><td>走道局部地毯清洗 / 楼梯</td></tr>
<tr><td>04/19</td><td>家具抹尘、打蜡 / 篮制品</td><td>四</td><td>空调格 / 回风口 / 走道墙壁</td></tr>
<tr><td>05/20</td><td>地毯（修补）清污 / 地秆</td><td>五</td><td>茶水房 / 公共卫生间</td></tr>
<tr><td>06/21</td><td>墙纸吸尘清污 / 门柜门牌</td><td>六</td><td>应急灯 / 廊灯 / 消防栓</td></tr>
<tr><td>07/22</td><td>沙发吸尘（干洗）杯消毒 / 水壶污垢</td><td>日</td><td>工作车 / 走廊装饰物</td></tr>
<tr><td>08/23</td><td>空调格、回风口</td><td rowspan="2">—</td><td rowspan="2">杀虫：每周杀虫一次</td></tr>
<tr><td>09/24</td><td>浴帘 / 地脚线 / 吊灯</td></tr>
<tr><td>10/25</td><td>水箱 / 天花板 / 壁画 / 瓷器</td><td rowspan="2">—</td><td rowspan="2">杀鼠：每月全面灭鼠一次，每周局部灭鼠一次。</td></tr>
<tr><td>11/26</td><td>三缸 / 卫生间墙角边缘 / 水龙头过滤网</td></tr>
<tr><td>12/27</td><td>卫生间地板 / 地漏盖 / 淋浴喷头</td><td rowspan="2">—</td><td rowspan="2">地毯：每三个月清洗房间地毯一次，楼层走道每两个月清洗一次</td></tr>
<tr><td>01/28</td><td>卫生间墙壁 / 垃圾桶</td></tr>
</table>

续表

房间专项计划卫生		公共区域专项卫生	
日期	房间专项卫生内容	日期	公共区域专项计划卫生
02/29	排风扇 / 冰箱除霜	—	窗帘、床罩、灯罩：每半年清洗一次
03/30	日光灯板 / 三缸银器		
04/31	翻床垫 / 洗遮光布 / 洗阳台 / 洗地漏		

说明：

（1）每周星期一楼层公共卫生大检查。

（2）楼层早、中、晚各搞卫生一次，（每天走道吸尘一次，电梯间每个班次全面清理一到两次）。

（3）每月最后一天清洗热水器。

（4）棉被、枕芯每季烘（晒）一次。

（5）吸尘器每天清理一次，电梯门、立式烟筒每半月大清洁一次。

一、客房的计划卫生

1. 准备

（1）房间单项计划卫生，按照计划循环时间进行。

（2）房间周期大清洁以一季度为一个工作周期进行。

（3）根据计划安排的清洁内容准备好清洁用具、清洁剂。

（4）注意安全，防止事故发生。

2. 地板打蜡

（1）备齐打蜡的工具和用品，放在取用方便之处；将家具集中在指定地点。

（2）砂擦：顺缝擦、依次擦、分档擦、均匀擦。

（3）除尘：四壁除尘，地板除尘。

（4）上蜡：看气候上蜡，分部位上蜡，顺拼缝上蜡。

（5）打光：用工具打磨光亮。

3. 家具采蜡

（1）除尘：擦净家具上的浮尘和污迹。

（2）上蜡：将上光蜡抹在家具表面。

（3）打光：用干净的细软布反复擦拭使之光亮。

4. 擦窗

（1）将窗框架的浮灰刷去，用湿布擦净。

（2）擦玻璃：水擦、粉擦、潮干布擦、油擦。

5. 吸尘

（1）床的软垫。

（2）厚窗帘。

（3）软座椅、沙发靠垫。

（4）床和家具下面的地毯。

（5）客房四周墙壁。

6. 擦拭顶灯

（1）准备好梯子、螺丝刀、抹布（一干一湿）。

（2）切断电源，然后摘灯。

（3）先用潮布擦，再用干布擦净。

（4）用干布擦灯泡（严禁用湿布、湿手擦）。

（5）擦拭完毕，将灯具按原样装好。

（6）开灯检查，如发现灯泡（管）不亮，立即进行登记，通知工程部修理。

7. 擦拭铜器

（1）用湿布擦去钢制门（窗）把手，房间号牌等灰尘、污渍。

（2）再用少许铜油擦拭，使其发光。

8. 清洁电话

（1）拧开电话筒盖清理，注意不要拧松内部零件。

（2）用清洁剂、酒精、棉球擦抹、消毒。

（3）清洁至无污渍、无异味。

9. 刷洗墙纸

（1）用百洁刷带上抹布均匀地刷掉墙纸表面的灰尘和污渍。

（2）特别的污渍可用万能洗洁净特殊处理。

10. 洗空调网、出风口

（1）连同排风口的小滤网一同拆下，用湿布擦净出口的边缘。

（2）注意滤网的反面冲水，以免把灰尘冲进纤维内。

（3）一定待水干后再放回房间。

（4）清洁无尘、无霉点。

二、专项卫生的具体操作

1. 电话消毒

（1）工具：牙刷、抹布、酒精、电话消毒灵

（2）方法：

①把酒精或电话消毒灵喷在抹布上，擦听筒和话筒。

②用湿布擦电话机座，并除渍。

③电话机上的缝隙用湿牙刷从左至右刷。

（3）注意：

①工具不能过湿，以免电话不通。

②不要误拨通电话。

2. 垃圾桶内清洁

（1）工具：牙刷、抹布、清洁水

（2）方法：垃圾内桶用水冲洗，较脏的用牙刷和清洁水刷洗，然后擦干；木质垃圾外桶用湿布擦，较脏的刷洗，然后擦干；藤质垃圾篮和桶盖表面先清除杂物，然后除渍。

（3）注意：

①刷洗时如用到浴缸，需小心轻放，并擦干浴缸。

②垃圾内外桶均需彻底晾干，以免发霉。

3. 墙脚线清洁

（1）工具：牙刷、抹布、牙膏

（2）方法：在平日墙脚线卫生基础上，把床后、办公桌后、音响柜后、行李柜后、电视柜后的墙脚线擦干净。先用牙刷、牙膏除渍，然后用湿布擦去污渍。

（3）注意：避免用湿布擦到墙纸，以防墙纸变色。

4. 卫生间墙砖清洁

（1）工具：牙刷、抹布、百洁布、清洁剂

（2）方法：

①先用清洁剂、牙刷把墙砖缝隙刷干净。

②再用清洁剂、百洁布把墙砖表面擦干净。

③过水，用抹布擦干。

（3）注意：

①不要漏掉云石台下、马桶后、布草架上、门框顶部的墙砖。

②在整理卫生间前清洁墙砖，空房要把物品先移开。

5. 马桶、水箱内外清洁

（1）工具：抹布、百洁布、草酸、清洁水

（2）方法：

①先用百洁布把水箱底沉淀物扫去，倒入 1/2 瓶盖草酸浸泡 15 分钟，再用百洁布擦水箱内壁，把水放掉。

②用百洁布蘸草酸将马桶内壁擦干净，冲水。

③用百洁布蘸清水将马桶座、马桶脚、水箱外围擦干净，过水，擦干。

（3）注意：

①水箱盖移开时要小心轻放。

②水箱浸泡可在搞其他卫生前进行。

6. 地漏灌洗消毒

（1）工具：牙刷、抹布、清洁水、杀虫剂、开水

（2）方法：

①将地漏盖用清洁水、牙刷刷干净。

②将一壶开水对准地漏冲下去，用抹布擦干积水。

③将杀虫剂喷进地漏。

（3）注意：

①开水一定要烫，才能消毒除异味。

②如客人在房内，喷杀虫剂要适量。

7. 吹风机（软管）清洁

（1）工具：牙刷、抹布、清洁剂

（2）方法：

①吹风机座用抹布擦干净，脏的地方除迹。

②将风量调小，把干布卷在手指上伸到出风口内擦。

③吹风机管拉开用清洁剂、牙刷刷洗，用湿布擦去污迹。

（3）注意：吹风机管小心清洁，避免拉断。

8. 床底地毯吸尘

（1）工具：吸尘机

（2）方法：

①将床拉出，把床头地毯吸干净。

②将床复原后把床抬起，垫办公椅撑高，把床底吸干净。

（3）注意：

①操作安全。

②吸完尘整理床铺。

9. 空调进出风口百叶及过滤网清洁

（1）工具：牙刷、抹布、螺丝刀

（2）方法：

①用湿布擦干净进风口百叶内外；用温水刷洗过滤网双面，甩去水珠晾干；用抹布将过滤网铝片擦干净，然后安装好。

②用螺丝刀将出风口百叶拆下刷洗干净，擦干后安装好。

（3）注意：

①拆、装要小心，以免松脱砸到客人。

②如使用浴缸清洗，要小心轻放并把浴缸擦干。

③出风口百叶要一片片摆正，以便通风。

10. 电视机、锁孔、窥视镜清洁

（1）工具：牙刷、抹布、棉花棒、玻璃水、吸尘机

（2）方法：

①电视机荧屏用玻璃水擦干净，电视机外壳用半湿布擦，缝隙用干牙刷刷，小孔位用棉花棒伸进去擦干净。

②窥视镜用半湿布卷起来伸进去转圈擦，然后用棉花棒伸进去把镜片擦干净。

③用吸尘机对准锁孔吸去灰尘，再用半湿布伸进去擦。

（3）注意：

①电视机后要检查天线及插头有无松脱。

②擦窥视镜时要扶稳房门，以防夹伤手。

11. 电源线、电话线清洁

（1）工具：抹布、玻璃水

（2）方法：用湿布将电源线、电话线一边拉直一边擦干净，脏的地方使用玻璃水除迹。

（3）注意：

①擦完电源线、电话线后要将家具复原，电线收好。

②检查电线有无破损，小心触电。

12. 灯头、灯泡、灯罩、窗帘、窗纱吸尘

（1）工具：牙刷、手刷、抹布、吸尘机及专用耙头

（2）方法：

①将灯泡转出用干布擦，将灯罩固定圈转出用湿布擦，灯头螺旋位用牙刷及抹布擦干净。

②灯罩用专用耙头吸尘或用手刷刷去灰尘，灯罩内塑料层用湿布擦。

③窗帘、窗纱拉合后用专用耙头从上到下吸尘。

（3）注意：

①擦灯头、灯泡时小心触电。

②窗帘、窗纱吸完尘要把挂钩整理好。

③灯罩、窗帘、窗纱较脏地方除迹。

13. 天花板扫蛛丝、灰尘，墙纸清洁

（1）工具：牙刷、抹布、鸡毛掸、清洁剂

（2）方法：

①将天花板灰尘、蛛丝用鸡毛掸扫干净。

②墙纸整体用鸡毛掸扫去浮尘，脏的地方用牙刷、清洁剂除迹。

（3）注意：如房间有食物、饮料用到一半时，要先盖好再做此专项。

14. 家具上蜡保养

（1）工具：抹布、家具蜡

（2）方法：把家具蜡喷在抹布上，将房门、通道天花板、家具、墙脚线等凡是木制品的地方细擦一遍。注意：脏的地方先抹尘或除迹，再上蜡。

15. 不锈钢、铜具保养

（1）工具：牙刷、抹布、牙膏、清洁剂、不锈钢油、铜油、家具蜡

（2）方法：

①用牙膏、清洁剂先把不锈钢器具上的污迹去除，过水，擦干，然后用不锈钢油擦亮。

②用铜油、牙刷把铜具涂抹均匀后用干布擦亮。

③低楼层床头灯架及所有客房门锁用家具蜡擦亮。

（3）注意：

①擦落地灯铜饰件、茶几脚铜饰件时要垫报纸，以免弄脏地毯。

②毛巾架上的不锈钢油要彻底擦干净。

16. 天花板（气孔）清洁

（1）工具：抹布、清洁剂

（2）方法：把清洁剂喷在抹布上，擦干净天花板。

（3）注意：不要站在马桶盖上或浴缸边缘操作，以防滑倒。

17. 云石台下扫灰尘、蛛网

（1）工具：抹布、鸡毛掸、杀虫剂

（2）方法：

①用鸡毛掸扫去云石台下蛛网，检查有无虫害。

②用湿布将云石台下水管上灰尘擦去，四周喷杀虫剂。

18. 抽风机外壳清洁

（1）工具：牙刷、抹布、清洁水

（2）方法：尽量将抽风机外壳拆下来，用牙刷、清洁水刷去油污，用抹布擦干再挂回去，安装牢固。

（3）注意：取、挂抽风机外壳时要擦干双手，不要站在马桶盖上或浴缸

边缘。

19. 喷淋头去除水垢

（1）工具：牙刷、抹布、清洁水

（2）方法：用牙刷、清洁水将喷淋头缝隙的水垢刷干净，过水并擦干。

（3）注意：在洗浴缸前做此专项，空房则注意擦干浴缸。

20. 拆洗马桶盖螺丝位

（1）工具：牙刷、抹布、螺丝刀、清洁剂

（2）方法：将马桶盖拆下来，用牙刷、清洁剂把两颗螺丝、马桶盖螺丝孔刷洗干净，过水，擦干，复原。

（3）注意：马桶盖螺丝一定要上紧，以防客人坐时倾斜、摔倒。

21. 电视机转盘卫生

（1）工具：抹布

（2）方法：

①将电视机抱开，把转盘擦干净。

②转盘移开，把转盘下的桌面擦干净。如果是电视柜则需将转盘尽量拉出，把柜内擦干净。

（3）注意：轻拿轻放，以防损坏设备。

22. 内窗玻璃及各镜面、玻璃

（1）工具：抹布、玻璃水

（2）方法：把玻璃水喷在化妆镜、卫生间镜、试衣镜、吧柜镜、办公桌镜、吧台玻璃、茶几玻璃、内窗玻璃上，用干布擦，注意边角位。

23. 清洗浴缸塞

（1）工具：牙刷、抹布、清洁水

（2）方法：将浴缸塞拔出，彻底清除毛发，用牙刷、清洁水将浴缸塞及杆刷干净，过水，复原，然后擦干浴缸。

（3）注意：浴缸塞取出及放回时应小心操作，放对位置，以免影响使用。

24. 冰箱内外清洁

（1）工具：牙刷、抹布、清洁水

（2）方法：

①将饮料取出，把冰箱抱出柜子。

②用湿布将冰箱内部、顶部、侧面、电线擦干净，有污迹的地方用牙刷和清洁水去除。

③用干布将冰箱后面电机部位抹尘。

④用湿布将冰箱柜内擦干净。

⑤清洗滴水盘、制冰格、酒启，检查除味剂。

⑥把冰箱抱回柜子，将饮料罐底擦干净，逐一摆回原位。

（3）注意：

①搬动冰箱时倾斜度不能过大，插头拔出后要重新插好，以免影响使用。

②此专项适合与检查酒水期限一并进行。

25. 工作车清洁

（1）工具：抹布、百洁布、不锈钢油、洗洁精

（2）方法：撤出工作车上所有物品，清理轮轴上的毛发，用加水洗洁精和百洁布先擦洗车上的污垢和垃圾箱内壁，过水后用抹布擦干，再擦拭不锈钢油。更换车上的垫杯毛巾和布草袋，等车体干了以后再将物品放回车上。

（3）注意：不能用弱酸清洁剂清洗工作车，以防钢铁部件氧化生锈。

26. 刷洗防滑垫

（1）工具：牙刷、抹布、浸渍粉、清洁剂

（2）方法：

①将防滑垫弄湿，用清洁剂和牙刷将正、反面特别是小吸盘和有纹路的地方刷干净。

②时间久且难以去除的污迹，应用浸渍粉水浸泡半小时以上，再用牙刷刷洗。

③将刷干净的防滑垫过水并擦干。

27. 刷洗布草藤篮

（1）工具：牙刷、抹布、清洁剂

（2）方法：

①用牙刷、清洁剂刷去布草藤篮底部污迹。

②用湿布将整个布草藤篮擦一遍，清除夹缝中的毛发。

28. 吊灯饰片清洁

（1）工具：抹布

（2）方法：

①把茶几上的物品移开，将办公椅放在茶几上，人站在办公椅上。

②将灯泡转下来，把吊灯饰片螺丝拧松，取下吊灯饰片。

③把吊灯饰片放在脸盆内冲洗干净，擦干。

④吊灯支架抹尘。

⑤复原。

（3）注意：先关灯再清洁，攀高要注意安全。

29. 房号牌、通道指示牌、花架脚擦铜

（1）工具：毛巾抹布、铜油

（2）方法：把铜油倒在抹布上，均匀涂抹在房号牌等上面停留 15 分钟后，用另外一条抹布将之擦至光亮。

（3）注意：避免残油存于房号数字中，如不慎弄脏房门，可用干净抹布蘸铜油去除黑迹。

30. 客梯间门板、门框增亮

（1）工具：餐巾抹布、液体不锈钢油

（2）方法：用抹布、液体不锈钢油将门板、门框污迹去除，再用另一条抹布擦至光亮。

31. 防火门除迹

（1）工具：牙刷、抹布、清洁剂

（2）方法：用牙刷和清洁剂将防火门污迹一一去除，再用湿布将防火门整体擦拭一遍。

32. 壁灯、廊灯内外壁清洁

（1）工具：餐巾抹布

（2）方法：先关掉灯，将壁灯、廊灯内外壁和灯泡用微湿抹布擦干净。

（3）注意：小心灯泡烫手，能摘掉的壁灯罩要摘下来清洁。

33. 消防器材抹尘

（1）工具：抹布

（2）方法：用抹布将消防器材擦干净，除去消防栓内边角位及水龙管口的蜘蛛网，将各安全出口指示灯箱擦干净。

（3）注意：检查是否有人动过消防器材或在消防栓内藏物品。

34. 刷地板

（1）工具：拖把、拖地桶、硬毛刷、弱酸清洁剂、热水

（2）方法：将地板先扫净拖湿，用硬毛刷蘸弱酸清洁剂刷去地板污垢，停留 10 分钟后用热水拖两遍。

（3）注意：弱酸清洁剂如直接倒在地板上，要立即刷均匀，保证地板颜色深浅一致。

35. 垃圾槽内壁清洁

（1）工具：抹布、专用马桶扫、热水

（2）方法：先把垃圾倒掉，用小桶盛热水倒入垃圾槽，用马桶扫扫干净内壁，过水两遍，用抹布擦干。

36. 空调进出风口清洁

（1）工具：毛巾抹布、吸尘机

（2）方法：将过滤网拆下用吸尘机吸去网上灰尘，用半湿抹布擦去过滤网铝铁边沿的灰尘，再用湿布擦去进出风口百叶及周围灰尘。

（3）注意：拆、装要小心操作，以免损坏，如过滤网较脏需用温水刷洗。

37. 热水器清洁

（1）工具：抹布、新的百洁布、刷子、玻璃水

（2）方法：

①关闭电源及进水阀，把热水器水龙头打开排尽水。

②打开水阀及热水器顶盖，用百洁布 / 刷子刷洗热水器内壁。

③用自来水冲去刷下的污垢，从热水器水龙头排走。

④关闭水龙头，让自来水灌满热水器。

⑤用抹布和玻璃水把热水器表面擦干净。

（3）注意：待热水器冷却后方可操作，灌满水后方可接通电源。

38. 扫公共区域蜘蛛网

（1）工具：抹布、鸡毛掸、杀虫剂

（2）方法：用鸡毛掸扫去各角落及客梯间窗外蜘蛛网、灰尘，并喷杀虫剂消灭蜘蛛。

39. 消毒碗柜全面清洁

（1）工具：新抹布、玻璃水

（2）方法：断掉电源，将杯具取出，用抹布将消毒碗柜内壁及杯架擦干净，用玻璃水将消毒碗柜表面擦至光亮。

40. 擦鞋机垫清洁

（1）工具：牙刷、弱酸清洁剂、热水

（2）方法：将擦鞋机垫放入拖地桶，用弱酸清洁剂、热水浸泡半小时，捞出后用牙刷逐个圆圈刷干净，过水，晾干。

【课后练习】

一、单选题

1. 不属于客房计划卫生的项目是（　　）。

A. 杯具消毒　　B. 地毯清污　　C. 沙发吸尘　　D. 翻床垫

2. 客房棉被、枕芯一般（ ）烘（晒）一次。

A. 每周　　B. 每月　　C. 每季　　D. 每年

3. 如房间有食物、饮料用到一半时，要先盖好再做（ ）。

A. 家具上蜡保养　　B. 天花板扫蛛丝、灰尘

C. 电源线、电话线清洁　　D. 不锈钢、铜具保养

4. 清洁房号牌，涂抹铜油后停留（ ），再擦至光亮。

A. 5 分钟　　B. 10 分钟　　C. 15 分钟　　D. 20 分钟

5. 进行壁灯、廊灯内外壁和灯泡清洁是用（ ）抹布擦干净。

A. 微湿　　B. 半湿半干　　C. 湿　　D. 干

二、判断题

1. 计划卫生是日常卫生清洁工作的补充。（ ）

2. 客房计划卫生中，吸尘器要做到每三天清理一次。（ ）

3. 墙脚线清洁时，避免用湿布擦到墙纸，以防墙纸打湿。（ ）

4. 客房服务员在擦房间窥视镜时要扶稳房门，以防摔倒。（ ）

5. 消防器材抹尘时检查是否有人动过消防器材或在消防栓内藏物品。（ ）

第五章　客房对客服务

客房对客服务，主要指服务人员面对面地为客人提供各种服务，满足客人提出的各种符合情理的要求，它是构成客房产品的重要因素。

做好客房对客服务，保证客房产品的质量是客房部的主要工作任务之一。

第一节　客房服务中心

客房服务中心是客房部的一个重要信息部门，凡是有关客房部工作的信息，一般都要经过客房服务中心的初步处理，以保证有关问题能及时解决和分类、传递。

由于受不同设施设备和人力条件的限制，各国饭店业分别采用了不同的对客服务模式。客房服务中心和楼层服务台是比较常见的两种模式。前者注重用工效率和统一调控，后者突出面对面的专职对客服务。为了使客房服务符合以“暗”的服务为主的特点，保持楼面的安静和尽量少打扰客人，客房服务中心的服务模式首先在我国中外合资宾馆、饭店出现，然后在其他宾馆、饭店逐步普及。客房服务中心将客房部各楼层的对客服务工作集中在一起，并与楼层工作间及酒店先进的通信联络设备共同构建了一个完善的对客服务系统。

为了方便住客，客房服务中心实行 24 小时值班制，它相当于整个客房部的信息枢纽，其主要服务项目包括以下几个方面。

一、接听电话

接听电话是客房服务中心员工最频繁的工作之一，许多工作都需要以电话为媒介完成。形成良好的接听电话习惯对于客房服务中心服务员十分重要。

接听电话前应该准备好纸笔，将谦恭、乐于助人、有责任心等优良素质运用到电话接听过程中。三声铃响前接听电话，主动问好，听清来电者意图，主动提供帮助，礼貌结束通话。禁止使用不礼貌用语。接听电话的注意事项主要包括以下内容。

（1）每个电话应立即接听，响铃不能超过三声，接听时声音应清楚而有礼貌。

（2）每人负责一个分机的电话。

（3）当你的电话响起而你正和其他人通话时，应向其道歉并接听另一个电话。

（4）通话过程应尽可能用带姓称呼。

（5）你职责范围内的电话包括：

①标准的问候（早上好 / 中午好 / 晚上好）。

②自报部门或班组名称。

③自报姓名。

④提供帮助——“我可以帮助你吗？”

（6）帮助别人接听电话：

①标准的问候。

②确认办公室和部门。

③自报姓名。

④提供协助和留言服务。

（7）请来电者稍等：

①用“请稍等”，而别用“别挂电话，等一会儿”。

②请求对方的许可并感谢——“王先生，请稍等”，“谢谢您”。

（8）原在接听电话，又提起正在等候的电话：

①感谢对方的等候。

②假如知道宾客姓名，交谈中请用姓名称呼对方。

③为其留言。

（9）前来接听电话：

①感谢对方的等候。

②自报家门。

③准备提供帮助。

（10）转接电话：

①告诉来电方你要转接他 / 她的电话。

②告诉接听方将要转接进来的电话。

③等双方接通了再挂线。

（11）结束通话：

①感谢对方。

②只要有可能，用对方的姓称呼他 / 她。

③让对方知道你很乐意为他 / 她服务。

④礼貌地结束每次通话并和对方道别。

二、托婴服务

宾客提出托婴服务后，应请宾客填写托婴服务单，解释相关规定，照看婴儿期间要注意安全。

1. 接托婴服务要求

（1）宾客需要托婴服务，须提前4小时与客房服务中心联系，并由宾客填写《托婴服务申请单》，强调托婴单上的注意事项。

（2）详细核对宾客所填表格，了解婴儿的生活习惯、特殊要求并提醒宾客在表单中的注意事项及留下电话号码。

2. 安排托婴服务

安排合适的人选提供看护服务。

3. 看护过程

（1）看护人员按时到达看护地点，并留意看护单上的注意事项，做好交接。

（2）看护过程须小心谨慎，不能离开小孩，不能随意给小孩吃东西，不能让小孩接近容易碰伤的东西，不能将小孩带出指定地点。

（3）看护期间若有意外情况，应及时上报部门经理并采取措施。

（4）看护时须注意风俗习惯。

（5）将婴儿安全地交给宾客后请宾客签单确认费用。

（6）完成托婴服务后，及时回复服务中心。

三、借用物品

饭店是客人的家外之家，为了方便客人的工作和生活，客房服务中心备有很多的日常用品供客人租借。

常见备用物品主要包括：剪刀、订书机、印泥、接线板、外接电源、透明胶、胶水、回形针、备用椅子、水果刀、备用被子、灭蚊器（片）、果盘、常用地图、计算机、婴儿床、打包绳、各种棋类、荞麦枕、电源转换器、变压器、签字笔等。该项服务必须保证借用物品安全有效，并及时送入客房。

（1）接宾客借用物品的需求通知，及时通知楼层服务员送物。

（2）送物。

①将物品送至宾客房间。

②若需要至服务中心借物，则须在服务中心租用物品登记本上签字。

（3）后续工作。

①楼层服务员在工作报表上记录宾客房间号码、姓名、结账日期、借用何物、借用时间、经办人姓名。

②电话回复服务中心。

③将宾客借物情况予以交接。

（4）归还。

①楼层服务员收取借用物品。

②在工作报表上记录归还时间、经办人姓名、留存备查。

（5）若宾客在退房时尚未归还借用物品，则根据情况酌情处理。

【特别提示】

1. 借给客人的物品保证安全有效，并及时送入。

2. 送物前必须进行检查。

3. 送物时必须用托盘送入，注意摆放，可让客人自己拿取（接线板等直接帮客人接好）。

4. 送物时可适当提醒客人用好后与服务中心联系。

5. 在报表上写明借用事项（切记不要写错房间号）。

6. 收回时仍要检查是否完好，工作表上做好记录（若是由于物品本身的质量问题要先判断，不能硬性要求客人做赔偿）。

7. 物品归还后立刻在报表上打钩注销。

8. 清扫员及服务员进房服务时要注意检查房间的借用物品情况，如发现没有或损坏了则及时解决，不可只是一味交班。

四、客人遗留物品处理

客人遗留物品是指客人在住店期间或离店时遗忘或丢失的物品。为了体现对客服务的真诚及对客人的负责，饭店有专门的程序来处理客人的遗留物品。遗留物品处理不当容易导致客人投诉。区分客人遗留物及客人遗弃物是处理“客遗”工作的一个难点；判断是客人遗留物及客人遗弃物需要经验的积累，原则上除了客人扔在垃圾桶内的物品以外的有用物品都算客人遗留物。如无法判断时，都按客人遗留物来处理。

（一）客人遗留物的分类

（1）贵重物品：现金、珠宝首饰、重要证件及价值 300 元以上的物品。

（2）易腐烂物品：水果、开过封的食品、药品及其他容易腐败的物品。

（3）暂存物品：客人表示要取回，只是暂时先存放的物品。

（4）一般物品：除贵重物品及易腐烂物品以外的物品。

（二）正确处理客人遗留物品

（1）及时上交及传递信息。

（2）做好贮藏工作。

（3）认领时要确认。

（4）处理时要慎重。

（5）发现客人贵重遗留物时，必须两人以上一起清点。

（三）处理客人遗留物品的程序

饭店内的所有客人遗留物应确保在最短的时间内交到服务中心，并给予妥善保管，宾客在认领时应办理相应手续。无人认领的客人遗留物品由饭店统一处理。

（1）将宾客或员工丢失的物品存放于饭店一个指定的比较安全的地点。

（2）对于拾到的物品：

①如果不能立刻交到服务中心处，则马上电话通知服务中心。

②服务中心对宾客遗留物品要想办法联系物品主人告知其有物品遗留。

③一旦在饭店内拾到物品，应马上交给客房服务中心，并详细填写宾客遗留物品单。

（3）接收、存储失物。

①服务中心一旦接收遗留物品应马上做好记录，不能将物品过夜才登记。

②所有的遗留物品由客房服务中心登记至遗留物品单上并输入电脑。

③遗留物品单的内容包括：物品编号、物品特征（包括颜色、大小、品牌等）、发现日期、地点、拾物者等内容，并请上交遗留物品者签名，同时须客房部经理审核签名。

④遗留物品单由专人负责妥善记录，内容应简单易懂。

⑤物品归类：贵重物品、一般物品、暂存物品、易腐烂物品（包括食品、药品类）。若发现贵重物品应及时上报客房部经理及大堂副理，发现违禁物品、易燃易爆物品须通过客房部经理告知保安部进行处理，易腐烂物品经客房部经理审批后即可以进行处理。

⑥包装失物：将遗留物品根据归类进行包装，在包装外附一联遗留物品单。

⑦存放失物：将失物按照日期及归类有序的存放在可以上锁的指定区域，贵重物品存放须在服务中心配置保管箱。

⑧服务中心对所有的失物登记应以每月度为单位，对遗留物品进行分类整理，上交给酒店财务部。

⑨酒店财务部在取到宾客遗留物时，应出具一式两联的宾客遗留物品转移单，同时对表单内的拾物日期、地点、拾物人员、物品名称、编号、特征、上交人、签收人、签收日期等项目要求填写清楚。

⑩所有的失物酒店至少保管 3 个月，贵重物品在酒店保险箱内至少保管 6 个月。

⑪所有遗留物品在规定保管日期后由财务部总监 / 经理上报酒店总经理审批处理，并有相应单据备查。

五、失物认领

失物认领须确定相应的方便宾客认领失物的地点和相应负责的人员。

（1）当接到宾客认领通知后，请宾客说明失物时间、地点、名称、颜色、品牌、形状等详细情况，核对无误后请宾客在失物认领单上签名（贵重物品须附相关证件复印件），服务中心对认领单进行归档备查。

（2）宾客委托他人前来办理认领手续时，须核对委托信、证件，核对无误后将遗留物品交还认领人，记录委托人身份证号码、地址和联系电话。

（3）若宾客前来询问遗留物品事项，则所有的调查在 3 天内必须有回应。如果物品未找到，饭店应告知宾客并保证继续查找。饭店将承担常规遗留物品邮寄的费用，如果宾客要求用不同的方法邮寄，由宾客支付所发生的费用。

（4）关于失物问询：任何失物问询应该交给专职岗位（例如大堂副理、服务中心）予以负责。饭店的任何一员接到宾客询问遗留物品相关信息，必须及时联系饭店指定的专职岗位（大堂副理或服务中心），将查询结果告知宾客。所有的遗留物品问询应书面予以记录。

【课后练习】

一、单选题

1. 对客服务模式中，（　）注重用工效率和统一调控。

A. 客房服务中心　B. 楼层服务台　C. 贴身管家　D. 金钥匙

2. 客房服务中心的服务项目不包括（　）。

A. 接听电话　B. 清扫房间

C. 客人遗留物品处理　D. 借用物品

3. 客人遗留物中，水果、开过封的食品、药品等属于（　）。

A. 一般物品　B. 暂存物品　C. 易腐烂物品　D. 贵重物品

4. 宾客需要托婴服务，须提前（　）与客房服务中心联系。

A. 1 小时　　B. 2 小时　　C. 3 小时　　D. 4 小时

5. 借给客人的物品保证（　），并及时送入。

A. 正品　　B. 高档奢华　　C. 简便实用　　D. 安全有效

二、判断题

1. 楼层服务台模式的客房服务符合以“暗”的服务为主的特点。（　）

2. 客房服务中心接到宾客借用物品的需求通知后，应及时通知楼层服务员送物。（　）

3. 接听电话是客房服务中心员工最重要的工作。（　）

4. 原则上除了客人扔在垃圾桶内的物品以外的有用物品都算客人遗留物。（　）

5. 酒店的失物认领，宾客不能委托他人前来办理认领手续。（　）

第二节　客房综合服务

饭店是客人的家外之家。随着行业竞争的激烈化，饭店开始越来越多地重视提高满足客人需求的工作质量。为了保证服务水平，饭店管理者们都在思考：客人需要些什么？我能不能提供？现代化饭店的客房服务绝不是只包括客房的清扫，客人住店期间的一系列需求都可以成为饭店客房服务的出发点。因此，客房综合服务的水平正成为影响顾客满意度水平的一个关键要素，作为一名优秀的客房服务员，必须掌握这些综合项目的服务技能。

一、迎客服务

（1）客房服务员根据饭店规定对客房进行布置，配备齐日用品，补充小冰箱的食品饮料。

（2）尽可能详细地了解客情。

（3）客人步出电梯，服务员应微笑问候，并自我介绍。

（4）问清客人房号，引领客人进房。若无行李员引领时，服务员还应帮助客人提拿行李。

（5）待客人到所住房间时，为客人开门，插上取电卡，请客先进。

（6）向客人简单介绍房内设备、使用方法及饭店服务设施和服务时间。

（7）回到工作间做好记录。

【特别提示】

客人经过长途跋涉，抵达后一般比较疲惫，需要尽快妥善安顿，以便及时用膳或休息。因此，这个环节的工作必须热情礼貌、服务迅速，分送行李准确，介绍情况简明扼要。

二、送客服务

（1）服务员应掌握客人的离店时间，检查客人洗烫衣物是否送回，各种账单及各项委托代办事项是否办好。

（2）送别团体客人时，要按规定时间集中行李，放到指定地点，清点数量，并协同接待部门核实件数，以防遗漏。

（3）客人离房时要送到电梯口，主动为客人按电梯，协助行李员将行李送入电梯、放好。当电梯门即将关闭时，面向客人，微笑告别，并向客人表示欢迎再次光临。

（4）客人离开楼层后，应迅速进入房间仔细检查有无客人遗留物品，以及房内物品有无丢失，设备有无损坏，有无消费项目。

（5）做好客人离房记录，更新房态。

三、洗衣服务

（1）为住客提供洗衣袋和洗衣单。

（2）住客如果有衣物要洗，都必须填写洗衣单并签名。

（3）收取客衣。一般饭店都规定了正常洗衣的截止时间，要求服务员每天在饭店规定的收取客衣时间之前，去客人房间确认是否有客衣要洗，确保不漏收客衣（但不能打扰客人）。

（4）无论是谁将客衣收出，都应该认真核对洗衣单上的房号、姓名、送回时间等项目，然后把衣服拿去工作间清点数量和种类。

（5）在《客衣收取记录表》上注明时间，做好记录。

（6）洗衣房送回衣服时，应按洗衣单逐件进行清点，并检查洗涤质量——衣物有无破损、缩水、褪色等。

（7）送客衣进房间，若客人在房内，应请客人检查验收，征求客人意见后摆放在合适的位置。

（8）若客人不在房内，应按程序进门，按饭店的规定放在固定的位置。

（9）若客房挂了“请勿打扰”牌，一般将客衣放在楼层服务台或工作间，并从客房门缝放入“衣服已洗好”的说明卡，并给客人做留言。注意记下客人房号。

（10）送完客衣后，做好记录，以备查核。

【案例赏析】

干洗还是湿洗？

江苏省某市一家酒店住着某台湾公司的一批长住客。那天一位台湾客人的一件名贵西装弄脏了，需要清洗，当见服务员小江进房送开水时，便招呼她说：“小姐，我要洗这件西装，请帮我填一张洗衣单。”小江想客人也许是累了，就爽快地答应了，随即按她所领会的客人的意思帮客人在洗衣单湿洗一栏中填上，然后将西装和单子送进洗衣房。接手的洗衣工恰恰是刚进洗衣房工作不久的新员工，她毫不犹豫地按单上的要求对这件名贵西装进行了湿洗，不料结果在口袋盖背面造成了一点破损。

台湾客人收到西装发现有破损，十分恼火，责备小江说：“这件西装价值4万日元，理应干洗，为何湿洗？”小江连忙解释说：“先生真对不起，不过，我是照您交代填写湿洗的，没想到会……”客人更加气愤，打断她的话说：“我明明告诉你要干洗，怎么硬说我要湿洗呢？”小江感到很委屈，不由分辩说：“先生，实在抱歉，可我确实……”客人气愤至极，抢过话头，大声嚷道：“这真不讲理，我要向你上司投诉！”

客房部曹经理接到台湾客人投诉——要求赔偿西装价格的一半2万日元。他吃了一惊，立刻找小江了解事情原委，但究竟是交代干洗还是湿洗，双方各执一词，无法查证。曹经理十分为难，他感到问题的严重性，便向主持酒店工作的蒋副总经理做了汇报。蒋副总也感到事情十分棘手，召集酒店领导做了反复研究。考虑到这家台湾公司在酒店有一批长住客，尽管客人索取的赔款大大超出了酒店规定的赔偿标准，但为了彻底平息这场风波，稳住这批长住客，最后他们还是接受了客人过分的要求，赔偿2万日元，并留下了这套西装。

案例点评

本案例中将名贵衣服干洗错做湿洗处理引起的赔偿纠纷，虽然起因于客房服务员代填洗衣单，造成责任纠缠不清，但主要责任仍在宾馆方面。

第一，客房服务员不应接受替客人代写的要求，而应婉转地加以拒绝。在为客人服务的过程中严格执行酒店的规章制度和服务程序，这是对客人真正的负责。

第二，即使代客人填写了洗衣单，也应该请客人过目后予以确认，并亲自签名，以作依据。

第三，洗衣房的责任。首先是洗衣单上没有客人签名不该贸然下水；其次，洗衣工对名贵西服要湿洗的不正常情况若能敏锐发现问题，重新向客人了解核实，则可避免差错，弥补损失，这就要求洗衣工工作作风细致周到，熟悉洗衣业务。

另外，就本案例的情况而言，酒店一般可按规定适当赔偿客人损失，同时尽可能将客人小损的衣服修补好，由于投诉客人是长包房客，为了稳住这批长包房客源，这家酒店领导采取了同意客人巨额赔款要求的处理方法，这是完全可以理解的。况且，尽管客人的确也有责任，但酒店严格要求自己，本着“客人永远是对的”原则，从中吸取教训，加强服务程序和员工培训，也是很有必要的。

【特别提示】

洗衣服务是客房日常服务中一项比较细致的工作，所以工作人员应该特别注意，不能因缺乏常识和粗心大意而出现差错。因此，在收取客衣时应特别做好以下检查事项。

1. 检查衣物有无破损、特殊污点，检查纽扣有无脱落；如有，应询问客人是否需要织补或配扣；如需要，要在洗衣单上注明。客人不在时，可给客人留一份相应的《客衣服务单》，并在洗衣单上注明情况。客人回来后，再向客人说明。

2. 注意掏清口袋，检查有无遗留物品；如有，要及时交还客人并登记。

3. 按客人填写的洗衣单，核对客人姓名、房号、日期、衣物种类、件数是否相符，如有偏差，应向客人说明后纠正。

4. 按客人填写的洗衣单，清楚客人的洗烫要求，如是洗还是烫，是干洗还是湿洗，是快件还是平洗以及是否需要修补等。

5. 检查衣物能否按客人的要求洗烫。如客人要求水洗，但根据衣物质地来判断可能会褪色、缩水时，要向客人说明，若衣物较贵重，还须客人在相应的《客衣服务单》上签名确认。

6. 如洗快件，应尽早通知洗衣房。

7. 有特殊要求的客衣，应在洗衣单上注明。

四、擦鞋服务

（1）在客房内放置鞋篮和鞋样，鞋样上写明进行擦鞋服务的方法以及联系电话，同时在房内的“服务指南”中告知客人。有的饭店也使用专用的擦鞋袋，袋上注明房号。

（2）服务员接到客人要求提供擦鞋服务的电话，或者发现客人将鞋子放在鞋篮内，均应及时收取拿到工作间，并在纸条上写好房号放入鞋内，防止弄混客人的鞋。

（3）在报表上记录房号、颜色、款式。

（4）擦鞋前，在地面铺上报纸或报废的床单，防止尘土或鞋油将地面弄脏，并备好合适的鞋油及擦鞋工具。

（5）按规范擦鞋，要擦净、擦亮。

（6）在规定的时间内将擦好的鞋子送入客人房内，放在饭店规定的地方。应注意避免将鞋送错房间。

【案例赏析】

某酒店一位客房服务员在打扫房间时，发现垃圾桶里有一根断了的鞋带。他跑到商场买了一副新的，为客人的鞋子穿好，还把鞋子擦亮，放回原处。客人回来，看到光亮如新的鞋子和新鞋带，感动不已。

案例点评

客房服务员给客人擦亮皮鞋是本职工作，是服务的基本要求，但为客人花钱买鞋带，超出了客房服务员的服务范围，这种无微不至的服务，给客人带来了惊喜。

五、代客开门服务

（1）服务员接到客房服务中心要求为客人开门的通知后，应先了解客人姓名，待客人到时核对无误后方可帮客人开门。

（2）当在楼层上遇到要求服务员开门的客人时，应请客人到前台办理相关的开门手续。

（3）如遇到坚决不肯去办理手续的客人，应请客人出示身份证、护照等有效证件，核对身份和照片。

（4）帮客人开门时也要按门铃或敲门，以防另有客人在房内。

（5）开门后做好记录。

六、加床服务

（1）当客房服务员接到总台有关提供加床服务的通知后，应立即在工作单上做好记录。

（2）检查备用床是否牢固稳当，并擦拭干净，准备好床上用品（枕头、枕套、棉被、被套、床单）。

（3）按进门规定进房后铺好床。如客人在房内，主动询问客人，按客人要求摆好加床，如客人无特别要求，则移开沙发、茶几，将加床放于墙角位置，为客人铺好床。

（4）在加床的同时，还须为客人增加一套客房杯具、茶叶及卫生间毛巾、日耗品。

（5）做好记录。

七、客房小酒吧（Mini Bar）服务

饭店根据自己的实际情况建立小酒吧的管理制度，有的饭店设专职的酒水员，负责酒水的清点、送单、领取、补充、报损等工作，有些饭店则由客房服务中心领班或服务员完成此项工作。

标准如下：

（1）所有客房配备固定数量、品种的酒水，并备有相应的吧单。

（2）每一班组备有固定数量的酒水，以便及时补充客房的酒水消费。

（3）保证所有客房酒水齐全，当日的消费必须及时补充。

（4）房务中心入账必须及时准确、禁止漏入或重复入账。

程序如下：

（1）服务员检查退房时，应立即把消费报至总台和房务中心，并在报表上做好记录。

（2）服务员整理住客房时，必须检查酒水消费，把消费量准确地报于房务中心，并在报表上做好记录。

（3）房务中心接到服务员上报的酒水消费时，必须立即在酒水消费本上做好登记。

（4）退房的吧单由前台填写，住客房的吧单由房务中心文员填写。

（5）房务中心文员每日必须在12：00、16：00及21：30前将住客房的吧单交于前台，前台员工签收后，将第一联带回存档，第二、三联留给前台。

（6）退房的吧单第一联必须从总台拿回房务中心存档。

（7）前台员工接到吧单后，要将住客房的消费及时入账。

（8）每个班次的文员必须核对当班期间的酒水消费是否都已入账。

（9）领班根据服务员的记录，发放酒水给服务员补充房间的酒水消费。

（10）领班每日必须将所负责的班组的酒水消费登记在《每日酒水消费表》上，并在下班前交到文员处。

（11）中班文员必须与电脑核对酒水账目，检查领班的《每日酒水消费表》，如有出入，必须立即查明原因。

（12）中班文员每日做完酒水账后，必须在电脑上填写《每月酒水消费一览

表》，月底最后一天的当班人要将《每月酒水消费一览表》发送至部门经理邮箱。

（13）仓管员根据领班的《每日酒水消费表》发放酒水，以补充楼层酒水柜的数量。

（14）早班员工必须在 9：30 前检查所有空房的酒水，如有缺少或其他异常，必须在 9：30 前报告领班，超过 9：30 未发现的，由当班人员负责。

（15）中班员工在开完夜床后必须检查所有空房的酒水，并于 21：30 前将异常报于领班，超过 21：30 未报的异常情况将由当班人员负责。

（16）仓管员每月底必须对客房酒水进行盘点。

（17）领班必须检查酒水的质量，是否有过期、变形、挥发等酒水，若有，应立即给予更换。

（18）仓管员必须定期安排更换即将过期的酒水，并与采购部协调处理好更换出的酒水。

客房小酒吧账单

MINI-BAR CHARGE VOUCHER

亲爱的贵宾：

希望您能尽情享受房内小酒吧的饮品。

客房部服务员将每日核对您所饮用的饮品数量，并把清单送到会计部转入您的账目内，如您需要其他特别饮品服务，请拨内线电话 ×××。

为了能准确地计算您的账目，请您在结账离店时，将此单带到收款处。

谢谢！

Dear Guest,

Please feel free to enjoy the facility of your Mini Bar provided for convenience.

Your room attendant will collect this voucher daily and take it down to the Front Office Cashier for billing to your account. If you require any additional service, please call Room Service on Ext ×××.

Should you have some drinks on the day of your departure, please hand in your last voucher to the Front Office Cashier at check out time.

Thank you.

品类 Items	点存 Inventory	耗量 Consumed	单价 Unit Price	小计 Sub
总计 GRAND TOTAL 合计 TOTAL 10% 服务费 10%SERVICE CHARGE				

【特别提示】

1. 小酒吧的酒水要按规定进行配备，补充酒水入房时应检查有效期，防止摆放过期酒水。

2. 清点小酒吧酒水时要仔细认真、逐一核对，防止客人“偷梁换柱”。若发现此种情况应及时通知领班并填写报告单进行报损。

3. 因特殊情况不能及时补充酒水时，要与同事做好交接。

4. 在客人离店结账时，服务员应迅速进入房间检查酒水消耗情况，如有饮用及时通知收银处。

5. 饭店销售旺季尤其是旅游团队较多的时候，饭店通常会把团队房的小酒吧锁上（锁吧 Lock Bar），或撤出小酒吧的所有收费物品。

【课后练习】

一、单选题

1. 客房服务员送客人离开楼层后，应迅速进入房间仔细检查的内容并不包括（　）。

A. 有无小费　　B. 有无客人遗留物品

C. 设备有无损坏　　D. 有无消费项目

2. 提供洗衣服务，在收取客衣后要检查的项目不包括（　）。

A. 有无缩水　　B. 衣物有无破损

C. 有无特殊污点　　D. 检查纽扣有无脱落

3. 提供擦鞋服务时，服务员在报表上应记录的内容不包括（　）。

A. 房号　　B. 品牌　　C. 颜色　　D. 款式

4. 如客人无特别要求，一般加床放于（　）位置。

A. 门口　　B. 墙角　　C. 窗边　　D. 床边

5. 客房小酒吧（Mini Bar）的管理内容（　）。

A. 清点　　B. 补充　　C. 报损　　D. 以上皆是

二、判断题

1. 送别团体客人时，要按规定时间集中行李，放到指定地点，清点数量。（　）

2. 住客如果有衣物要洗，都必须填写洗衣单并签名。（　）

3. 当在楼层上遇到要求服务员开门的客人时，应请客人到前台办理相关的开门手续。（　）

4. 退房的 Mini 吧吧单由房务中心文员填写，住客房的吧单由前台填写。（　）

5. 保证所有客房酒水齐全，当日的消费在次日及时补充。（　）

第六章　公共区域清洁保养

酒店公共区域是酒店的一个重要组成部分，它就像一面镜子，能映照出一所酒店的档次及管理水准。除了住店客人之外，前来用餐、开会、购物、娱乐的人，往往都停留在公共区域，公共区域的环境和卫生质量直接影响客人对整个酒店的印象，从而影响到酒店的声誉和形象。因此，做好公共区域的清洁保养工作具有非常重要的意义。

【案例赏析】

雨伞套

某杂志社几位采编人员一连三天躲在饭店的房间里整理采访来的材料。忽然，门铃响起，开门一看，正好是他们翘首等待几天的同济大学某教授。他们发现教授手中的雨伞外有一个细狭的塑料套子，不禁赞扬教授的细心了。要是没有这个套子的话，大酒店豪华的地毯早就被湿透的雨伞上的水滴弄湿了。“哪里，哪里，”教授一边坐下一边说，“我哪里想到这一层，是酒店大堂服务员给每个进店拿着雨伞的客人套上的。既方便了客人，又保护了酒店地毯，保持了酒店环境整洁。”

案例点评

小小的雨伞套，折射出了酒店对于环境的重视程度，通过这个案例，你是不是也对如何保持酒店整洁的环境有了更深的体会？

第一节　了解公共区域

一、公共区域的范围

客房部除了要搞好客房卫生外，还要负责所有公共区域的清洁卫生，一般让客房部下设的公共区域组完成。所谓公共区域（Public Area，PA）是宾客和饭店员工共同享有的活动区域，包括室内和室外，客用部分和员工使用部分。公共区域范围广大，不仅涉及住店客人，以及用餐、开会、购物、参观游览等非住店客人，而且还是所有员工工作环境的重要组成部分。

二、公共区域清洁卫生的特点

（一）人员流量大，清洁工作不太方便

公共区域的人员流量非常大，客人活动频繁，这给该区域的清洁保养工作带来不便和困难。为了便于清洁和减少对来往人员的干扰，公共区域的清洁工作尽量都安排在人员活动较少的时间段进行，特别是客用的区域，大量的清洁工作被安排在夜班完成。

（二）涉及范围广，造成影响大

公共区域清洁卫生的范围涉及饭店的每一个角落，既包括外围的外墙、花园、前后大门、通道等，也包括室内的大厅、休息室、餐厅、娱乐场所、公共洗手间、电梯，行政办公室、员工休息室、更衣室、餐厅、员工公寓以及所有的下水道、排水排污管道和垃圾房等。公共区域的清洁卫生的状况被每一位经过和进入饭店的客人及非客人所感知、所传扬，对树立饭店形象有较大的影响。

（三）项目繁杂，专业、技术性强

公共区域清洁卫生工作不仅涉及面很广，而且在不同的地点、针对不同的清洁对象，有不同的清洁标准，不同的清洁方法，使用不同的清洁剂，所以其清洁卫生项目繁杂琐碎。如地面、墙面、天花板、门窗、灯具清洁，公共卫生间的清扫，绿化布置、除虫防害等。各类清洁工作具有各自的专业性和技术性，对工作人员提出了较高的要求。

三、公共区域卫生的准备工作

（一）安排好清洁保养时间

根据客人活动的时间规律，安排好不同区域的清洁保养时间，原则上不能影响客人的正常活动。如大堂地面清洁维护安排在夜晚。

（二）领取工作钥匙和有关的工作表单

（三）准备好清洁剂和清洁器具

（1）如高处作业准备梯子，使用前做好检查；

（2）清洁地面，准备好吸尘器、洗地毯机、打蜡机、拖把、尘推等；

（3）清洁玻璃，准备好清洁剂，玻璃刮、抹布；

（4）注意清洁剂的配比或种类选用。

四、公共区域清洁工具的使用

1. 直立式吸尘器（图 6–1）

这是一种特定为地毯设计的吸尘器，于底部有一旋转循环的刷子，用以清除地毯上的污物，这些刷子会利用吸力把地上的尘埃分离而逐一吸掉，很多直立式的吸尘器于底部都安上防撞物，用以防止使用时撞及家具、地脚线，引起损坏。

2. 筒形吸尘器（图 6–2）

筒形吸尘器的好处是能够灵活地清洁所有家具下的污物，且以硬地较为有用，因此此机的吸管头部，有一能调吸力的按钮，更拥有一套附加的装置，以便于清理各类家具及有大量尘土的地方。

图 6–1　直立式吸尘器

图 6–2　筒形吸尘器

3. 吸水机（图 6–3）

这是一种特别用来吸水的机器，主要用作吸取大量的水，用于地毯加快烘干更为有效。

4. 地毯清洗机器（干泡地毯清洁机、蒸汽地毯清洁机）（图 6–4）

地毯清洗机是用作协助清洗地毯的机器，机内的刷子除了可以清洁地毯的污物处外，更能清除深处的污垢及松软地毯上的毛。在清洗过程中，也不会弄脏其他的地方。

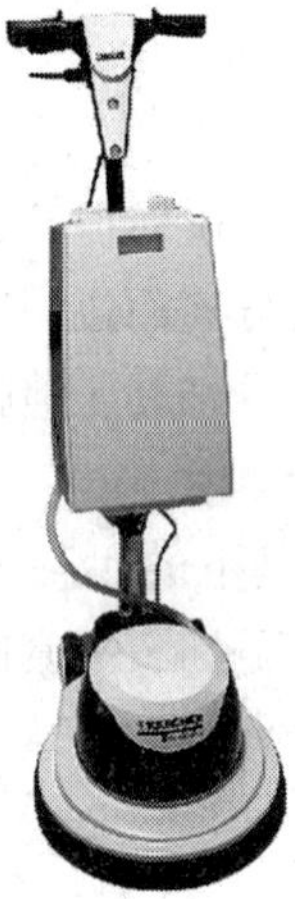

图 6-3　吸水机

图 6-4　地毯清洗机器

5. 擦磨机（图 6-5）

这机器多数能安装上多种不同颜色及类型的刷子及垫子，以配合不同工作的需要。而且这些工具做出来的效果非常完美，每次使用后必须清洗干净及晾干。

6. 扫帚（图 6-6）

现在的扫帚不再像以前的那样易于把尘埃扬起，现在的扫帚在清除垃圾时更有效率。正确的使用扫帚能把尘埃扫入底铲内，更能避免尘埃扬起。

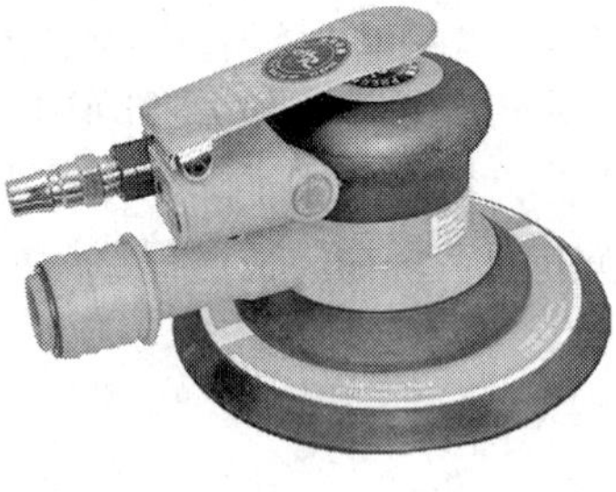

图 6-5　擦磨机

图 6-6　扫帚

7. 扫尘平底铲（图 6–7）

扫尘平底铲通常由胶及金属制成，有短及长柄，而且有一掩罩以防止尘埃扬起，在使用后，需要清洗及晾干。

8. 安全梯（图 6–8）

基本上只有少部分部门需要使用此梯。它是有坚硬的外框构成，每一梯级各有橡胶垫安装于脚踏的部分，更有稳定的扶手以保持梯的垂直。除此之外，还有一些折叠梯，适应不同的需要。

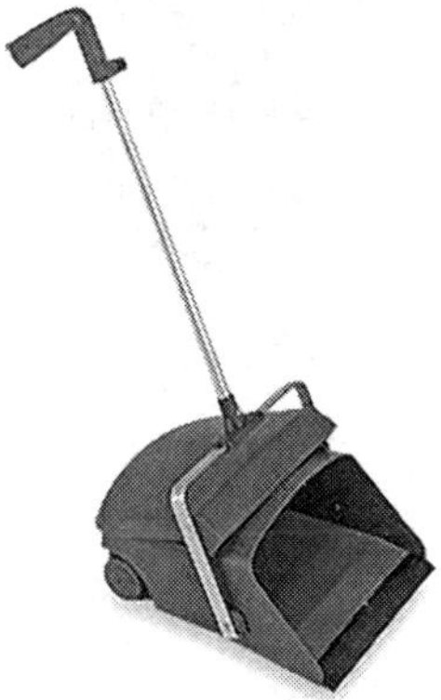

图 6–7　扫尘平底铲

图 6–8　安全梯

9. 抹布（图 6–9）

10. 百洁布（图 6–10）

图 6–9　抹布

图 6–10　百洁布

11. 拖把（图 6–11，图 6–12）

拖把一般由长棉纱制成，有圆和平两种拖把头，但是后者较为有用，因为平拖的拖头不易于与棍脱离而且比较卫生。平拖能独立清洗，圆拖则不能。

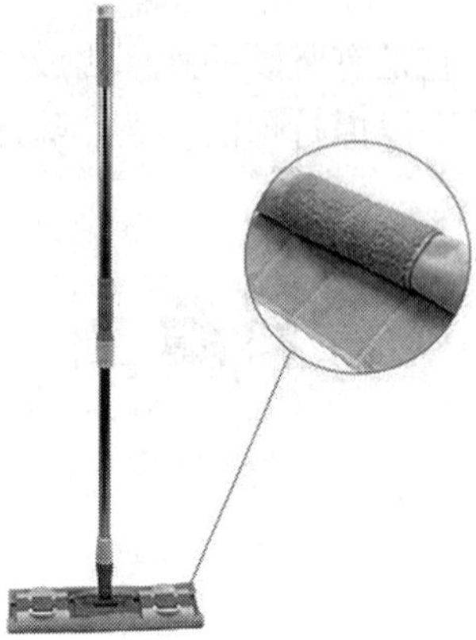

图 6–11　拖把 1

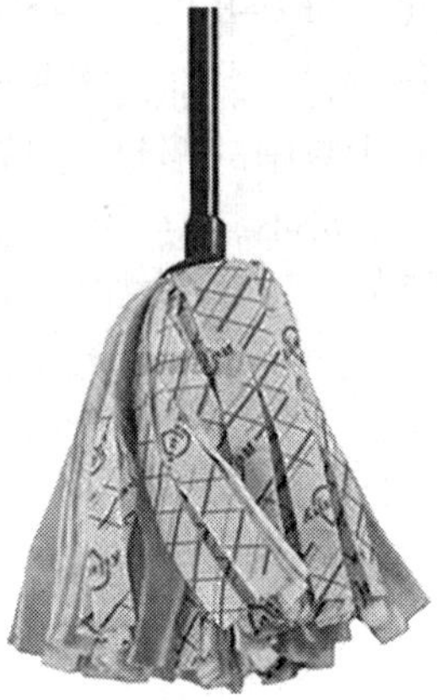

图 6–12　拖把 2

12. 擦磨垫子及海绵

磨地垫子、喷墨垫子、打蜡垫子、各有不同的用途，使用后要清洗干净及晾干。

13. 小心地滑标志（图 6–13）

这是给职员及客人设计的安全指示，有不同的尺码、颜色及形式，用以避免意外的发生，易于使用及携带，使用于公众场合，目的是间隔不能进入的地方，以暗示使用者要小心。

图 6–13　小心地滑标志

14. 喷壶（图 6–14）

这是轻便的容器，经过一精细的管嘴喷出雾状的水或清洁剂，使用后必须清洗干净。

15. 胶手套（图 6–15）

很多酒店负责清洁的职员都拥有胶手套，用以保护双手，使用后一定要清洗干净。

图 6–14　喷壶

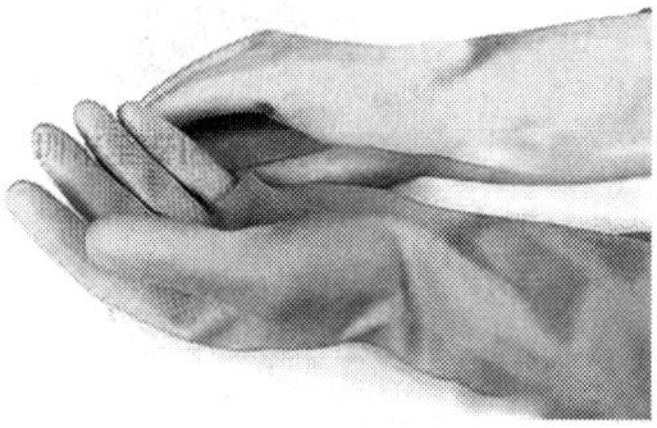

图 6–15　胶手套

16. 高速打磨机（图 6–16）

打磨面积较大的楼宇，它是值得购买的机器，但只供普通磨光作用，不像擦磨机有很多种用途。此机能快速地完成打磨，以满足使用者的要求，尤以打磨硬地，更为快捷容易和有效。

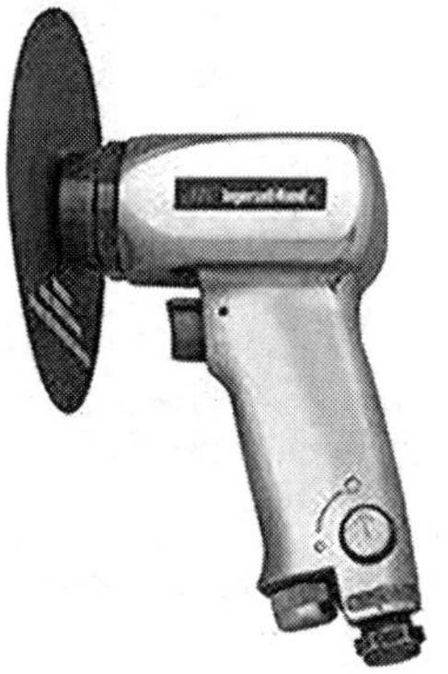

图 6–16　高速打磨机

17. 清洁手推车（图 6–17）

这是理想的手推车，能有效地携带清洁工具、布草及顾客的供应物品，并节省时间以集合所有工具于一工作间或搬往另一地方。要时常保持车内洁净，并且时常检查车轮，以便有效地使用此手推车。

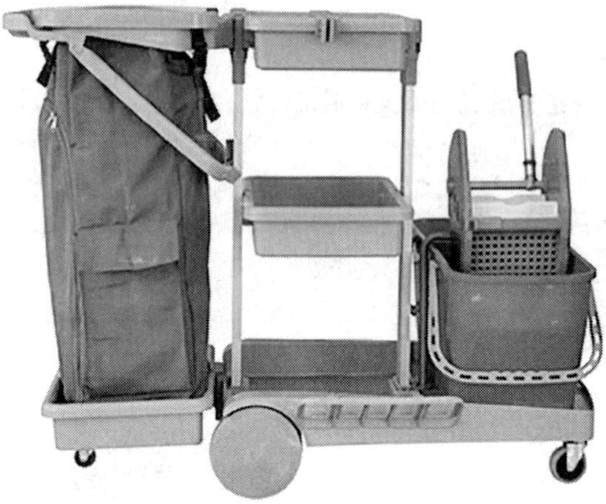

图 6–17　清洁手推车

18. 喷射清理机（图 6–18）

喷射清理机用以清洁地毯、客房内的沙发和窗帘等，以清除埋藏在内的深层污垢，此机备有热水处理程序，主要用作清洗地毯。

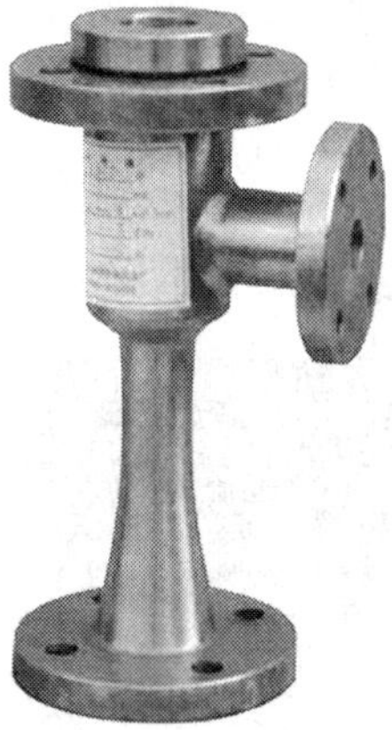

图 6–18　喷射清理机

19. 格仔线布（图 6–19）

通常此布的区分是以颜色为主，便于服务员用作不同的用途，擦拭杯子和镜子后可交到洗衣房清洗。

20. 刀片（图 6–20）

这是一种单边的刀片，用以刮清壁纸、污物、水泥玻璃、金属、云石等表面，比较难清理的可以加入化学物品辅助清洁。

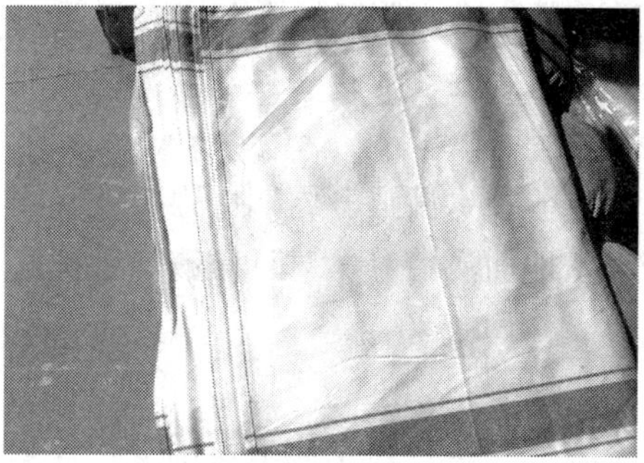

图 6–19 格仔线布

图 6–20 刀片

【特别提示】

清洁设备的保养与维护

酒店清洁设备种类较多，价值也比较大，同时酒店清洁设备的使用效果和寿命在很大程度上也依赖于日常的保养工作。为了保证洗地机、扫地机、工业吸尘器这类清洁设备的使用效率及寿命，我们在日常使用中就应该做好以下维护保养工作。

1. 使用：使用人员都必须经过操作培训，懂得正确使用清洁设备。
2. 清理：使用完毕后，必须将机器内部的垃圾及污物清除掉，并进行必要的保养，如加油、更换零件。
3. 擦洗：用干净抹布将各款清洁设备的各个部位的污渍、水迹擦干净。
4. 检查：设备使用前后都应检查其完好状况，发现问题要及时处理。
5. 维修：设备出现故障，应有备用件及配件进行维修。
6. 保管：所有清洁设备应由专人保管，存放在合适之处。
7. 存放：清洁设备应有专门的存放地点，室内保持干燥、整洁。

五、公共区域清洁卫生的质量控制

公共区域清洁卫生具有涉及面广，工作项目烦琐，人员变动较大等特点，为保证其工作质量，提高工作效率，必须实行相应的控制措施。

（一）强调专业化技术

讨论：公共区域外包的优势与劣势。

优势：社会化的公共清洁公司专业化程度高，设备工具先进；减少酒店 PA 员工，降低人力成本；通过管理合同利于明确产品标准、服务标准和相互责任。

劣势：灵活性差，不能根据酒店实际情况进行弹性作业；一旦发生纠纷可能会对 PA 工作和酒店产品影响；外包费用开支大。

解决方法：两者兼顾。对人手需要量大、专业技术性强、周期性强又较宜固定安排的清洁项目进行外包。如外墙清洁、大堂地面清洁等。对日常清洁维护比较简单和灵活的项目安排酒店员工。

（二）划片包干，责任落实到人

由于公共区域卫生工作面积大，工作地点分散，不易集中监督管理；且各类卫生项目的清洁方法和要求不同，很难统一检查评比标准。所以不仅要求每个服务人员具有较高的质量意识和工作自觉性，同时也要做到分类管理，定岗定人定责任。可将服务员划分成若干个小组，如楼道组、花园组等。注意做到无遗漏，不交叉。

（三）制订计划卫生制度

为了保证卫生质量，控制成本和合理调配人力、物力。必须对公共区域某些大的清洁保养工作采用计划卫生管理的方法，制订计划卫生制度。如墙面、高处玻璃、各种灯具、地毯洗涤、地面打蜡等，不能每天清扫，需要像客房计划卫生一样，制订一份详细、切实可行的计划，循环清洁。清扫项目、间隔时间、人员安排等要在计划中落实，在正常情况下按计划执行。对交通密度大和卫生不易控制的公共场所卫生工作，必要时应统一调配人力，进行定期突击，以确保整个饭店的清新环境。

（四）加强现场管理

公共区域管理人员要加强现场巡视，要让问题解决在可能发生或正在发生时，因为一旦清洁卫生遗漏、失误或欠缺已成事实，首先感知的往往是公众。所以公共区域各类清洁项目应有清楚的检查标准和检查制度，以及制作相应的记录表格。管理人员要对清洁卫生状况进行密切监督，定期或不定期的检查和抽查，才能保证公共卫生的质量，才能维护公共区域的形象。

【课后练习】

一、单选题

1. 公共区域的人员流量非常大，所以大量的清洁工作被安排在（ ）完成。

A. 早班　B. 中班　C. 白班　D. 夜班

2. 客房部除了要搞好客房卫生外，还要负责所有（ ）的清洁卫生。

A. 公共区域　B. 营业场所　C. 客用区域　D. 员工区域

3. 公共区域外包的优势，表现为（ ）。

A. 弹性作业　B. 专业化程度高　C. 灵活性强　D. 费用少

4. 公共区域清洁卫生具有涉及面广，工作项目烦琐，（ ）变动较大等特点。

A. 人员　B. 时间　C. 成本　D. 空间

5. 酒店和清洁公司通过管理合同要达到的目的，包括（ ）。

A. 明确产品标准　B. 明确服务标准　C. 明确相互责任　D. 以上皆是

二、判断题

1. 公共区域的清洁工作尽量都安排在人员活动较少的时间段进行。（ ）
2. 酒店可将日常清洁维护比较简单和灵活的项目安排给专业清洁公司。（ ）
3. 根据酒店的经营活动规律，安排好不同区域的清洁保养时间。（ ）
4. 公共区域清洁卫生的范围涉及饭店的每一个角落。（ ）
5. 公共区域的清洁卫生的状况对树立饭店形象没有直接影响。（ ）

第二节　公共区域清洁保养

公共区域卫生涉及饭店前台和后台，室内和室外的广泛区域，主要的几项清洁卫生工作包括下面九个方面。

一、大堂的清洁保养

大堂是酒店客人来往最多的地方，是饭店的门面，会给客人留下重要的第一印象。因此，大堂的清洁卫生工作尤为重要。

（一）地面清洁

大堂的大理石地面，在客人活动频繁的白天，需不断地进行推尘工作。遇到雨雪天，要在门口放上存伞架，并在大门内外铺上踏垫和小地毯，同时在入口处不停地擦洗地面的泥尘和水迹。每天夜间 12 点以后打薄蜡一次，并用磨光机磨光，使之光亮如镜。大堂内有地毯处每天要吸尘 3~4 次，每周清洗一次。大堂地面清洁要仔细，不能有任何遗漏点。拖擦过程中应及时取下清洁工具上的灰尘杂物。操作过程应尽量避开客人或客人聚集区。打蜡或水迹未干区域应有标示牌，以防客人滑倒。

推尘：

（1）使用喷有静电吸尘剂的尘推进行工作。

（2）将尘推平放在地面上，直线方向推尘，尘推不可离地。将地面的灰尘推往较隐蔽的地方。

（3）每推尘一次后，用吸尘机吸干净尘推上的灰尘。

（4）推尘每半小时循环一次，视灰尘程度及客流量密度而增减次数。

（5）每次推尘后应及时将地面灰尘、垃圾打扫干净。地面不能留有脚印、污迹。

（二）门庭清洁

白天对玻璃门窗、门框、指示牌等的浮尘、指印和污渍进行擦抹，尤其是大门的玻璃应始终保持一尘不染。夜间对门口的标牌、墙面、门窗及台阶进行全面清洁，擦洗，对大门口的庭院进行清扫冲洗等。

庭院：

（1）每天用扫帚进行清扫。

（2）绿色植物的养护、清洁工作。

（3）地面一般每周应用水冲洗一两次。

（4）酒店门口要不断地清扫，可先洒适量的水。

（5）及时去除污迹。

（三）家具的清洁

白天勤擦拭休息区的桌椅、服务区的柜台及一些展示性的家具，确保干净无灰尘。及时倾倒并擦净立式烟筒，更换烟缸。更换烟缸时，应先将干净的烟缸盖在脏的上面一起撤下，然后将干净烟缸放上，以免烟灰飘扬洒落。随时注意茶几、台面上的纸屑杂物，一经发现，及时清理。

抹尘：

（1）用半干半湿毛巾抹干净家具及云石台上的灰尘。

（2）将家具保养蜡均匀喷在家具或云石台上；喷蜡不能过多，以免积聚灰尘。

（3）用干毛巾将家具蜡均匀地涂抹，边喷边抹，重点擦除污迹，达到光亮清洁。

烟箱的清洁：

（1）用镊子将烟箱里的烟头、杂物清干净；用废纸把烟箱面上的口痰污迹抹干净。

（2）每隔 15 分钟巡查清理烟箱一次，视客流量情况增加清洁密度。

（3）交班前把烟箱碟清洗干净，用布抹干烟箱盖。工作时小心轻放烟箱盖。

（四）扶梯、电梯清洁

大堂扶梯、电梯的清洁保养多在夜间进行，白天只作简单清洁维护。主要清洁工作是擦亮扶梯扶手挡杆、玻璃护挡，清洁轿厢、更换清洗星期地毯，使扶梯、电梯内外、上下、四周均无灰尘、无指印、无污迹。

电梯的清洁：

饭店的电梯包括客用电梯、职工电梯、餐梯、货梯等几种，而客用电梯也和大厅一样，是客人使用频繁，需经常清理地方，现代饭店多使用自动电梯，其清洁保养难度更大。

对客用电梯的清洁一般分午、晚、深夜三次进行，清洁项目主要是天花板、灯、墙面、镜面、电话机除尘及地面吸尘，要特别注意对金属部分或镜面的除渍保养，对电梯按钮也要不时用干抹布擦拭，以保持清洁。

电梯厢内的地毯整天都受到踩踏，十分容易受损，有条件的饭店可采取每天更换星期地毯的办法来解决电梯地毯特别容易脏的问题，应注意的是星期地毯应在每日零时准时换好。

对饭店的其他电梯也应参照客用电梯的清洁方法进行清理保养，以保证饭店所用电梯的清洁卫生质量。

流程：

（1）打开控制箱，按动按钮使电梯停止运行。

（2）将“正在工作”告示牌放在电梯门前。

（3）用玻璃清洁剂清洁玻璃镜面。

（4）用家具清洁蜡清洁天花顶及木器装饰部分。

（5）用不锈钢清洁剂清洁电梯不锈钢门。

（6）用吸尘机吸边角位和电梯门轨的沙尘。

（7）用湿布抹干净地面和门轨的灰尘。

（8）地面干后，装上地脚保护板进行打蜡抛光。

（9）工作完成后，把控制按钮恢复原位，关好控制箱。

（五）不锈钢、铜器清洁上光

不锈钢、铜器等金属装饰物为酒店大堂增添了不少光彩，这些器件每天都要清洁，否则会失去光泽或沾上污迹。擦洗这些器件时注意要使用专门的清洁剂，若用其他的清洁剂会造成对器件的严重损坏。

大堂广告架牌、指示标牌、栏杆、铜扶手及装饰用铜球等，是大堂清洁保养的主要对象。铜器分为纯铜和镀铜两种，擦拭方法也不同。擦拭纯铜制品时，先用湿布擦去尘土，然后用少许铜油进行擦拭，直到污迹擦净，再用干布擦净铜油，使其表面发光发亮。擦拭后铜制品表面不能留有铜油，以免在使用过程中弄污客人的手或衣物。

镀铜制品不能使用铜油擦拭，因为铜油中含有磨砂膏，经过擦磨后会损坏镀铜的表面，不但影响美观，也会减少使用的寿命。

（六）大门口内外地垫的清洁

内地垫每隔两小时吸尘一次，每晚要揭开地垫，用扫把将地面灰尘、沙粒扫干净，用湿的拖布拖干净地面；外地垫除按内地垫做上述清洁外，每周还要更换冲洗地垫一次。内外地垫的铺放要求整齐对称。

二、公共洗手间的清洁服务

公共洗手间是客人最挑剔的地方之一，因此饭店必须保证公共洗手间清洁卫生、设备完好，用品齐全。

公共洗手间的全面清洗是：洗刷地面及地面打蜡、清除水箱水垢、洗刷墙壁等。为不影响客人使用洗手间，该工作常在夜间进行。

公共洗手间的清洁保养：

（1）准备清洁用具与用品。

（2）进入洗手间 。

（3）消毒工作。

（4）按序擦净面盆、水龙头、台面、镜面，并擦亮所有金属镀件。

（5）卫生间的香水、香皂、小方巾、鲜花等摆放整齐，并及时补充更换。

（6）拖净地面，擦拭门、窗、隔挡及瓷砖墙面；配备好卷筒纸、卫生袋、香皂、衣刷等用品。

（7）检查皂液器、自动烘手器等设备的完好状况。

（8）热情向客人微笑问好、为客人拉门、递送小毛巾等。

清洁工作流程见表6–1：

表 6–1 清洁流程

流程节点	任务流程
1. 准备工作	① 每天检查使用的清洁工具，如有损坏的应及时报修。 ② 领取清洁剂、客用品、干净的抹布
2. 清洁恭桶	① 将清洁剂沿恭桶内部边沿倒入。 ② 用恭桶刷刷洗恭桶，直到污垢消失。 ③ 用清水冲洗，并清洁恭桶座、基座和桶盖。 ④ 用干净抹布将其外部擦干净
3. 清洁水箱	① 用专用刷刷洗。 ② 用抹布擦净水箱外部
4. 清洁立式便池	① 将清洁剂沿外壁倒入。 ② 用恭桶刷刷洗小便池。 ③ 用清水冲洗后再用抹布擦净外部。 ④ 小便池里保证两个芳香剂，大小一致
5. 清洁镜面	① 将玻璃清洁剂均匀喷在抹布上，清洁镜面的污渍。 ② 用干抹布从上至下进行擦拭，直到镜面无污迹，光亮为止
6. 清洁洗手盆、大理石台面	① 将清洁剂均匀洒在洗手盆内。 ② 用百洁布对水盆和下水孔盆内及台面进行消毒清洁。 ③ 用抹布擦干净。 ④ 用干抹布将洗手液器、抽纸盒里外擦拭干净
7. 清洁门墙壁	① 用抹布擦净门、壁画、闭门器。 ② 用抹布擦拭清洁墙壁、隔板
8. 清洁不锈钢制品	用干抹布擦干净
9. 放置客用品	① 保证面巾纸、手纸、洗手液充足齐全。 ② 按标准摆放小面巾
10. 清理垃圾	① 将所有的垃圾倒入指定的垃圾袋中。 ② 垃圾桶里外，保证干净。 ③ 套有垃圾袋，放置位置符合规定
11. 清洁地面	① 将地面打扫干净。 ② 用抹布蘸清洁剂清洁地面死角。 ③ 用抹布将地面及边角上擦干净
12. 室内净化	根据情况在洗手间喷洒空气清新剂，使洗手间内空气保持清新状态

三、沙发的清洁保养

沙发是酒店家具中一个重要的组成部分。相对来说也是比较贵的，因此如果不做好酒店客房沙发的清洁保养，不仅会降低客人对酒店的好印象，而且酒店在酒具用品的投入成本会大大增加，所以做好酒店客房沙发的清洁保养是非常有必要的。

酒店客房沙发的清洁：

（1）可购置一些专门的沙发清洁剂，用干净的毛巾蘸上清洁剂在沙发脏污的地方反复的擦拭。擦拭的时候要注意从污渍的外围开始擦进内部。之后再用抹布蘸清水擦去清洁剂就可以。不过要注意如果是布艺的沙发不能用太多的水擦拭，否则容易受潮。

（2）沙发的外罩如果出现了脏污可以拆下来清洗，不过不能用水洗，也不可以漂白，应该干洗。

（3）每月都要安排固定的人对沙发进行清洗，有的材质的沙发用水擦拭可能留下污点，应该坚持先用吸尘器吸取表面的灰尘。

酒店客房沙发的保养：

（1）每周应该为沙发进行专门的一次吸尘，定期把沙发垫拿出去阳台晒晒。如果发现有线头松脱，不能随便地用手去拉扯，应该用剪刀小心平整的剪好，防止更严重的脱线。

（2）经常保持室内的通风，让沙发也可以“呼吸”，不让灰尘阻塞住沙发的毛孔。注意防潮，可以在沙发上面垫上沙发巾保护不弄脏。

（3）应该避免让尖锐或者金属物体接触到沙发，容易刮损沙发表面。

四、灯具清洁保养

各类灯具，特别是吊灯、顶灯除日常擦拭其表面外，还要定期进行清洗，每次清洗都要做好周密的计划。

（1）选择适当的时间。清洗公共区域的吊灯应选择在夜里进行，宴会厅和多功能厅的吊灯应根据宴会预订情况而定，一般选在宴会厅或多功能厅连续两三日内无活动的情况下进行。在人员许可的情况下白班和夜班同时清洁，缩短清洗时间，避免影响饭店和宴会厅的正常使用。

（2）安排有效人力。清洗大型吊灯是项费时费力的工作，须提前安排好人员，特别是要挑选有经验、耐心和细心的员工来做这项工作。因为吊灯价格很昂贵，易损坏，配件不易采购，管理人员一定要在现场监督、检查和指导。

（3）准备清洗用具和用品。由于吊灯或顶灯在高处，所以要准备好升降机或梯子、旋具、水桶或水盆、专用清洁剂或白醋、擦布，等等。

（4）擦拭灯具。擦拭灯具要切断电源。擦拭时要先用潮湿布擦尘，然后再用干布擦净。根据灯具不同的质地，使用不同的方法进行擦洗。玻璃和水晶制品的擦拭方法为：将灯饰摘下，浸泡在专用的清洗剂或用白醋与水兑成的液体中，进行清洗，然后用水洗净，最后用干布擦干。铜质和电镀制品的灯饰要用专用的清洁剂擦拭，擦拭后要用干布擦净，灯饰表面不得有残留的清洁剂，以免残留时间过长对灯具和灯饰有腐蚀。灯泡要用干布轻轻擦干净，严禁使用湿布和湿手擦拭，以防止危险事故的发生。操作完毕后，要按原样将灯饰装好。

（5）灯具装饰完毕要进行仔细的检查。检查安装得是否牢固，有无部件短缺，安装效果是否与原来一致，确保既安全又美观。

（6）检查灯具的照明情况。擦拭、安装完毕后，开灯进行查验灯泡是否有不亮的。有的吊灯需上百个灯泡，经长时间使用有些灯泡会烧坏，日常更换比较困难，有些饭店在定期清洗吊灯时，无论好、坏将灯泡全部换下，坏的灯泡丢掉，好的灯泡可以安装到别的地方继续使用。

（7）注意安全：擦拭吊灯的安全问题是一项应特别注意的问题，在操作中，操作后及使用中都要注意安全，不能有一点疏忽，保证万无一失。

五、玻璃、镜面的清洁保养

擦窗和擦玻璃是定期清洁工作中的一项重要内容。公共区域保洁员经常要擦各种类型的窗和玻璃，因此，公共区域保洁员要掌握擦窗和擦玻璃的技巧。

（1）掌握擦窗和擦玻璃方法。擦窗前先将窗框上的浮灰擦净，再擦窗和玻璃，擦玻璃有不同的方法。

①潮干布擦。擦布要用质地软硬适中，光滑无毛容易吸水的布，先将布用清水或兑有玻璃清洗剂的水打湿。擦玻璃时按先中心后四角或先四角后中心的顺序反复擦拭，直至玻璃擦亮为止。

②水擦有两种不同的方法，一种是用布蘸水擦，一种是用专用的玻璃刮。用水擦是用水把布蘸湿后，在玻璃表面擦拭，对一般的玻璃用清水或兑水的玻璃清洁剂。布蘸水后的湿度要适宜，要防止因布滴水影响墙面或其他地方的卫生。用玻璃刮刮擦，要先用带有棉毛头的擦水布蘸清水或兑水的玻璃清洗剂，将玻璃表面擦干净，然后用玻璃刮按横向或纵向将玻璃表面的水迹刮干净。玻璃刮每刮一下，就要用布将玻璃刮上的水擦干，以免将玻璃刮花。刮玻璃时要注意玻璃的四个边角，不能留有水迹。

（2）注意安全操作。擦玻璃要选择工作认真，身体较好的员工。有心脏病和高血压的员工切勿高空擦玻璃。在高空擦玻璃时必须系好安全带，思想集中，室外擦玻璃要注意天气的变化，夏天不要暴晒，以防中暑。刮大风时也切忌擦玻璃，以免发生危险。

六、餐厅、酒吧、宴会厅的清洁

餐厅、酒吧和宴会厅是客人饮食场所，卫生要求较高。清洁工作主要是在餐厅营业结束后，做好对地毯的清洁。此外，餐厅、酒吧、宴会厅或其他饮食场所，常会有苍蝇等害虫出现，应随时或定期喷虫剂，防止蚊蝇等害虫滋生。

清洁餐厅酒吧：

（1）地面吸尘。

（2）擦拭餐椅吧座。

（3）擦拭墙面。

（4）金属质品和桌椅要擦拭去尘并上光。

（5）擦拭吊灯、顶灯和其他灯具。

（6）擦拭门窗玻璃。

（7）定期清洗地毯和墙面的装饰布。

（8）清洗卫生间。

七、后台区域的清洁卫生

员工食堂、浴室、更衣室、服务通道、员工公寓、娱乐室的卫生状况对员工的思想和精神、对酒店服务质量有重要的影响。

后台区域的清洁卫生工作有：做好员工食堂、浴室、更衣室的日常消毒、清洁维护；对员工公寓、娱乐室等进行定期清扫等；搞好员工通道等的清洁保养，为全店员工创造良好的生活、工作环境。

清洁员工更衣室、浴室：

（1）每日必须定时刷洗淋浴间及厕所。更衣柜区域每日至少用清洁剂拖一次地面。

（2）每日须至少两次清倒所有垃圾及烟灰。

（3）随时保持厕所的清洁，及时补充卫生用品。

（4）注意更衣室内安全、灯光及设备的完善，若有故障应及时报修。

（5）每月安排一次更衣室内设备的保养工作。

八、绿化布置及清洁养护

绿化布置能给宾客耳目一新、心旷神怡的美好感受。所以，饭店在店外的绿化规划和店内的绿化布置上都应有所开拓。当然，掌握一般的绿化程序是基础。绿化布置的程序为：客人进出场所的花卉树木按要求造型、摆放；定期调换各种盆景，保持时鲜；接待贵宾或举行盛会时要根据酒店通知进行重点绿化布置；在绿化布置和送达楼面的鲜花摆放时要特别注意客人所忌讳的花卉。

清洁养护的程序：每天按顺序检查、清洁、养护全部花卉盆景；拣去花盆内的烟蒂杂物，擦净叶面枝杆上的浮灰、保持叶色翠绿，花卉鲜艳；及时清除喷水池内的杂物、定期换水，对水池内的假山、水草进行清洁养护；及时修剪、整齐花草；定时给花卉盆景浇水、定期给花草树木喷药灭虫；养护和清洁绿化时，应注意操作时溅出的水滴弄脏地面，注意不可影响客人的正常活动。

九、其他清洁保养

清洁会议室：

（1）清洁会议室的桌椅。

（2）抹窗台、踢脚板。

（3）擦清洁接待室。

（4）清洁洗手间。

（5）地面拖抹、地毯吸尘、除渍、清洗。

（6）清洁空调出风口。

（7）清倒垃圾。

清洁停车场：

（1）每天清扫，保证地面无垃圾。

（2）一日数次清洁烟灰筒内外。

（3）擦拭各种装饰指示牌及装饰物件。

（4）每天清理沟渠、花槽等处。

（5）每天清倒垃圾。

清运、处理垃圾：

（1）集中至垃圾房。

（2）将有用物品分拣出来，做好登记移交。

（3）杀菌消毒。

（4）当天清运。

（5）保持整洁。

（6）无关人员不得进入。

【课后练习】

一、单选题

1. 大堂内有地毯处每天要吸尘（　），每周清洗一次。

A. 1~2 次　　B. 2~3 次　　C. 3~4 次　　D. 4~5 次

2. 客用电梯的清洁项目，不包括（　）。

A. 天花板　　B. 墙面　　C. 镜面　　D. 烟箱

3. 公共洗手间的全面清洗，不包括（　）。

A. 洗刷地面　B. 清除水箱水垢　C. 洗刷墙壁　D. 清洗换气口

4. 擦窗前先将窗框上的（　）擦净，再擦窗和玻璃。

A. 浮灰　B. 油渍　C. 胶泥　D. 水渍

5. 有心脏病和高血压的员工切勿（　）擦玻璃。

A. 室内　B. 室外　C. 大风天　D. 高空

二、判断题

1. 大堂地面清洁应尽量避开客人或客人聚集区。（　）

2. 对客用电梯的清洁一般分早、午、晚三次进行。（　）

3. 完成铜制品的擦拭后，铜制品表面应留有一定的铜油，起到保护作用。（　）

4. 各类灯具，特别是吊灯、顶灯除日常擦拭其表面外，还要定期进行清洗。（　）

5. 用毛巾擦拭沙发脏污的时候要注意从污渍的内部开始擦向外围。（　）

第三节　地面材料的清洁保养

一、地面打蜡与保养

多数宾馆、饭店的地面采用大理石和木地板两种。对以上两种地面要进行打蜡清洁，地面打蜡不仅是一项清洁工作，也是一项保护地面的措施，能起到防腐、防潮、延长地面材料使用寿命的作用。打蜡一般一个季度进行一次，但还要根据客人流量。地面的磨损程度，适时安排打蜡。

1. 做好打蜡的准备工作

地面打蜡应选择在干燥、晴朗的天气时进行。打蜡前，将需要打蜡的区域内的家具设备挪开，然后，备齐打蜡使用的全部用品和工具，要根据地面的质地，正确选择好对应的、高效的蜡液和工具。

2. 清洗地面

地面打蜡之前，必须要清洗干净地面，以保证打蜡的效果，清洗地面包括起蜡。用起蜡水及洗地机将地面的旧蜡起掉，残蜡较多的地方要用小刀铲净，保证地面无残蜡和污渍，然后用清水洗净。

3. 打蜡

待清洗干净的地面自然风干后，使用专用的工具将蜡液均匀地擦拭或喷洒在地面上。

4. 抛光

擦拭或喷洒过蜡液的地面，需经打磨后才会发光发亮，现一般使用机器磨光。操作方法和要求如下：

（1）掌握时机。喷涂过蜡液的地面，不能马上抛磨，也不能隔时间过长，必须在蜡液稍干时进行。过早和过湿，蜡容易磨脱、磨掉，打磨机的抛光垫也容易被黏合结块。如果过迟和过干，蜡容易变硬，地面不易打光。从上蜡到抛光，究竟隔多长时间为宜，须依据气候、季节和室内的温度、湿度、蜡液的质量和喷涂蜡液的薄厚等多种因素来决定。

（2）纵横交叉。使用抛光机对地面进行抛光时，先从外到里横向打磨，再擦着地面接缝纵向打磨，这就是纵横交叉的打磨方法。这种方法能使地面受磨均匀，能使各种大小不同，形状各异，方向不一的地面都能抛磨到，使打磨后的地面光亮度达到最佳程度。

（3）边角补打。由于抛光机的磨盘是圆的，在操作过程中有些边角不易磨到，为使地面整体效果达到一致，要用手工进行，抛光。打蜡抛光结束后，要用地推将地面的蜡屑、粉末、渣物推净，使地面洁净，光亮，然后将家具物品恢复原位。

5. 地面清洁保养应注意的问题

（1）大理石地面。大理石的主要成分是碳酸钙的晶体，大理石的漂亮色泽由石内的杂质所形成。不同的大理石，其密度及韧性有很大差别，但其主要成分相同，故清洁保养方法大致相同，清洁保养应注意以下几点：

①避免使用酸性的清洁剂，因为酸性清洁剂与碳酸钙可发生化学作用，能使大理石失去韧性，腐蚀大理石表面，使其失去光泽。

②避免使用粗糙的东西摩擦，否则会使大理石面永久磨损。

③避免使用砂粉或粉状清洁用品，因为此类清洁用品干燥后，会形成晶体，留在大理石表层洞孔内，造成表层爆裂。

（2）木地板。木地板通常是由不同厚度的软性或硬性木质材料制成的。制作上有的木板直接铺在水泥地面上，而有的是在地面上放木制的骨架，将木板条口交口镶钉在龙骨上，此类的地面需要精心制作、施工和保养，才能够既美观又耐用。这些木板经过长时间的风干处理，不易变形或腐烂，但是过度的潮湿会使之变形，清洁工作应注意以下几点：

①避免用水拖把擦地面，更不要用水泼地面。木地板遇水后会出现变形、松

脱或干裂等现象。

②天气潮湿时要注意做好通风工作。

③避免用过重的尖锐的金属在上面推拉。

④地板上的污迹避免磨刨，否则会使木板表面受损或变薄而不符合使用的要求。

（3）瓷砖地面。瓷砖是由黏土混合于水放在窑中烧制而成。黏土是矽化铝和其他物品的混合物。瓷砖有表面平滑光亮和不平滑光亮两种，光滑的瓷砖有一层与瓷砖本身不同质的不透水物质表层，不光滑的瓷砖则没有。将瓷砖镶在混凝土上便成为墙面或地面。清洁瓷砖地面注意以下几点：

①避免使用强酸清洁剂，因为此类液体侵蚀瓷砖表面及接口，会使瓷砖失去光泽和发生脱落。

②避免用粗糙的物体摩擦，以免瓷砖被磨损，失去光泽。

③避免用粉状清洁用品，因为此类清洁用品干燥后在瓷砖表面形成晶体使砖面燥裂或接缝裂开，导致砖体脱落。

二、地毯清理及保养

地毯清理及保养包括：①预防。②吸尘。③点（局部）清洁。④定期清洗。

点（局部）清洁的程序：

（1）用刀或钥匙去除固体污物。

（2）用吸湿的纸巾吸除污水。

（3）使用相应的清洁剂喷到污处停留 3 分钟。

（4）用抹布或海绵由外向内揉搓、擦拭，直到污物清除。

（5）视情况过水，并立即吸除水分。

（6）如果污渍面积较大，应立即报告公共区域领班，安排专业清洁保养工进行清洗。

（7）如果地毯未干，可铺上一块干净抹布，等地毯干后，用软毛刷将地毯纤维梳理平整。

地毯常见污渍清洗方法见下面。

食用油渍：用汽油或四氯化碳等挥发性溶剂清除，残余部分要用酒精清洗。

酱油渍：新渍先用冷水刷过，再用洗涤剂洗即可除去。陈渍可用温水加入洗涤剂和氨水刷洗，然后用清水漂净。

鞋油渍：用汽油、松节油或酒精擦除，再用肥皂洗净。

尿渍：新渍可用温水或 10% 的氨水液洗除。陈渍先用洗涤剂洗，再用氨水洗，纯毛地毯要用柠檬酸洗。

果汁渍：先用 5% 的氨水液清洗，然后再用洗涤剂洗一遍。但氨水对纯毛地毯纤维有损伤作用，故应尽量减少使用，一般可用柠檬酸或肥皂清洗，用酒精也可。

冰激凌渍：用汽油擦拭。

酒渍：新渍用水清洗即可。陈渍需用氨水加硼砂的水溶液才能清除。如果是毛、丝材料的地毯，可用草酸清洗。

咖啡渍、茶渍：用氨水洗除。丝、毛地毯，用草酸清洗剂浸 10~20 分钟后再洗除，或用 10% 的甘油溶液清洗。

呕吐渍：一种方法是用汽油擦拭后，再用 5% 的氨水擦拭，最后用温水洗净；另一种方法是用 10% 的氨水将呕吐液润湿，再用加有酒精的肥皂液擦拭，最后用洗涤剂清洗干净。

清洗地毯的注意事项：

（1）要合理配置清洁工具和清洁剂。

（2）水温不能过高。

（3）清洗前先移开家具及其他障碍物。

（4）边角部位要手工处理。

（5）地毯如果污染较重，要重复洗。

（6）必须待地毯完全干燥后才能使用。

（7）局部严重污迹，可先用手工清除。

（8）安全操作。

三、墙面面层的清洁保养

（一）硬质墙面

（1）用掸子掸除表面的灰尘和蜘蛛网。

（2）用浸过清洁剂的半干毛巾，沿着墙面从上往下来回擦拭，再用清水抹布湿擦，彻底擦净。

（3）定期用喷雾蜡水清洁。

（4）定期用碱性清洁剂清洗，洗后须用清水将清洁剂漂净。

（二）墙纸墙面

（1）用掸子掸除墙面表面的浮尘和蜘蛛网。

（2）定期吸尘，将吸尘机换上专用的吸头，依次全面吸尘一次。

（3）耐水墙纸墙面上的污迹，可用浸过清洁剂的湿抹布擦洗，再用清水抹布擦净，最后用干抹布擦干水迹。

（4）不耐水的墙纸墙面的污迹，则可尝试用橡皮、细砂纸等轻擦去除。

（三）软墙面

（1）用锦缎等覆盖墙面、内衬海绵等物。

（2）不能经常用清洁剂擦拭。

（四）木质墙面

（1）用干抹布沿墙面从上而下擦拭。

（2）对轻度的局部污迹，可用浸过清洁剂的半干抹布在表面用力反复擦拭。

（3）定期打家具蜡。

（4）防止硬物或尖锐物刮坏墙面。

（五）涂料墙面

（1）用掸子掸除墙面的灰尘和蜘蛛网。

（2）用干毛巾轻擦墙面上的污迹；若擦不掉，则可用橡皮、细砂纸轻轻擦掉。

（3）墙面沾上泥浆、痰迹等凸起的厚污渍，可尝试用铲刀轻轻铲掉。

（六）金属墙面

（1）与玻璃的清洁方法基本相同。

（2）不锈钢的饰面，应用绒布擦拭，并用不锈钢光亮剂定期上光。

紫铜、金箔等饰面，一般需用掸子轻轻掸几次即可；若仍有污迹，可用清水喷洒在其表面，再用绒布根据需要轻擦，最后擦上相应的光亮剂。

【课后练习】

一、单选题

1. 多数宾馆、饭店的地面采用（ ）和木地板两种。

A. 大理石　　B. 水磨石　　C. 塑胶　　D. 花岗岩

2. 地面打蜡能起到的作用不包括（ ）。

A. 防腐　　B. 防潮　　C. 清洁　　D. 防滑

3. 地毯上的（ ）用汽油、松节油或酒精擦除，再用肥皂洗净。

A. 果汁渍　　B. 鞋油渍　　C. 酒渍　　D. 酱油渍

4. 硬质墙面要定期用（ ）清洁剂清洗，洗后须用清水将清洁剂漂净。

A. 酸性　　B. 碱性　　C. 中性　　D. 弱酸性

5.(　)墙面沾上泥浆、痰迹等凸起的厚污渍，可尝试用铲刀轻轻铲掉。

A. 软　　B. 木质　　C. 涂料　　D. 墙纸

二、判断题

1. 酒店地面的打蜡一般一个月进行一次。(　)

2. 擦拭或喷洒过蜡液的地面，需经打磨后才会发光发亮。(　)

3. 金属墙面，对轻度的局部污迹，可用浸过清洁剂的半干抹布在表面用力反复擦拭。(　)

4. 地毯上的食用油渍：用汽油或四氯化碳等挥发性溶剂清除，残余部分用酒精清洗。(　)

5. 不耐水的墙纸墙面的污迹，可尝试用橡皮、细砂纸等轻擦去除。(　)

第四节　消毒及虫害控制

一、客房消毒

(一)客房消毒的要求

1. 房间

房间应定期进行预防性消毒，包括每天的通风换气、日光照射以及每星期进行一次紫外线或其他化学消毒剂灭菌和灭虫害，以保持房间的卫生，预防传染病的传播。

2. 卫生间

卫生间必须做到天天彻底清扫，定期消毒，经常保持整洁：

(1)每换一位客人就必须进行严格消毒。

(2)每周对地面喷洒杀虫剂一次，尤其注意对地漏处的喷洒。

3. 茶水杯具、酒具

(1)走客房的杯具必须统一撤换，进行严格的洗涤消毒。

(2)住客房用过的杯具每天都必须撤换，统一送杯具到洗涤室进行洗涤消毒。

(3)楼层应配备消毒设备和用具。

4. 客房工作人员

(1)严格实行上下班换工作服制度。

（2）清洁卫生间时戴好胶皮手套。

（3）每天上下班用肥皂清洁双手，并用消毒剂对双手进行消毒。

（4）定期检查身体，防止疾病传染。

（二）常用的消毒方法

1. 通风与日照

（1）室外日光消毒。定期翻晒床垫、床罩、被褥。

（2）室内采光。让阳光通过门窗照射到地面，以杀死病菌。

（3）通风。可以改善空气环境，而且可以防止细菌和螨虫等滋生。

2. 物理消毒

（1）高温消毒。

①煮沸消毒法：100℃的沸水中，15~30 分钟，适用于瓷器，但不适用于玻璃器皿。

②蒸汽消毒法：蒸汽箱，15 分钟，适用于各种茶水具、酒具及餐具的消毒。

（2）干热消毒法。

①干烤法：消毒柜，温度调至 120℃，干烤 30 分钟。

②紫外线消毒法：30 瓦紫外线灯管，灯距地面 2.5 米左右，照射 2 小时，适用卫生间的空气消毒。

3. 化学消毒剂消毒方法

（1）浸泡消毒法：适合于杯具的消毒。可以用下面几种物质进行消毒：

①氯（胺丁钠）。

②漂白粉。

③高锰酸钾。

④“八四”消毒液。

⑤ TC–101。

（2）擦拭消毒法。

（3）喷洒消毒。

二、杯具清洗消毒

（1）必须设立与经营规模相适应的专用杯具洗消间，有专用清洗池、消毒设施及保洁设施。

（2）配备足够数量的茶杯、口杯、酒具等杯具，有利于正常周转使用和严格清洗消毒。

（3）客人使用后茶杯、口杯、酒具等杯具，必须严格清洗，采取热力或电子消毒柜进行消毒。

①浸泡并清洗干净。

②放入热力消毒设施内，温度 100℃，时间 10 分钟。电子消毒柜消毒 30 分钟。

③经消毒后茶杯、口杯、酒具等杯具，必须放入清洁的保洁柜内进行保洁。

（4）保洁时间较长的茶杯、口杯、酒具等杯具，必须再次进行清洗消毒后，方可供客人使用。

（5）清洗消毒的茶杯、口杯、酒具等杯具，必须做好消毒记录，保证一客一用一消毒。

卫生操作规程：

1. 设置及要求

（1）洗消间内布局必须严格遵守“一洗、二过、三消毒、四保管”原则而设立。流程要合理，避免交叉污染。

（2）洗消间必须建在清洁、卫生、供水方便，远离厕所和其他有害污染源的地方。严禁防止“四害”及其他有害昆虫的进入。洗消间面积应与场所规模相适应，但最小应不得低于 3 平方米。

（3）洗消间必须独立专用，通风换气良好。并按流程设立前置工作台、洗涤池、过水池、药物消毒池（或消毒柜）、后置工作台、保洁柜。各池应有明显标志。各池容积应与洗消量相适应。工作台面和各池应采用不锈钢或瓷砖，要便于清洗，不易积垢。前置工作台用于存放未清洁杯具，后置工作台用于存放清洁后待消毒杯具。

（4）杯具保洁柜内壁必须采用瓷砖或易于清洗、不发霉的材料，保洁柜必须带门，柜内不准存放其他物品。容量应不小于日常用量的 2 倍。

（5）洗消间内四周墙壁应贴瓷砖做墙裙，高度不低于 1.8 米；地面应采用防潮、防滑材料，并有一定坡度（不少于 3%），易于排水。

（6）市区内各类场所的杯具应选用高温消毒方法，市区边缘和郊、县有条件者也应首选高温消毒方法。

（7）装载脏杯与干净的容器必须分开使用，且标注清晰，不得混用，并当天清洗消毒。

2. 洗消程序

（1）清晰：清倒杯中残渣及茶水，然后在洗涤池中用洗洁液清洗，并注意洗刷杯口。

（2）过水：在过水池中用清水漂洗杯具。

（3）消毒。

①高温消毒：包括煮沸、蒸汽、红外线消毒等。煮沸、蒸汽消毒应保持温度100°C，消毒时间不少于15分钟；远红外线消毒（如远红外线消毒柜）应控制温度100°C，消毒时间不少于15分钟。

②药物消毒：在药物消毒池内，将杯具完全浸泡在药液中，药液浓度及浸泡时间必须按药物使用说明严格操作，用含氯消毒药时，浸泡液有效氯含量应达250mg/L浓度，浸泡时间不少于15分钟。当浸泡有效氯含量低于200mg/L时，应更换药液或加药使有效氯达到250mg/L。

3. 保管

（1）采用高温消毒：消毒后的杯具应干爽清洁，可直接放入保洁柜内。

（2）采用药物消毒：消毒后的杯具应倒置（不得超过15分钟）后才放入保洁柜内。

（3）消毒柜同时兼作保洁柜：杯具消毒后可直接留置柜中，但该柜的容量应不少于杯具日常最高用量的2倍。凡新置入杯具后应立即对消毒柜消毒。

（4）保洁柜内的杯具必须每天清洗、消毒：如果采用毛巾作垫子的，所垫的毛巾必须每天更换、清洗和消毒。

4. 注意事项

（1）使用的清洗液和消毒药必须是已取得卫生许可批准文号的合格产品，并在批准的有效期内。使用单位应保存上述批件的复印件备查。

（2）各类杯具的总数量应不少于设计最大可容量的3倍。

三、虫害的控制

（一）虫害的诱因和类别

1. 虫害的诱因

（1）酒店内有通风不佳、环境潮湿、垃圾生根、残羹剩饭乱倒、新鲜食物控制不当的现象。

（2）先天或外界的一些因素也能造成虫害。

2. 虫害的类别

（1）昆虫类——包括苍蝇、蟑螂、蚊子等。

（2）啮齿类——包括褐家鼠、小家鼠等。

（3）菌类——包括霉菌等腐生菌。

对酒店造成损害最大的是家具甲虫，其次是老鼠、苍蝇和蚂蚁。

（二）虫害防治的基本办法

（1）控制虫害的起因。

（2）及时发现和治理虫害。

（3）聘请专家或专业公司进行清理。

【课后练习】

一、单选题

1.（　）对卫生间地面喷洒杀虫剂一次，尤其注意对地漏处的喷洒。

A. 每天　　B. 每三天　　C. 每周　　D. 每半个月

2. 房间应定期进行（　）消毒。

A. 预防性　　B. 彻底性　　C. 完整性　　D. 局部性

3. 煮沸、蒸汽消毒应保持温度 100°C，消毒时间不少于（　）分钟。

A. 10　　B. 15　　C. 20　　D. 30

4.（　）不适合室外日光消毒。

A. 床垫　　B. 床单　　C. 床罩　　D. 被褥

5. 不属于饭店虫害的诱因是（　）。

A. 通风不佳　　B. 环境潮湿　　C. 垃圾生根　　D. 噪声

二、判断题

1. 房间消毒包括每天的通风换气、日光照射以及紫外线或其他化学消毒剂灭菌。（　）

2. 客房服务员在清洁卫生间时要戴好胶皮手套。（　）

3. 在清洁卫生间和房间抹尘时，应采用从下到上的方法进行。（　）

4. 洗消间内布局必须严格遵守“一消、二洗、三漂、四保管”原则而设立。（　）

5. 开空调可以改善空气环境，而且可以防止细菌和螨虫等滋生。（　）

餐饮部

第七章　中餐厅服务

中餐厅（Chinese Restaurant）是指专门为客人提供中式菜点、饮料和服务的餐厅，它是我国饭店餐饮部门主要的经营服务场所。中餐厅除了向客人提供中式菜点外，其环境氛围和服务方式也应体现中华民族传统文化特色。

第一节　中餐零点餐服务

零点餐厅是指客人随到随点随烹，按实际消费结账自行付款的餐厅。许多饭店有几个甚至几十个餐饮内容不同、风格迥异的零点餐厅。客人来到餐厅后才临时点菜的服务方式，称为零点服务。零点餐厅通常设置散台，并接受预约订餐。

中餐零点餐的服务特点主要体现在：

（1）以桌边服务为主，并使用点菜菜单，但有时也供应自助餐。

（2）客人多而杂，各种需求不一，到达时间交错，工作量大，因此造成餐厅接待的波动性较大，工作量大，营业时间较长。

（3）服务技术要求高，最能显示饭店的服务档次和水平。要求零点餐厅的服务员有过硬的服务基本功，在服务时做到主动、周到、反应灵敏。

（4）要了解当天厨房的供应情况、厨房菜式烹调的基本方法和客人的基本心理需求，并能向客人介绍适合心意的菜式，给客人以最佳服务，以适应和满足各种消费层次客人的需求。

一、中餐的早茶服务

我国很多酒店中餐厅一般不提供早餐服务，客人主要在咖啡厅用自助早餐。在南方地区酒店中餐厅早餐服务则多以早茶的形式存在。

早茶的茶水主要有红茶、黑茶（熟普、安化黑茶等）、乌龙茶（铁观音、大红袍等），或者清凉去火的菊普茶。

早茶的茶点主要有肠粉、虾饺、烧卖、蒸凤爪、叉烧包、艇仔粥、米粉以及各种各样的小菜等，非常丰富。

1. 餐前准备

（1）服务人员到岗，接受任务。

（2）做好区域卫生与摆台工作。注意餐厅卫生的细节，比如婴儿椅的卫生及安全等，同时按照早茶摆台要求布具。

（3）备好开茶用具与物品。备好开水及各品种的茶叶、茶具。再次确认餐具、茶具的卫生干净、完好情况。

（4）召开班前会，检查仪容仪表，准备迎接客人。

2. 问位开茶

（1）礼貌迎宾。当客人进入餐厅时，迎宾员应微笑礼貌问候“先生 / 女士，早上好！请问有几位？”，然后将客人带到合适的餐台安排就座。

（2）让座问茶。值台服务员主动上前为客人拉椅让座，送上香巾后开茶，开茶时服务员要尊重客人的饮茶习惯，先向客人问茶，然后按需开茶。

（3）服务茶水。开茶到台后，服务员应站在客人的右侧斟倒第一杯礼貌茶，以七八分满为宜。如遇老人及小孩子要提醒客人注意茶水烫。上完茶后，将茶壶摆放到小台面的正中或大台面的转盘边，注意壶嘴的方向尽量不要朝向客人，以免不礼貌。

（4）填写点心卡。根据客人人数填写点心卡，记上台号、茶位，签上服务员名字，把点心卡送上台，为客人去筷套并收走筷套。

3. 餐间服务

（1）介绍点心。将点心车推至客人桌旁，介绍当天供应的各式点心品种，在客人选定后，为客人将点心送上餐桌。

（2）服务员根据客人所点点心在点心卡上做好记录，及时填好日期、时间、桌号、人数等内容。

（3）服务员要勤巡台、勤续茶水、勤换烟灰缸、勤清理台面，主动征询客人的意见，尽量满足客人的要求。禁止点心笼叠在一起，注意台面是否有空笼或空碟，以便及时撤出。

（4）催点心 / 加点心。如果服务员发现自己所值的台面有点心超过 20 分钟未出，则应报告区域主管到点心部去跟单，避免客人投诉。值台时看客人台面上的点心吃得差不多，主动询问客人是否需要添加点心。

4. 结账送客

（1）客人示意结账时，服务员应迅速将点心卡送至收银台汇总并备好账单，用账单夹递送。按规范替客人办理结账手续，并向客人致谢。

（2）主动替客人打包食品。客人离座时，帮助拉椅，再次致谢，提醒客人带上自己的物品，欢迎下次光临。

5. 清理台面

（1）清理台面的顺序是先整理餐椅，然后收茶壶、香巾、茶杯，最后收其他餐具。

（2）换上干净的台布重新摆台，为迎接下批客人做准备。

【实训步骤】

实训项目　早茶服务操作内容及标准

实训时间	实训授课 1 学时，共计 45 分钟，其中示范讲解 10 分钟，学员操作 30 分钟，考核测试 5 分钟
实训器具	茶水车、点心车、茶叶、茶具、托盘、点心卡、餐具等
实训方法	（1）示范讲解。 （2）学员分成 5 人 1 组，在操作室进行操作练习
操作步骤	**主要操作内容及标准**
餐前准备	摆台、备具，做好区域卫生、检查个人仪容仪表，准备接待客人
问位开茶	礼貌迎接客人，根据客人人数开茶，并服务茶水
餐间服务	为客人推荐点心，服务点心上桌，席间随时观察客人的需求，催单或添加茶水、点心。注意撤掉空点心碟（笼），保持台面的整洁
结账送客	用账单夹递送账单，按规范替客人办理结账手续，并向客人致谢。主动替客人打包食品，礼貌送客
清理台面	按收台顺序清理台面，为迎接下批客人做准备

二、中餐的预订服务

预订服务是指客人就餐前，对餐厅座位的预先约定，包括保留餐位的数量及时间。预订是对订餐客人的一种承诺，餐厅必须在约定时间为客人保留餐位。

开展预订服务是酒店对外开发客源市场、宣传酒店、营销酒店餐饮产品的重要服务形式，是餐厅服务的一项重要工作。

服务人员在进行预订服务时，应注重体态语言、应答语言，能够清楚地了解到客人的需要，并认真记下客人的相关信息，为客人预留好相应的座位。

1. 预订分类

根据预订方式分为：当面预订、电话预订和网上预订。

根据预订内容分为：零点预订和宴会预订。

2. 预订的内容

预订的具体内容包括：客人预订的用餐日期及时间；客人用餐人数及标准；客人的特殊要求；订餐客人的姓名、单位、联系电话；餐标、菜单与酒单的确定。

【实训步骤】

实训项目　餐位预订服务操作内容及标准

实训时间	实训授课 1 学时，共计 45 分钟。其中，示范讲解 10 分钟、学员操作 30 分钟、考核测试 5 分钟
实训器具	记录本、笔、电话
实训方法	（1）示范讲解。 （2）学员分成 8 人 1 组，在操作室进行操作练习
操作步骤	**主要操作内容及标准**
问候客人	当面预订时，见到客人，面带微笑、起身站立，主动和客人打招呼：“你好，×× 餐厅，需要帮忙吗？很乐意为您服务。” 电话预订时，接听电话时铃响 3 声以内接听电话，问候客人并报出餐厅名称
受理预订	了解客人预订意图，问清用餐时间，用餐者姓名，就餐人数，特别要求，电话或酒店房间号码
确认预订	复述预订内容；根据客人要求安排座位，必要时引领客人实地参观餐厅餐位布置情况并做相应介绍，对所要预留的餐位征得客人同意
感谢预订	感谢客人选择本餐厅，并期待着客人的光临
落实预订	将预订信息输入计算机，根据人数等情况选择餐桌，放置留座卡

三、中餐午晚餐服务

1. 餐前准备

（1）准时上岗：换好工作服准时到岗。

（2）开例会：接受领班仪容仪表检查，听清工作安排，明确服务区域。

（3）清洁工作：打扫地面卫生、餐桌椅卫生、工作台面卫生、绿化卫生等。

（4）准备餐用具：准备就餐客人餐具，如杯、碟、碗、筷、匙等；客人用具，如烟缸、牙签、调味品等；服务员用具，如菜单、酒单、点菜单、圆珠笔、开瓶器、托盘等。所有用具备齐、备足，按固定位置摆放。

（5）摆台：总体要求是统一、规范、整齐、美观。

（6）了解情况：服务员要了解当天菜肴和酒水供应情况，包括数量、品种、价格、季节菜、风味菜的增减等。

（7）全面检查：服务员再次检查准备工作情况，并接受领班或经理的抽查和全面检查。

（8）就位：开门营业前，服务员精神饱满地站在自己的服务区域内，面向餐厅正门，迎候客人光临。

2. 迎宾服务

（1）热情迎宾：迎宾员准备好菜单，在开餐前 5 分钟站在指定位置，恭候客人到来。客人到时，要礼貌问候，如“中午好 / 晚上好，欢迎光临”！

（2）明确客人是否预订：如果客人没有主动告诉迎宾员其是否预订，迎宾员应主动询问客人有无预订。如果客人有预订，问清客人贵姓，将其带到已预留的餐座。如果客人无预订，问清客人有几位后，将客人带到合适的餐座上。

（3）引领：迎宾员引领客人入席时，必须配合客人走路的速度，走在客人前方 1 米 ~1.5 米处，并以手势（手指并拢，掌心向上）礼貌地作方向指引。

（4）安排就座：到餐位时，帮助拉椅子并请客人就座，有女士在场应给予女士优先就座服务，其次是男士。如果有年长者应优先入座，如有小孩应迅速送上儿童椅。

（5）送上菜单、酒单：客人就座后，迎宾员将菜单、酒单从客人右边送到客人手上，并说“请先看菜单，一会儿我请服务员帮你们点菜。”

（6）回到岗位：当安排好上一批客人就座后，迎宾员应迅速回到原位置，恭迎下一批客人。

3. 迎宾员的引位要领

（1）引位者首先要注意客人的人数以及到来的先后次序，根据客人人数的多少，安排大小合适的餐桌。

（2）带领客人至一座位时，除非客人另做选择，千万不可改变主意，更不要犹豫不决，变换桌座。

（3）引位以不拼桌为原则，即不同组或互不认识的客人不安排共桌而食。

（4）吵吵嚷嚷的大批客人尽可能安排在餐厅的单间里或餐厅靠里面的地方，以避免干扰其他客人。

（5）老年客人或残疾客人尽可能安排在靠餐厅门口的地方，这样就可以避免多走动。

（6）年轻的情侣喜欢被引到角落里安静而又有优美景色的餐桌旁。

（7）服饰漂亮的客人可以渲染餐厅的气氛，可以将其安排在餐厅中心引人注目的位置，不过若出现两组衣着相互竞艳的客人，不可安排在相邻着的餐桌。

4. 入席服务

（1）送巾敬茶：站在宾客的右侧，欠身询问宾客所需茶水，语调轻快，根据不同的茶叶使用正确的泡茶方法；按零点服务礼仪，使用毛巾夹，从每位宾客的右侧递上，热度适中；将骨碟上的茶杯逐一翻起，斟第一杯礼貌茶。

（2）上开胃菜：送上开胃菜、小点。

（3）开席巾抽筷套：站在宾客右侧，在宾客身后轻解口布并铺在宾客的膝盖上，宾客离席，可将巾角压在展示碟下，落巾抽筷同时进行；撤筷套，使用右手中指抵住筷头，左手抽取筷套，筷子放在筷架上。

5. 点菜、推销饮品服务

（1）接受点菜：在客人将菜单浏览完毕准备点菜时，服务员立即走上前询问："我可以为您点菜了吗？"

（2）提供建议。介绍当天的特选菜，注意观察、了解客人需求，多用描述性语言介绍菜点，语气要出于对客人的关心，而不能强行推销，帮助客人选择，注意荤素搭配、分量适中。

（3）记录内容。接受客人点菜时应保持站立姿势，身体微向前倾，认真清楚地记下客人所点的菜品名。

（4）复述确认。为了确保点菜正确，点菜完毕后，应重复客人所点的菜品，让客人确认。

（5）礼貌致谢。复述完毕，服务人员应收回菜单，并向客人表示感谢："非常感谢，请稍等。"

6. 转单入厨服务

（1）银台转单：将点菜单拿到吧台，收银员依单迅速输入电脑。

（2）核单送单：核对输入菜品，确保输入内容与点菜单完全一致后再传送单据。

（3）打单：厨部、传菜部等处分别做好烹饪、划菜工作。

7. 餐中服务

（1）上菜服务：先上调味品，再用双手将菜端上；上菜的同时，报出菜名，对特式菜作简单介绍，请客人享用。

（2）撤换脏盘：撤碟应有一个示意动作或说"对不起，打扰了"。换上干净骨碟，按先撤后上的原则送上干净骨碟。

（3）分菜：对于特色菜肴、汤类菜肴可为客人进行分派。注意分量均匀、手法卫生。

8. 结账送客服务

（1）客人用餐完毕，示意结账。

（2）迅速到收银台取出账单，放在账单夹里，用小托盘送交客人。

（3）客人付款后，应礼貌致谢；如付现金，需将现金用账单夹送到收银台，由收银员收账找零，并加盖“付讫”章。

（4）将找回的零钱和发票用账单夹送交客人，并让客人当面点清。

（5）向客人致谢，欢迎再次光临。

【实训步骤】

实训项目　中餐零点餐午晚餐服务操作内容及标准

实训时间	实训授课 2 学时，共计 90 分钟，其中示范讲解 30 分钟，学员操作 50 分钟，考核测试 10 分钟
实训器具	托盘、菜单、酒瓶、酒杯、装水的餐碟、汤碗、摆台用具、供分菜的蔬菜丁
实训方法	（1）示范讲解。 （2）学员分成 8 人 1 组，在操作室进行操作练习
操作步骤	**主要操作内容及标准**
餐前准备	摆台、检查餐具是否有破损
迎宾服务	客人进入餐厅，迎宾员主动上前打招呼、问好、询问客人是否预订，并带位
入席服务	客人落座后，服务员为客人送上香巾、茶水并松去筷套、散开口布之后，将香巾收走，加餐具或撤去多余餐具
点菜、推销饮品	接受客人点菜，并适时提出建议之后，询问客人需要什么酒水，并复述客人所点菜点酒水
转单入厨	传菜员将菜肴送至餐台旁后，服务员应快步上前，认真核对菜肴名称及台号，避免上错菜
服务酒水	根据客人所需酒水，送上相应的酒杯；从客人右边为客人斟酒
上菜服务	核实菜单：菜传至落台，要查看菜单、核实有无此菜；调整台面，根据盛器形状、大小腾出放菜的位置；上菜后要及时钩单，以示上菜
巡台服务	做到席间服务的“四勤”：勤巡视、勤斟酒、勤换烟缸、勤换餐碟
结账送客	客人示意结账后，上毛巾，并按规范进行结账服务。客人起身离座，上前拉椅，提醒客人带上随身物品，向客人致谢，道再见
收台检查	检查有无客人遗留物品，收拾餐具至工作台或洗涤间，收餐具时注意声音轻、分类收

【实训考核】

中餐零点餐服务技能评分表

组别：__________ 姓名：__________ 操作用时：__________

考核内容	考核要点	分值	组内互评	组间互评	教师评价
礼节礼貌	个人仪表整洁、得体；服务使用敬语；面带微笑	2			
服务程序	按零点餐服务程序服务	3			
操作规范	每一接待程序中，严格按照规范服务	3			
服务姿态	接待过程中，注意姿态的优美	2			
总 分		10			

【课后练习】

一、单选题

1. 预订服务的主要作用体现在有助于酒店对外开发客源市场、宣传酒店和（ ）。

A. 提高员工职业道德水准　B. 提高烹饪水平
C. 延长服务时间　D. 营销酒店餐饮产品

2. 安排客人就座时，先服务的客人是（ ）。

A. 男主人　B. 女主人　C. 男宾客　D. 儿童来宾

3. 通常开席巾抽筷套的服务，应注意（ ）。

A. 站在宾客左侧　B. 站在宾客右侧
C. 站在宾客后侧　D. 请来宾自己服务

4. 转单入厨服务的内容包括银台转单、核单、送单和（ ）。

A. 出菜品　B. 结账　C. 出酒水　D. 打单

5. 零点餐点菜服务的内容包括接受点菜、提供建议、记录内容、礼貌致谢和（ ）。

A. 出品菜肴　B. 取拿酒水　C. 复述确认　D. 收银结账

二、判断题

1. 在南方地区酒店中餐厅早餐服务是多以早茶的形式存在。（ ）

2. 早茶服务中，餐厅一般固定为客人提供养胃的红茶。(　)

3. 老年客人或残疾客人尽可能安排在靠餐厅传菜口附近就座，这样方便快速上菜。(　)

4. 零点餐服务在更换骨碟时，应遵循先上后撤的原则送上干净骨碟。(　)

5. 中餐零点餐厅以桌边服务为主，并使用点菜菜单，但有时也供应自助餐。(　)

第二节　中餐宴会服务

宴会是出于欢迎、答谢、祝贺、喜庆等目的而举行的一种隆重的、正式的餐饮活动，具有就餐人数多、消费标准高、菜点品种全、气氛隆重热烈、就餐时间长、接待服务讲究的特点。宴会从规格上划分有国宴、正式宴会、便宴，从进餐形式上划分有立式和坐式，从餐别上划分有中餐套餐、西餐套餐、自助餐和鸡尾酒会，从举行时间上划分有早宴、午宴、晚宴，从礼仪上划分有欢迎宴会、答谢宴会等。宴会一般要求格调高雅，在餐厅与餐台布置上既要舒适、干净，又要突出隆重热烈的气氛。在菜点、酒水选配上有一定的规格和质量要求，讲究色、香、味、形、器、质、名俱全，注重菜肴的季节性，常用拼图及雕刻等形式烘托喜庆、热烈的气氛。

中餐宴会服务可分为四个基本环节，即宴会前的准备工作、开宴时的迎宾工作、宴会中的就餐工作和宴会结束时的收尾工作。

一、宴会前的准备工作

(一) 掌握宴会情况，做到宴会服务的“八知五了解”

“八知”是指知台数、知人数、知宴会标准、知开餐时间、知菜式品种及出菜顺序、知单位或房号、知收费办法、知邀请对象。

“五了解”是指了解宾客的风俗习惯，了解宾客的生活忌讳，了解宾客的特殊需要，了解宾客的进餐方式，了解宾客和主客的特殊爱好。

对于规格较高的宴会，还应掌握下列事项：宴会的目的和性质，宴会的正式名称，客人的年龄和性别，有无席次表、座位卡、席卡，有无音乐或文艺表演，有无主办者的指示，有无特殊要求和想法，有关司机接待方式等。

(二) 做好中餐宴会的场地布置

1. 桌次安排

餐桌的排列应根据餐厅的形状和大小以及赴宴人数的多少来安排，桌次安排应遵循以下的原则。

（1）主桌应放在面向餐厅主门、能够纵观全厅的位置。

（2）若是由两桌组成的小型宴会，可将两桌的排列做成横排或竖排的形式。当两桌横排时，以面对正门为标准，桌次是以右为尊，以左为卑。当两桌竖排时，以桌次与正门的距离为标准，桌次讲究以远为上，以近为下。

（3）在安排三桌或三桌以上的多桌宴会桌次时，除了要注意“面门定位”“以右为尊”“以远为上”等规则外，还应兼顾其他各桌距离主桌的远近。通常，距离主桌越近，桌次越高；距离主桌越远、桌次越低。主人大都应面对正门而坐。

（4）大型宴会中，除主桌外，所有的桌子都应编号（用阿拉伯数字书写），并在宴会厅入口处摆放桌次示意图，以方便客人就座。台号必须符合客人风俗习惯和生活禁忌，例如欧美客人参加的宴会必须取消台号 13 等。不同桌数的宴会台形设计见下图。

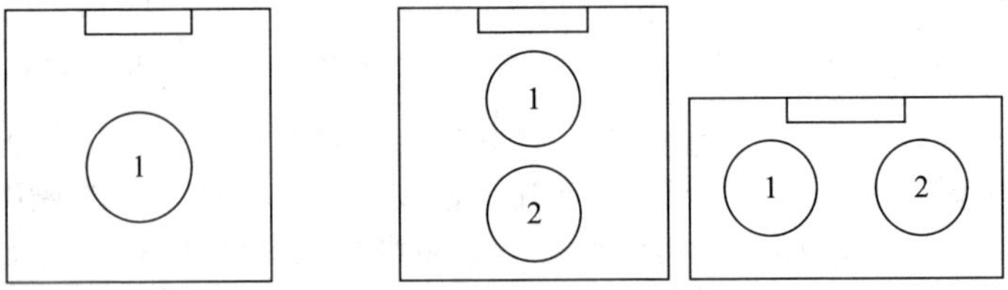

一桌宴会台形设计　　　　两桌宴会台形设计

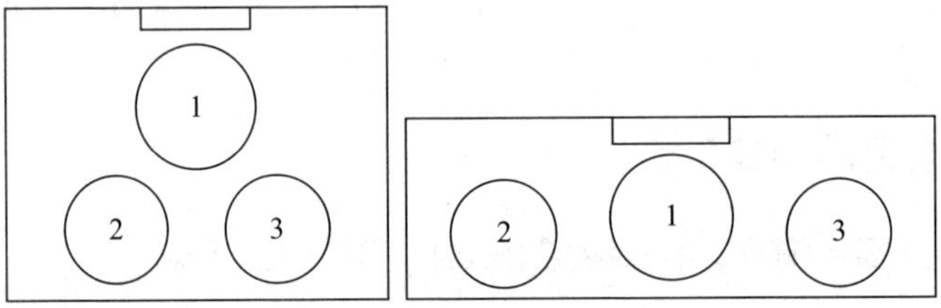

三桌宴会台形设计

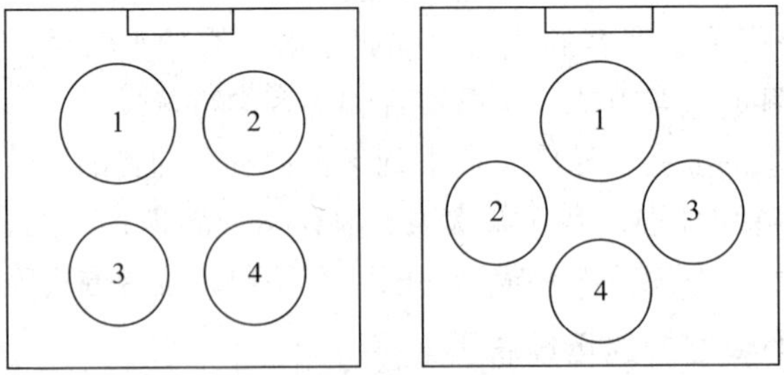

四桌宴会台形设计

图 7–1　宴会台形设计

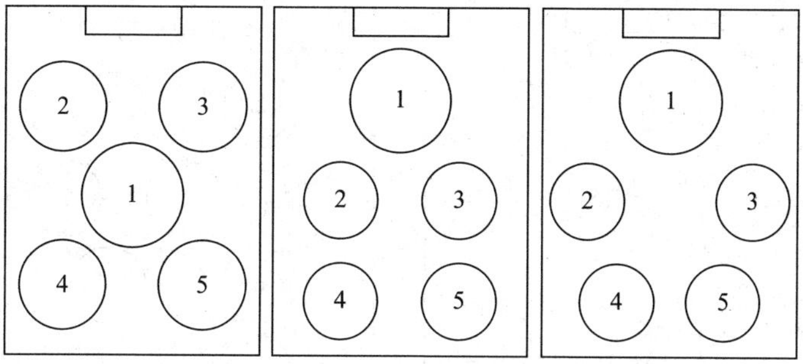

五桌宴会台形设计

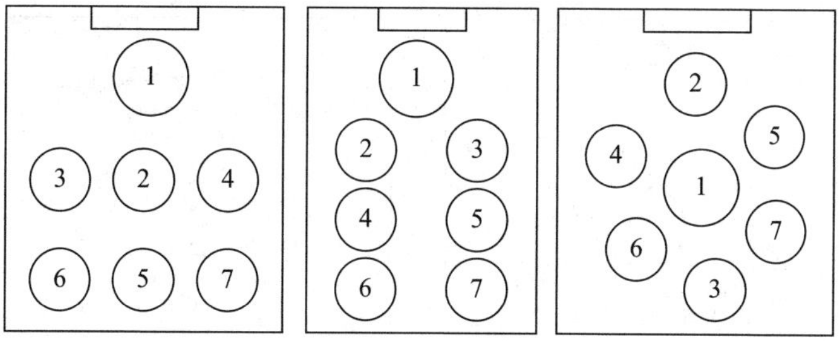

七桌宴会台形设计

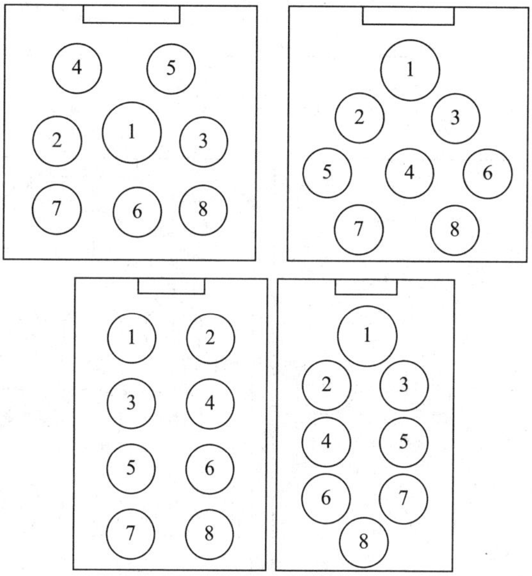

八桌宴会台形设计

图 7–1 宴会台形设计

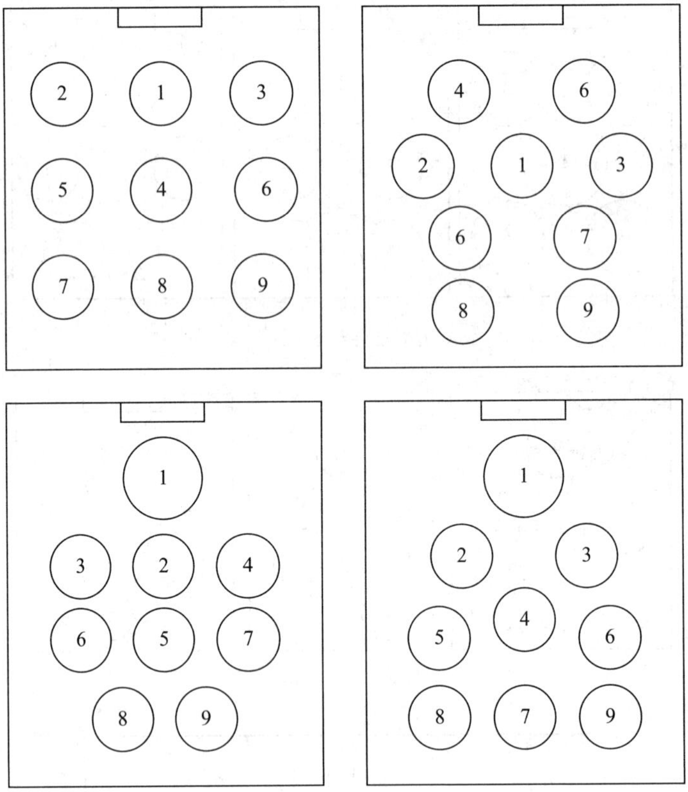

九桌宴会台形设计

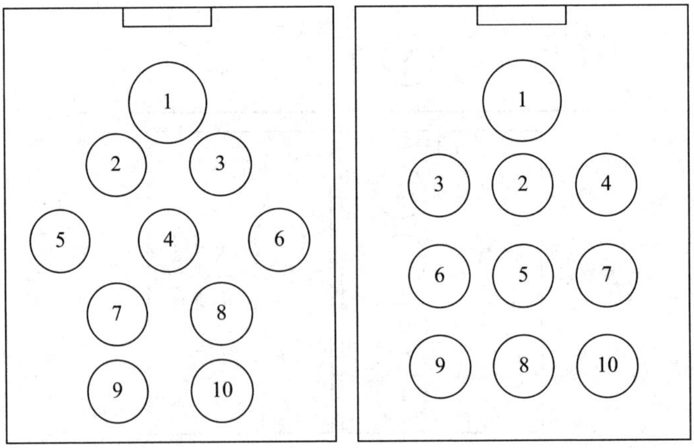

十桌宴会台形设计

图 7–1　宴会台形设计（续）

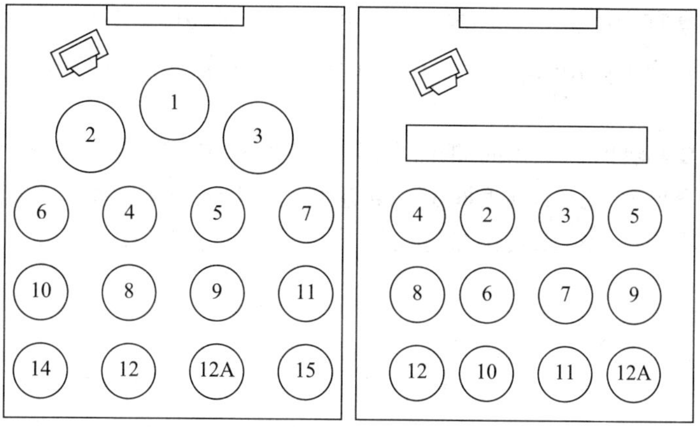

中型宴会台形设计

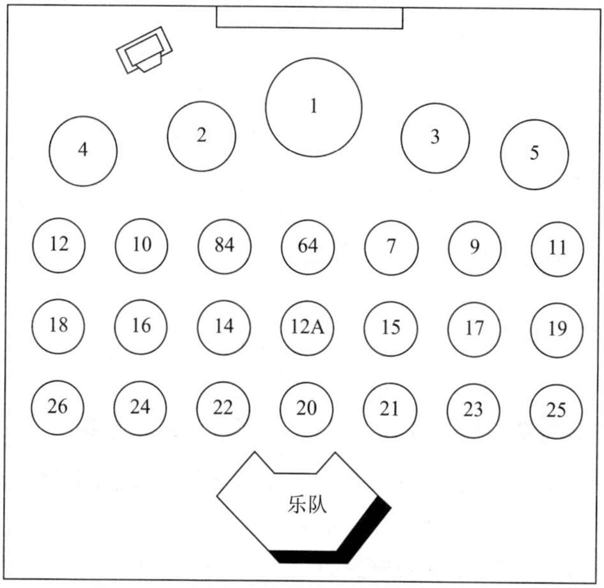

大型宴会台形设计

图 7–1 宴会台形设计（续）

2. 座次安排

在布置席面时，事先在每位客人所属座次正前方的桌面上，放置醒目的个人姓名座位卡，以方便客人就座。在举行涉外宴请时，座位卡应以中、英文两种文字书写。我国的惯例是，中方宴请，中文在上，英文在下。必要时，座位卡的两面都书写用餐者的姓名。有欧美等客人时，应尽量不要把客人安排到 13 号桌，或者用 12A 等表示 13 号。这是西方人的禁忌，应注意。此外，还应遵循以下原则：

（1）多桌宴会中，每桌都要有一位主人的代表在座，各桌主人位置有两种：一是各桌主人的位置相同，同朝一个方向；二是各桌主人的位置方向不一致，但都面向中间。

（2）单桌宴会时，主人面向正门就座，主宾在主人的右首就座，其他人员的位置根据距离该桌主人的远近而定，以近为上，以远为下。如果主宾身份高于主人，为表示尊重，也可以安排在主人位子上坐，而请主人坐在主宾的位子上。如图 7-2 所示。

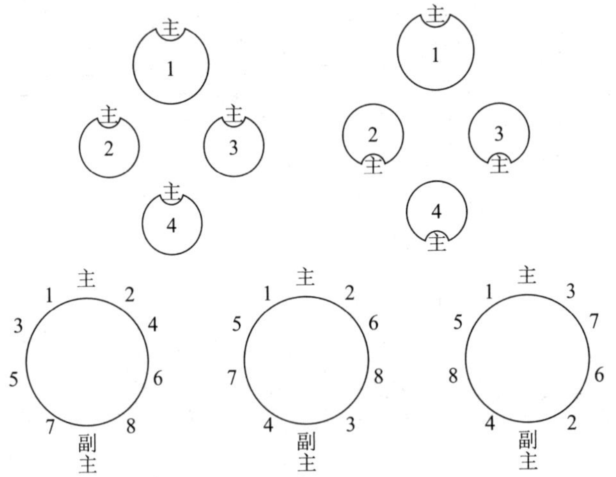

图 7-2　座次安排

（三）召开宴前会，做好人员分工、摆台及物品准备

（1）召开宴前会，宴会经理强调宴会注意事项，根据宴会要求，对迎宾、值台、传菜、酒水供应、衣帽间及贵宾室等岗位进行具体分工。

（2）常见的宴席桌面摆台的餐具有：餐位垫盘、骨碟、调味碟、口汤碗、匙羹、分羹、筷子、筷架、水杯、（红）白葡萄酒杯、烈性酒杯、牙签、口布及餐桌中心饰品；宴会工作台备用餐具的数量、品种、名称，要根据宴会菜肴的数量、宴会出席的人数来进行计算，还要考虑宴会期间临时加人或餐具损坏时的替补，一般约多备 20%，并将各类开餐餐具摆放在规定的位置。

（3）按照宴会通知单的要求，通常在宴会开始前 30 分钟把酒水、饮料、水果等摆放在工作台上。

（4）大型宴会开始前 15 分钟左右摆上冷盘，然后根据情况可预先斟倒葡萄酒。冷盘可用保鲜膜包盖，盘边缘无油迹、指纹，做到色调搭配，荤素搭配，选形统一，距离相符。

（5）开宴前对餐前准备工作进行一次全面检查，做到无遗漏、无破损，干净、整洁、明亮。

二、开宴时的迎宾工作

（1）大型隆重的宴会活动，根据宴会主办者的要求，常为先行到达的客人准备餐前茶、酒和饮料服务。一般在大宴会厅接待区由服务员服务餐前酒水和开胃小食品，不设座位，客人之间可以随意走动交流。

（2）根据宴会的入场时间，宴会主管人员和迎宾员提前在宴会厅门口迎接客人，向客人问好，微笑致意。宴会规格较小时，设衣帽架，安排服务人员照顾宾客，接挂衣帽。宴会规模较大时，设衣帽间，凭牌存放衣物。

三、宴会中的就餐服务工作

（1）入席服务。宾客进入宴会厅，服务人员需面带笑容，引领入席。引领次序是：先女宾后男宾，先主宾后一般宾客，并依次拉椅，对年长和行动不便的宾客要优先照顾。客人坐定后，帮助客人打开餐巾、松筷套、拿走台号、席位卡、花瓶、撤去冷菜的保鲜膜。

（2）上菜服务。注意控制好厨房出菜的速度。如果上菜过慢，会造成空盘或菜冷汤凉；上菜过快，宾客吃不好，还会有被催促的感觉。管理者要现场监督，灵活掌握上菜的时间与速度，这样才能保证菜肴的质量、色泽及温度。当主人和主宾临时即席致祝酒词时，服务人员需与厨房联系，控制出菜的节奏；如遇大型宴会，则要有专人协调，统一上菜，显示规格。

（3）服务方式。可根据宴会规格、出席人数和主办单位的要求，选用转盘服务或分餐式服务。

（4）斟酒要求。酒水要勤斟勤让，每上一道菜后，要视情况斟一遍酒。在宾客干杯和互相敬酒时，应迅速拿起酒瓶到桌前准备添酒。在主人和主宾讲话前，要注意观察每个宾客杯中的酒是否已满上。在主宾席服务的服务员，当宾主离席讲话时，要立即斟上一杯酒，放在垫好口布的小托盘里托起，随后侍立一边，当讲话结束时，迅速送上，使之能举杯祝酒。当讲话的主人或主宾到其他餐桌祝酒时，服务人员须同时托着红酒和烈酒紧随其后，随时为其斟酒，当宾主祝酒回到座前时，要照顾其入座。

（5）在宴会上，宾客讲话、祝酒时，服务员暂停一切操作，退到一旁，端正地站立，等讲话、祝酒结束后，再继续服务。宴会中，当客人正在与人交谈，服务员又找客人有急事时，不应冒失地打断客人的谈话，而应礼貌地等在客人一旁，寻找机会向客人传达。

（6）宴会服务时应注意“三轻”即：说话轻，走路轻，操作轻。整个宴会期间，要做到“三勤”即：勤巡视、勤斟酒、勤换烟灰缸。细心观察客人的表情及示意动作，主动服务。

（7）宴会期间，如遇客人的特殊要求，应尽量予以解决，不可以说“不行”“不知道”等不礼貌的语言，应说“对不起，请稍等”，然后向上级汇报，给客人一个满意的答复。

四、宴会结束的收尾工作

（1）热情送客。宴会结束时，服务员要提醒客人带齐自己的物品，并主动为客人拉椅，视具体情况决定是否列队欢送。衣帽间服务员应根据取衣牌号码，及时、准确地将衣帽取递给客人。

（2）清理台面。在客人全部离去后，立即清理台面。收台的顺序为：先收口布、小毛巾，然后是玻璃器皿，最后是瓷器。

【实训步骤】

实训项目　中餐宴会服务操作内容及标准

实训时间	实训授课 2 学时，共计 90 分钟，其中示范讲解 30 分钟，学员操作 50 分钟，考核测试 10 分钟
实训器具	宴会摆台物品、托盘
实训方法	1. 示范讲解。 2. 学员分成 8 人 1 组，在操作室进行操作练习
操作步骤	**主要操作内容及标准**
开宴前的准备	按照宴会预订，进行宴会场景布置。 熟悉菜单，做到能准确说出每道菜的名称，能准确描述每道菜的风味特色，能准确讲出每道菜肴的配菜和配食作料，能准确介绍每道菜肴的制作方法等。 大型宴会开始前 15 分钟左右摆上冷盘，然后斟预备酒。中小型宴会则视客人情况而定。 餐前检查，开餐前 15 分钟主管和领班对宴会厅进行最后一次检查。 开餐前 10 分钟就位准备迎接客人
迎宾服务	根据宴会的入场时间，宴会主管人员和迎宾员提前在宴会厅门口迎候客人，值台员站在各自负责的餐桌旁准备为客人服务。 规模较大的宴会，需设衣柜间存放衣帽。安排服务员照顾客人宽衣并接挂衣帽。接挂衣服时，应握衣领，切勿倒提，以防衣袋内的物品倒出。贵重的衣服要用衣架，以防衣服走样。重要客人的衣物，要凭记忆进行准确的服务。贵重物品请客人自己保管。 待客人脱去衣帽后，将客人引入休息厅。服务员应招呼客人入座并根据接待要求递上香巾、热茶或酒水饮料。递巾送茶服务均按先宾后主、先女后男的次序进行。主人表示可入席时，引领客人入席

续表

操作步骤	主要操作内容及标准
入席服务	值台服务员在开宴前 5 分钟斟好红葡萄酒，站在各自服务的餐台旁等候客人入席。当客人来到席前时，要面带笑容、引请入座。待客人坐定后，即把台号、席位卡、花瓶拿走，然后给客宾送毛巾、铺餐巾、撤筷套、上菜，根据客人的要求斟酒或软饮料
酒水服务	为客人斟酒水时，要事先征求客人意见，根据客人的要求斟酒水饮料，如客人提出不要，应将客人位前的空杯撤走。酒水要勤斟，客人杯中酒水剩余三分之一时应及时添酒，斟时不要弄错酒水
席间服务	厨房出菜时一定要在菜盘上加盖，菜上好后取走。多台宴会的上菜要看主台的上菜情况或听指挥，做到行动统一，以免造成早上或迟上、多上或少上现象。宴会可根据具体情况、根据客人意愿适时给客人分派汤菜，可采用桌上分让式、旁桌分让式或二人合作式。大型宴会由餐厅统一规定采用何种方式，可显示出整个宴会气氛的一致性和服务人员的训练有素，小型宴会则可交替使用。 为显示宴会服务的优良和菜肴的名贵，突出菜肴的风味特色，保持桌面卫生雅致，在宴会进行的过程中，需要多次撤换餐具或小汤碗。重要宴会要求每道菜换一次餐碟，一般宴会的换碟次数不得少于三次
水果服务	客人用餐完毕后，送上热茶和小毛巾，随即收去台上不用餐具，抹净转盘，服务餐后水果及甜品。先将甜点摆放在餐桌上，再将水果放在餐碟中，须从客人右侧进行。待客人用完后，撤走水果盘、递上香巾、摆上鲜花，以示宴会结束
送客服务	主人宣布宴会结束，值台员要提醒客人带齐自己的物品。当客人起身离座时，要主动为其拉开座椅，以方便离席行走。如宴后安排休息，要根据接待要求进行餐后服务。 衣帽间的服务员根据取衣牌号码，及时、准确地将衣帽取递给客人
清理餐桌台面	先整理椅子，再收餐巾，用托盘或手推车收餐具。撤换台布，了解下一餐宴会的情况，在下班前准备下一餐宴会的桌子。做好宴会完成情况的记录

【实训考核】

中餐宴会服务技能评分表

组别：__________ 姓名：__________ 操作用时：__________

考核内容	考核要点	分值	组内互评	组间互评	教师评价
礼节礼貌	个人仪表整洁、得体。 服务使用敬语。 面带微笑	2			
服务程序	按中餐宴会服务程序服务	3			

续表

考核内容	考核要点	分值	组内互评	组间互评	教师评价
操作规范	每一接待程序中，严格按照规范服务	3			
服务姿态	接待过程中，注意姿态的优美	2			
总　分		10			

【课后练习】

一、单选题

1. 宴会期间，如遇到客人的特殊要求时，应（　）。

A. 直接满足　　B. 不予理会　　C. 直接说“不行”

D. 说“对不起，请稍等”，然后向上级汇报

2. 在宴会上，宾客讲话、祝酒时，服务员应（　）。

A. 暂停一会服务工作　　B. 继续进行服务

C. 不予理会　　D. 离开宴会

3. 宴会预订服务要了解宾客的风俗习惯，了解宾客的特殊需要，了解宾客的进餐方式，了解宾客和主客的特殊爱好和（　）。

A. 了解宾客的家庭情况　　B. 了解宾客的工作情况

C. 了解宾客的生活忌讳　　D. 了解宾客的教育背景

4. 中餐宴会酒水斟倒顺序是（　）。

A. 葡萄酒→烈性酒→啤酒和软饮料

B. 烈性酒→葡萄酒→啤酒和软饮料

C. 啤酒和软饮料→烈性酒→葡萄酒

D. 葡萄酒→啤酒和软饮料→烈性酒

5. 中餐宴会客人就餐期间，至少撤换小毛巾的次数是（　）。

A. 一次　　B. 二次　　C. 三次　　D. 四次

二、判断题

1. 单桌宴会时，主人面向正门就座，主宾在主人的左首就座。（　）

2. 在举行涉外宴请时，座位卡书写按我国的惯例是，中方宴请，中文在上，

英文在下。( )

3. 在宴会上，宾客讲话、祝酒时，服务员应继续手上的服务工作，不能暂停操作。( )

4. 引位服务时，服饰漂亮的客人可以将其安排在餐厅中心引人注目的位置。( )

5. 中餐宴会收台的顺序为：先收口布、小毛巾，然后是玻璃器皿，最后是瓷器。( )

第三节 团体包餐服务

团体包餐是在事先预订后，以统一标准、统一菜式、统一时间进行集体简易就餐的一种形式。服务员可根据不同性质的包餐团体，采用有针对性的开餐形式及选用适当的方法引导进餐，使团体包餐的客人通过这些服务既享受了美味佳肴，又丰富了有关知识，从而使团体包餐服务顺利进行，有利于提高餐厅的声誉。

一、团体包餐的特点与种类

1. 团体包餐的特点

（1）用餐标准统一，消费水平一般低于宴会和零点。

（2）菜式品种统一，但要注意每天不重复。

（3）用餐时间统一，人数集中，准备工作要充分。

（4）服务方式统一，经常会出现特殊情况。

2. 团体包餐的种类

（1）按就餐形式，可分为有圆桌聚餐式和份饭包餐式。

（2）按团体的性质，可分为会议包餐、旅游包餐和其他团队包餐。

二、团体包餐的服务要求与注意事项

1. 团体包餐的服务要求

团体包餐服务应做到“六掌握”：

（1）掌握包餐标准。服务员在开餐前，一方面，要了解团体包餐的标准，按标准为客人准备菜单；了解货源情况，使菜肴安排得合理，做到既要保证荤素搭配，又要注意营养丰富；另一方面，在拟定菜单时，要与包餐主办单位负责人取得联系，经商定后通知各个生产部门并取得配合，菜肴品种、档次及数量，根据

标准确定。

（2）掌握就餐人数。团体包餐的人数较为固定。服务员应按其包餐人数提供大小适当的就餐环境，同时安排好就餐所需桌椅及各种餐饮用具。

（3）掌握就餐方位。每一包餐团体的用餐方位在开餐前一定要落实，服务人员一定要做到心中有数。餐厅有大有小，团体包餐人数有多有少，如果一个餐厅同时接待几个包餐团体时，一定要注意按事先安排好的方位将每一团体引领到其座位上，以避免出现错位现象。

（4）掌握包餐时间。掌握包餐的开餐时间，以便准时开餐。掌握包餐团体的用餐时间要求，以便服务人员在规定的时间内完成好各项服务，上齐各种菜肴、食品。

（5）掌握包餐性质。有会议包餐，会议又分学术会、研究会、商业洽谈会等；有团体包餐，包括旅游团包餐、访问团包餐、考察团包餐等。包餐人员又有内宾和外宾之分。由于包餐性质的不同，前来就餐的人员构成也不相同，所以服务人员要做到了解包餐客人的国籍、身份、民族及宗教信仰，使餐间服务准确无误；了解包餐客人的特殊需求及饮食禁忌，把服务工作做到细微之处。

（6）掌握包餐客人的特殊需要。团体包餐一般人数较多，包餐的时间也比较长，在包餐过程中，难免会有一些客人需要特殊照顾。餐厅服务人员须随机应变、灵活服务。如对身体不舒服的客人，应及时让厨房另做病号饭；对因故不能准时来餐厅就餐的客人，应留餐。

2. 团体包餐服务注意事项

（1）针对不同的团体餐进行不同的用餐环境布置，如会议包餐的环境要布置得朴素大方，旅游团体餐、婚宴包餐的环境要布置得热烈、欢快。

（2）团体包餐计划中对酒水有数量上的控制，对客人超标的酒水要求应满足，但服务员须礼貌地向客人解释差价现付；团体包餐的主食有米饭、包子、花卷等，个别客人有特殊要求应尽量满足。

（3）团体包餐一般要等客人到齐后再上菜，不能提前上菜。如客人是凭餐券就餐，应按桌点齐人数并收取餐券，然后上菜，要注意做好对先入座客人的解释工作。

（4）会议团体是按事先安排好的日程进行集体活动的，所以一到就餐时间，客人会集中进入餐厅，因此，服务员要提前 15 分钟上冷菜，并注意荤素、色彩搭配得当。

（5）旅游团抵、离和外出活动时间较难掌握，经常不能准时在规定的时间内进餐。因此，要加强与包餐单位、陪同的联系，做到客人进入餐厅就能迅速就餐，且要保持饭菜的温度。

（6）婚宴包餐抵达的客人是陆续而来的，开餐时间难以按规定的时间开餐，这时须待所有的客人入座后统一开餐，因此一定要充分做好餐前准备工作。

【实训步骤】

实训项目　团体包餐服务操作内容及标准

实训时间	实训授课 1 学时，共计 45 分钟。其中，示范讲解 10 分钟、学员操作 30 分钟、考核测试 5 分钟
实训器具	托盘、餐具等
实训方法	（1）示范讲解。 （2）学员分成 8 人 1 组，在操作室进行操作练习
操作步骤	**主要操作内容及标准**
餐前准备	按酒店规定着装、准时到岗。 搞好区域卫生。 参加班前例会，明确工作任务。 了解团队名称、人数、用餐标准等情况
恭迎客人	按各自的工作岗位站立就位，恭候客人到来。 当客人来到餐厅后，服务员要主动上前询问并准确迅速地将客人引领到准备好的座位上，为顺利开餐做好准备，避免出现客人坐错位的尴尬局面
席间服务	客人到齐后，应迅速通知厨房准备起菜。 保证及时为客人提供各项相关服务，如斟酒、更换餐用具、递送菜肴食品、及时整理餐台，做到随时掌握客人的需要及进餐速度，以使服务工作更加完善
结账送客	会议包餐餐毕，将包餐账单整理好后请单位负责人签字并交至收银台；如使用餐券用餐的，则应将餐券整理、清点、汇总登记、封包后交收银台。 旅游团队包餐餐毕，须将用餐账单整理好后请订餐单位的陪同人员签字并交至收银台。收银台核对无误后转入该旅行社在饭店所设的总账中，以备定期地统一结账。在结账时应注意：物品上账清楚、数量准确、结账及时，不留单、不压单，以便及时汇总结账，防止出现错单、丢单
收台清理	客人离开餐台后，应及时将餐台上的餐用具清理干净。 撤台顺序应是：先撤餐巾、毛巾，而后撤酒杯、小件餐具等；台面撤净后换铺台布。 整理清扫餐厅卫生，为下一餐工作打下一个良好的基础

【实训考核】

团体包餐服务技能评分表

组别：__________　　姓名：__________　　操作用时：__________

考核内容	考核要点	分值	组内互评	组间互评	教师评价
礼节礼貌	个人仪表整洁、得体，服务使用敬语，面带微笑	2			
服务程序	按中餐团体包餐程序服务	3			
操作规范	每一接待程序中，严格按照规范服务	3			
服务姿态	接待过程中，注意姿态的优美	2			
总　分		10			

【课后练习】

一、单选题

1. 团体包餐的特点有用餐标准统一、菜式品种统一、用餐时间统一和（　　）。

A. 客人要求统一　　B. 客人口味统一

C. 服务方式统一　　D. 服务态度统一

2. 团体包餐按团体的性质分为会议包餐、其他团队包餐和（　　）。

A. 旅游包餐　　B. 份饭包餐　　C. 圆桌包餐　　D. 自助包餐

3. 团体包餐中一些顾客需要特殊照顾，餐厅服务人员应（　　）。

A. 不予理睬　　B. 敷衍对待

C. 收取多的服务费　　D. 灵活服务

4. 团体包餐的消费水平相比宴会和零点要（　　）。

A. 高　　B. 低　　C. 相当　　D. 持平

5. 团体包餐撤台顺序应是（　　）。

A. 先撤酒杯　　B. 先撤餐巾　　C. 先撤餐具　　D. 先撤台布

二、判断题

1. 在包餐服务中，对于客人提出的特殊要求，一般不予采纳。(　　)
2. 团体包餐一般要等客人到齐后再上菜，不能提前上菜。(　　)
3. 婚宴包餐的环境要布置得热烈、欢快。(　　)
4. 团体包餐按就餐形式，可分为有圆桌聚餐式和份饭包餐式。(　　)
5. 团体包餐撤台顺序应是先撤餐具。(　　)

第八章　西餐厅服务

西餐厅是专门提供西式菜点、饮料和服务的餐厅，我国高星级酒店西餐厅主要是指咖啡厅和高级西餐厅。西式早餐用餐场所主要在咖啡厅，可以采用自助式或零点服务。而高级西餐厅主要提供午餐和晚餐，有些高级西餐厅只提供晚餐。

西餐厅的经营特点主要体现在以下几方面：

（1）西餐厅经营时间长短不一，如咖啡厅一般经营时间是 18~24 小时，以快捷、适中的价格面向大众。

（2）西餐厅的装饰要体现西方用餐特点，讲究气氛，突出背景音乐，照明以烛光为主。

（3）西餐菜单要体现西餐厅的经营风格和水平。

（4）西餐厅一般都以经营法、英、俄、意式菜系为主，同时兼容并蓄、博采众长，是西方饮食文化的一个缩影。

第一节　西餐知识简介

一、西餐用具

西餐餐具品种繁多，主要有金属餐具、瓷器餐具、玻璃餐具等。

（一）金属餐具

（1）芦笋架（Asparagus Holder）——食用芦笋的专用架。

（2）糖夹（Sugar Tongs）——主要用于夹取方糖。

（3）蛋糕托（Pastry Slice）——是一种形似铲子的用具，主要用于铲取蛋糕等点心。

（4）牡蛎叉（Oyster Fork）——食用牡蛎的专用叉。

（5）点心叉（Pastry Fork）——最小的叉，用于午茶（Afternoon Tea）食用蛋糕、馅饼、派等西点的用具。

（6）玉米棒柄（Corn-on-the-cob Holders）——用于插入玉米棒两端，以免客人食用玉米棒时弄脏手。

（7）龙虾签（Lobster Pick）——食用龙虾的专用签。

（8）黄油刀（Butter Knife）——外形类似鱼刀，但比鱼刀小，单独使用，用于涂抹黄油、水果酱等。现在，许多饭店用小餐刀代替黄油刀，意在减少餐具种类，便于餐具管理。

（9）长柄汁勺（Sauce Ladle）——是调制搅匀各种调味汁的用具。

（10）水果刀叉（Fruit Knife and Fork）——用于吃点心和水果。

（11）坚果捏碎器（Nutcrackers）——主要用于食用核桃等各种坚果。

（12）葡萄剪（Grape Scissors）——剪掉葡萄茎的剪刀。

（13）西柚勺（Grapefruit Spoon）——食用西柚的勺。

（14）冰激凌勺（Ice Cream Spoon）——是食用冰激凌的专用餐具。

（15）圣代冰激凌勺（Sundae Spoon）——食用杯装冰激凌用。

（16）蜗牛夹（Snail Tongs）——与蜗牛叉配用，主要用于吃蜗牛等风味菜。

（17）蜗牛盘（Snail Dish）——双耳圆盘，有六个凹孔，可盛放半打焗蜗牛。

（18）蜗牛叉（Snail Fork）——食用蜗牛的专用叉，与蜗牛夹搭配使用。摆台时，左夹右叉。

（19）芝士刀（Cheese Knife）——是专门用来切割奶酪的一种长刃刀具。

图 8–1 餐具

（20）斯第尔顿奶酪勺（Stilton Spoon）——服务斯第尔顿奶酪用。

（21）鱼子酱刀（Caviar Knife）——用于涂抹鱼子酱的专用刀。

（22）汁匙（Gourmet Spoon）——在食用色拉或主菜时，客人浇汁时使用。

（23）果酱勺（Preserves Spoon）——涂抹果酱用的勺。

（二）瓷器餐具

（1）主菜盘：直径为 24cm 的圆形平盘，用于盛放主菜，如牛、羊、猪肉及禽类菜肴，也可作为汤盘的垫盘。有些餐厅用此盘做摆台的展示盘，上面直接放餐巾花。

（2）开胃品盘：直径为 20cm 的圆形平盘，用于盛装开胃品。

（3）面包盘：直径为 15cm 的圆形平盘，用于搁放客人面包及架放黄油刀。

（4）甜品盘：直径为 18cm 的圆形平盘，用于盛放各种甜品糕点、水果、奶酪，或用作儿童餐盘。

（5）汤盆：上端直径为 20cm 的圆形盆，用于盛放浓汤及流汁食物。使用时，下面需用垫盘。

（6）汤盅：用于盛放冷汤或麦片粥，也可用于盛放热汤。用时汤盅下面垫一甜品盘。

（7）黄油碟：直径为 6cm 的小圆碟，用于盛放黄油。

（8）咖啡杯及咖啡碟：服务咖啡时与咖啡勺配套使用，有些西餐厅在服务咖啡和茶时都用此具。

（9）咖啡壶：装咖啡的容器。

（10）浓咖啡杯及垫碟：小号咖啡杯，盛装用压力咖啡机煮出的意大利 Espresso 浓咖啡。

（11）茶壶：泡茶用具，西餐多饮袋泡茶，一般茶壶和咖啡壶可通用。

（12）茶杯及茶垫碟：红茶的服务用具。

（13）奶盅：盛装淡奶或鲜奶用具。

（14）糖盅：盛放小包袋装糖使用，有白糖、黄糖和袋糖。

（15）蛋盅：用于盛放煮鸡蛋，分带碟和不带碟两种。不带碟的蛋盅需在盅下垫一茶垫碟，以便放鸡蛋壳。

（16）洗手盅（多为玻璃器皿）：洗手盅内盛放加了柠檬片的茶水或温水，供客人食用龙虾和水果等时洗手用。

（17）胡椒瓶和盐瓶：西餐厅盛放调味胡椒和盐之用。

（18）烟灰缸、花瓶等。

（三）玻璃餐具

西餐中，最常用的玻璃餐具以各种形状、不同用途的酒杯为最多。西餐厅常见的玻璃餐具主要有：

（1）红葡萄酒杯：西餐厅盛放红葡萄酒。

（2）白葡萄酒杯：西餐厅盛放白葡萄酒和玫瑰葡萄酒。

（3）饮料杯：盛放冰水。

（4）爱尔兰咖啡杯：是调制爱尔兰咖啡专用杯。从下至上第一道线内是爱尔兰威士忌，二线内为热咖啡，二线上倒入鲜奶油。

（5）碟形香槟杯：盛放香槟。

（6）郁金香形香槟杯：盛放香槟。

（7）三角形鸡尾酒杯：盛放调好的鸡尾酒。

（8）古典杯：主要用于威士忌和伏特加等外国烈性酒加冰饮用或净饮等。

（9）白兰地杯：餐后用白兰地。

（10）雪利酒杯：提供甜食酒。

（11）热饮杯：调制各种混合热饮时使用。

二、西餐礼仪

在西餐服务中，除了需要掌握菜单的知识和服务程序，还需要了解一些礼仪礼节上的规范。西餐礼仪既是餐饮文化重要的组成部分，也是服务员和用餐者素质的体现。

（一）尽量预约订餐

预约时，告知预约人姓名、日期、时间、人数、宴会的目的和预算，以及是否需要吸烟区或视野良好的座位。预定时间内到达，是基本的礼貌。

（二）抵达餐厅

正式晚宴里，男性需穿着无尾晚礼服，女性穿着晚礼服或小礼服出席。非正式宴会，男性可以着深色西装出席，女性则穿着优雅的连衣裙或是套装出席。此外，女性以干净的发型和淡雅的化妆为主，酌量使用香水为妥。

进入餐厅时，男士应先开门，请年长者或女士进入。服务员带位的时候，也应请女士走在前面。

落座后，将餐桌上的餐巾花取下后应两边对折或折成三角形平铺在腿上，盖住膝盖以上的双腿部分，不能将餐巾掖在领口。不可将腿在桌下向远处伸，不能跷起二郎腿，也不要将胳臂肘放到桌面上。坐姿要正，身体要直，脊背不可紧靠椅背，一般坐于座椅的 3/4 即可。

（三）进餐过程

进餐过程中相互交谈是很正常的现象，但切不可大声喧哗，放声大笑，也不可在餐桌旁抽烟。

取食时不要站立起来，坐着拿不到的食物应请别人传递。就餐时不可狼吞虎咽。对自己不愿吃的食物也应要一点放在盘中，以示礼貌。有时主人劝客人添菜，如有胃口，添菜不算失礼，相反，主人也许会引以为荣。添菜需用公共餐具。同时，与中餐习惯不同，西餐中切忌用自己的餐具为别人布菜。

用餐结束应向主人表示感谢和对食物、酒水的赞赏。

（四）享用食品的规矩

面包的吃法。先用两手撕成小块，再用左手取食。吃硬面包时，用手撕不但费力而且面包屑会掉满地，此时可用刀先切成两半，再用手撕成块来吃。避免像用锯子似的割面包，应先把刀刺入面包另一边，切时可用手将面包固定，避免发出声响。

吃鸡时，不可用手拿，应先用力将骨头去掉，然后一块块切开吃。

吃鱼时不要将鱼翻身，要吃完上层后用刀叉将鱼骨剔掉后再吃下层。处理鱼骨头时，首先用刀在鱼鳃附近刺一条直线，刀尖不要刺透，刺入一半即可，将鱼的上半身挑开后，从头开始，将刀放在骨头下方，往鱼尾方向划开，把骨剔掉并挪到盘子的一角，最后再把鱼尾切掉。

吃肉时，要切一块吃一块，块不能切得过大，或一次将肉都切成块。

（五）酒、汤和咖啡的饮用

喝酒的方法。喝酒时不能吸着喝，应该将酒杯倾斜，像是将酒放在舌头上似的喝，轻轻摇动酒杯让酒与空气接触以增加酒味的醇香，但不要猛烈摇晃杯子。避免一饮而尽、边喝边透过酒杯看人等失礼的行为，也不要用手指擦杯沿上的口红印，用面巾纸擦较好。

喝汤时不能吸着喝。应先用汤匙由后往前将汤舀起，汤匙的底部放在下唇的位置将汤送入口中，汤匙与嘴部呈 45 度较好，身体的上半部略微前倾。碗中的汤剩下不多时，可用手指将碗略微抬高。如果汤用有握环的碗装，可直接拿住握环端起来喝。

喝咖啡时如愿意添加牛奶或糖，添加后要用小勺搅拌均匀，将小勺放在咖啡的垫碟上。喝时应右手拿杯把，左手端垫碟，直接用嘴喝，不要用小勺一勺一勺地舀着喝。

（六）刀叉匙的使用

基本原则是右手持刀或汤匙，左手拿叉，若有两把以上，应由最外面的一把依次向内取用。刀叉的拿法是轻握尾端，食指按在柄上，汤匙则用握笔的方式拿即可。如果感觉不方便，可以换右手拿叉，但更换频繁则显得粗野。吃体积较大的蔬菜时，可用刀叉来折叠、分切。较软的食物可放在叉子平面上，用刀子整理一下。

如果吃到一半想放下刀叉略做休息，应把刀叉以八字形状摆在盘子中央。若刀叉突出到盘子外面，不安全也不好看。边说话边挥舞刀也是失礼举动。用餐后，将刀叉平行摆成四点钟方向即可。

三、西菜与酒水的搭配

在西餐中，酒水与菜式的搭配有一定的规律。总的来说，色、香、味淡雅的酒品应与色调冷、香气雅、口味醇、较清淡的菜肴搭配，如头盘、鱼、海鲜类应配白葡萄酒（需冰镇）。香味浓郁的酒应与色调暖、香气浓、口味杂、较难消化的菜肴搭配，如肉类、禽类配红葡萄酒。另外，咸食选用干、酸型酒类，甜食选用甜型酒类。在难以确定时，则选用中性酒类。当然，最终还是要取决于客人的意见，不得硬性推销。

（1）餐前酒：用餐前可选用具有开胃功能的酒品，如鸡尾酒（Cocktails）和软饮料（Soft Drinks）等。

（2）汤类：一般不用酒。如需要可配较深色的雪利葡萄酒（Sherry Wine）或白葡萄酒（White Wine）。

（3）头盆：头盆大都是些较清淡、易消化的食品。可选用低度、干型的白葡萄酒（Dry），如德国 Mosel 白葡萄酒，法国 Burgundy 白葡萄酒。

（4）海鲜：选用干白葡萄酒、玫瑰露酒，在喝前一般需冰镇。如德国 Rhin 白葡萄酒，法国 Bordeaux 白葡萄酒等。

（5）肉、禽、野味：选用酒度为 12~16 度的干红葡萄酒。其中小牛肉、猪肉、鸡肉等白色肉类最好用酒度不太高的干红葡萄酒，如法国的 Beaujolais、Bordeaux 红葡萄酒，意大利的 Chanti 红葡萄酒和 Rose 酒等。牛肉、羊肉、火鸡等红色、味浓、难以消化的肉类，则最好用酒度较高的红葡萄酒。

（6）奶酪类：食用奶酪时一般配较甜的葡萄酒，也可继续使用配主菜的酒品，有时也选用 Porte Wine，配 Blue Cheese、Goat Cheese。

（7）甜食类：选用甜葡萄酒或葡萄汽酒，如德国的 Rhin Red Wine、法国的 Graves Red Wine 香槟酒等。

（8）餐后酒：用餐完后，可选用甜食酒、蒸馏酒和利乔酒等酒品。也可选用白兰地、爱尔兰咖啡等。香槟酒则在任何时候都可配任何菜肴饮用。

四、西餐的服务方式

由于宗教和移民等历史渊源，欧美地区各国的饮食习惯和内容互有影响与联系。但经过多年的发展，各个国家也形成了带有本国特色的饮食风味和服务方式。其中较常见的有法式服务、俄式服务、美式服务、英式服务和综合式服务等。

（一）法式服务

法式服务源于法国宫廷，由西查·里兹改良用于豪华饭店的服务方式，又称“里兹服务”“餐车服务”。

这种服务方式注重于服务程序和礼节礼貌，注重服务表演，注重吸引客人的注意力，服务周到，每位客人都能得到充分的照顾。但是，法式服务节奏缓慢，需要较多的人力，用餐费用高，餐厅空间利用率和餐位周转率都比较低。

传统的法式服务相当烦琐。如宾客用完一道菜后必须离开餐台，让服务员清扫完毕后再继续入席就餐，这样耗时很多。餐厅还必须准备许多用具，每餐的食品很多，浪费也很大。现在，已较少使用这种服务方式。

当今流行的法式服务是将食品在厨房全部或部分烹制好，用银盘端到餐厅，服务人员在客人面前进行即兴加工表演，如戴安娜牛排、黑椒牛柳，甜品苏珊煎饼就是服务员在烹制车上进行最后的烹调加工后，切片装盘端给客人的。又如恺撒色拉（Caesar Salad）是服务员当着客人面前制作，装入色拉木碗，然后端给客人。如图 8–2 所示。

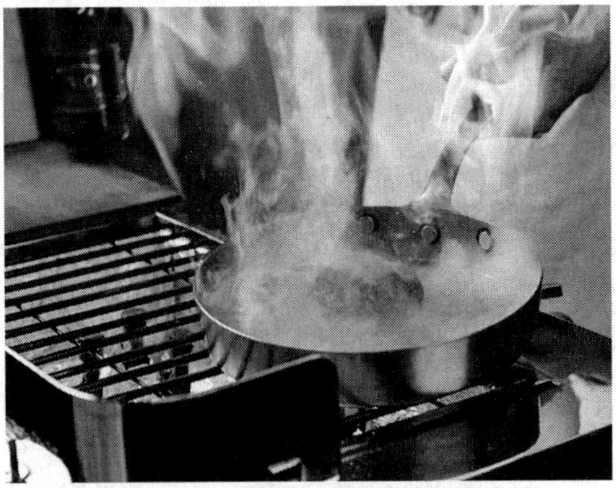

图 8–2　法式服务的客前烹制

（二）俄式服务

俄式服务源于俄国的沙皇时代，食物全部在厨房准备好，装在大银盘中，由服务员进行分派，又称“大银盘”服务。俄式服务周到、简单，服务效率和餐厅空间的利用率都比较高。

俄式服务讲究优美文雅的风度，将装有整齐和美观菜肴的大银盘端给所有客人过目，让客人欣赏厨师的装饰和手艺，并且也刺激了客人的食欲。

俄式服务由一名服务员完成整套服务程序。服务员从厨房里取出由厨师烹制并加以装饰的菜肴和热的空盘，将其置于餐厅服务边桌之上。用右手将热的空盘按顺时针方向，从客位的右侧依次派给客人，然后将盛菜银盘端上桌子让客人观赏，再用左手垫餐巾托着银盘，右手持服务叉勺，从客位的左侧按逆时针方向绕台给客人派菜。

派菜时，根据客人的需求量派给，避免浪费和不足分派，每派一道菜都要换用一副清洁的服务叉勺。汤类菜肴可盛放在大银碗中用勺舀入客人的汤盆里，也可以盛在银杯中，再从杯中倒入汤盆。俄式服务分菜叉勺的使用如图 8–3~ 图 8–5 所示。

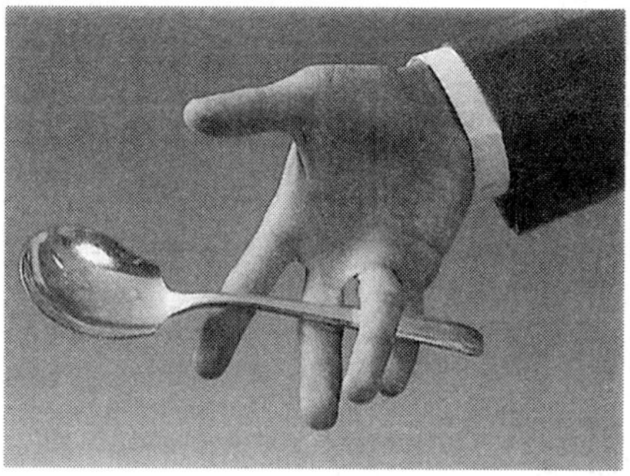

图 8–3 手夹式①

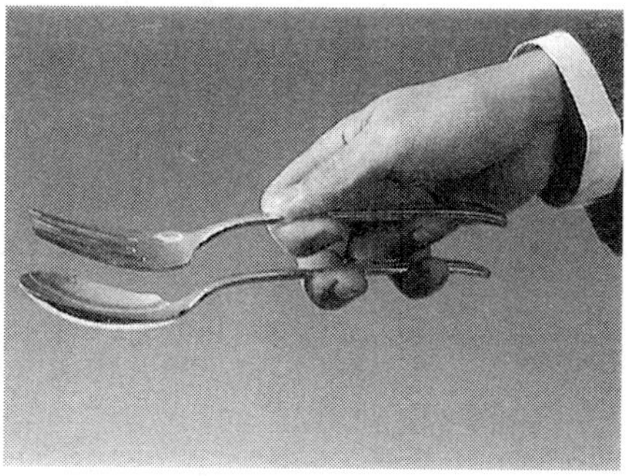

图 8–4 手夹式②

图 8–5 手夹式③

俄式服务的银器投资很大，如果使用和保管不当会影响餐厅的经济效益。在俄式服务中，最大的问题是最后分到菜肴的客人，看到大银盘中的菜肴所剩无几，总有一些影响食欲的感觉。

（三）美式服务

美式服务又称为“盘子服务”，是餐厅服务中最普遍、最有效的服务方式之一。

在美式服务中，菜肴由厨师在厨房中烹制好，装好盘。餐厅服务员用托盘将菜肴从厨房运送到餐厅的服务桌上。热菜要盖上盖子，并且在客人面前打开盘盖。传统的美式服务，上菜时服务员在客人左侧，用左手从客人左边送上菜肴，从客人右侧撤掉用过的餐盘和餐具，从客人的右侧斟倒酒水。目前，许多餐厅的美式服务上菜服务从客人的右边，用右手顺时针进行。

美式服务的端托技能：

端盘，也称“徒手低托”，一般使用左手单手端盘。此方法主要用于西餐上菜和撤盘。

（1）端一个盘子时：用拇指和掌根鼓起部位压住盘边；为防止留下指纹，指头要向外翻；其余手指贴在盘子下面，起支撑盘子的作用。如图 8-6 所示。

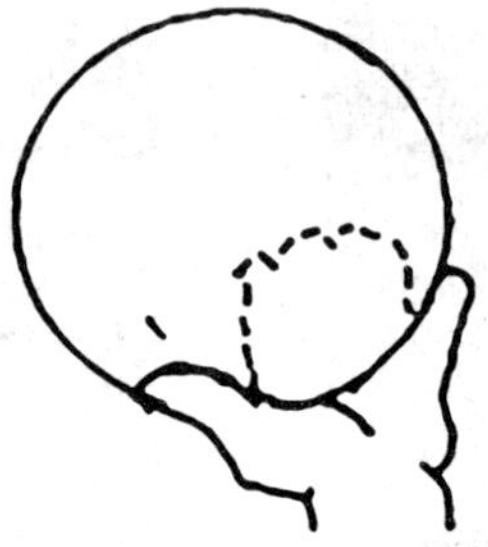

图 8-6　端一个盘子

（2）两个盘子端法：第二个盘子用食指、中指和无名指支撑，拇指和小指贴在盘子的边上。如图 8-7 所示。

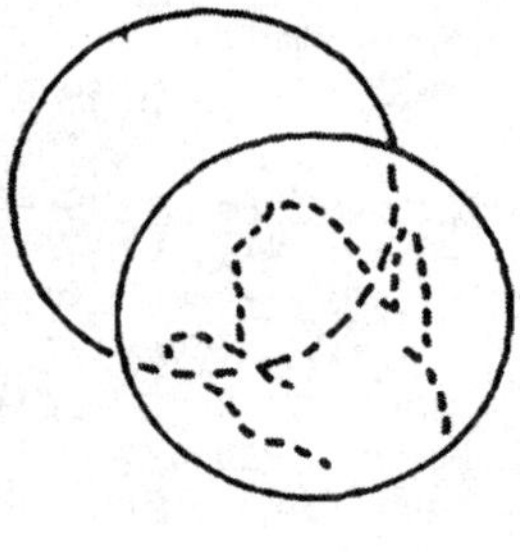

图 8-7　端两个盘子

（3）三个盘子端法：用左手拇指轻轻压住第一个盘子的边，用食指支撑盘底的凸出部分。其他三个手指自然松弛；第二个盘子在第一个盘子上面，插在拇指根鼓起的部位，食指轻轻贴着盘子，中指、无名指和小指支撑在盘底；端第三个盘子时，把放在第二个盘子下面的小指提到盘子上面，使其处于放松状态；为使第三个盘子不致倾斜，保持平衡，应托住盘底。如图 8-8 所示。

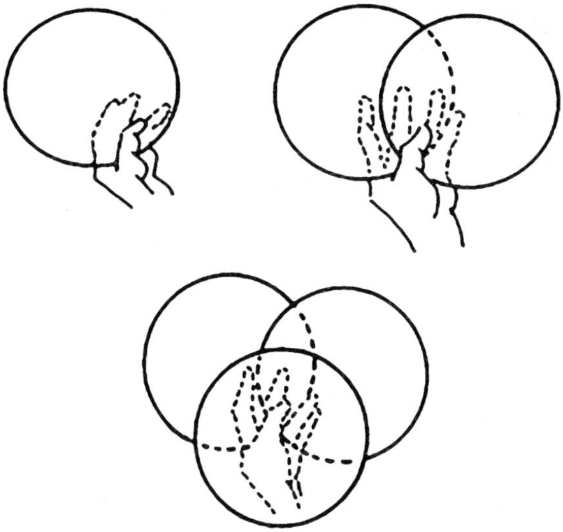

图 8-8　端三个盘子

（四）英式服务

英式服务也称家庭式服务，主要适用于私人宴席。英式服务的特点是家庭味很浓，气氛也很活跃，许多服务工作由客人自己动手，节省人力，但节奏较慢，很少在大众化的餐厅里使用。

服务员从厨房里取出烹制好的菜肴，盛放在大盘里，连同热的空盘，一起送到主人面前，由主人亲自动手切割主料并分盘，服务员充当主人的助手，将主人分好的菜盘逐一端给客人。各种调料、配菜都摆放在餐桌上，由客人根据需要互相传递或自取。客人则像参加家宴一样，取到菜后自行进餐。服务员有时须帮助主人切割食物。

（五）综合式服务

综合式服务是一种融合了法式服务、俄式服务和美式服务的综合服务方式。许多西餐宴会的服务采用这种服务方式。通常用美式服务上开胃品和沙拉，用俄式或法式服务上汤或主菜，用法式或俄式服务上甜点。不同的餐厅或不同的餐次选用的服务方式组合也不同，这与餐厅的种类和特色、客人的消费水平、餐厅的销售方式有着密切的联系。

【实训步骤】

实训项目　美式端托技能操作内容及标准

实训时间	实训授课1学时，共计45分钟，其中示范讲解10分钟，学员操作25分钟，考核测试10分钟
实训器具	服务巾、餐盘等
实训方法	（1）示范讲解。 （2）学员分成5人1组，在操作室进行操作练习
操作步骤	**主要操作内容及标准**
使用服务巾	将服务巾铺在你的左手掌及前臂
端托第一个盘	将第一盘菜放在左手拇指及食指之间
端托第二个盘	将第二盘菜放在左手前臂的前方，盖住第一盘菜的碟边，用拇指后部及无名指、小指托住碟边
端托第三个盘	将第三盘菜放在左手前臂，碟边扣在第二盘菜的碟边上

【实训考核】

美式端托服务技能评分表

组别：__________　　姓名：__________　　操作用时：__________

考核内容	考核要点	分值	组内互评	组间互评	教师评价
礼节礼貌	个人仪表整洁、得体 服务使用敬语 面带微笑	2			
操作步骤	按端托操作步骤进行	3			
操作规范	体现专业性	3			
服务姿态	注意姿态的优美	2			
总　分		10			

【课后练习】

一、单选题

1. 西餐餐巾使用不正确的方式是（　）。

A. 将餐巾两边对折平铺在腿上

B. 将餐巾折成三角形平铺在腿上

C. 将餐巾围挂在胸前

D. 中途离席时，将餐巾折叠置于椅子上

2. 注重服务表演，服务周到，但服务节奏缓慢，用餐费用高，餐厅空间利用率和餐位周转率较低的服务方式是（　）。

A. 俄式服务　　B. 美式服务　　C. 法式服务　　D. 英式服务

3. 美式服务是餐厅服务中最普遍、最有效的服务方式之一，又称为（　）。

A. 家庭式服务　　B. 盘子服务　　C. 快餐服务　　D. 餐车服务

4. 俄式服务是服务员用左手垫餐巾托着银盘，右手持服务叉勺给宾客派菜，服务方位是（　）。

A. 从客位的右侧按顺时针方向绕台

B. 从客位的左侧按顺时针方向绕台

C. 从客位的右侧按逆时针方向绕台

D. 从客位的左侧按逆时针方向绕台

5. 目前，许多餐厅的美式服务上菜、撤盘都采用（　）。

A. 右上右撤　　B. 左上右撤　　C. 右上左撤　　D. 左上左撤

二、判断题

1. 美式服务简单，速度快，餐具和人工成本都比较低，空间利用率及餐位周转达率却相对较低。(　)

2. 将装有整齐和美观菜肴的大浅盘端给所有客人过目，让客人欣赏厨师的装饰和手艺，同时也刺激了客人的食欲。这是典型的法式西餐服务。(　)

3. 在西餐中，酒水与菜式的搭配规律是色，香，味淡雅的酒品应与色调暖，香气浓、口味杂、较难消化的菜肴搭配。(　)

4. 喝咖啡时要用咖啡小勺一勺一勺地舀着喝。(　)

5. Grapefruit Spoon 的中文是指西柚勺。(　)

第二节　西餐零点餐服务

一、西餐早餐服务

（一）西餐早餐

西餐早餐大致由果汁类、水果类、谷物类、鸡蛋类、肉类（火腿、香肠、咸肉等）、面包类、热饮类组成。西餐早餐按传统划分三种，即英式早餐、美式早餐和欧陆式早餐。

1. 英式早餐

英式早餐内容丰富，供客人零点时自由选择，主要有：

（1）饮料类：咖啡（Coffee）、红茶（Black Tea）、可可（Coco）和牛奶（Milk）等。

（2）果汁类：一般有番茄汁（Tomato Juice）、橙汁（Orange Juice）、西柚汁（Grapefruit Juice）等。

（3）谷物类食品：一般有燕麦片、玉米片等品种，通常加牛奶、水煮成粥类食物，吃麦片粥时要用砂糖和热牛奶；吃全麸、玉米面饼时要冷饮牛奶。

（4）鸡蛋类

（5）肉类：一般有火腿（Ham）、香肠（Sausage）、熏肉（Bacon）三种，服务前应在油锅中略煎，通常与蛋类一起装盘。

（6）各式面包：一般有牛角面包（Croissant）、烤面包（Toast，又称吐司）、面包卷（Roll）等种类供客人选择。上面包时应跟上黄油（Butter）和果酱（Jam）。

2. 欧陆式早餐

欧陆式早餐也称大陆式早餐，内容简单，无蛋无肉，称“全咖啡加面包”。主要包括：

（1）咖啡、茶或可可。

（2）果汁、番茄汁或蔬菜汁。

（3）面包、牛角面包或小圆面包（只供应一种），配黄油或果酱（限量）。

3. 美式早餐

美式早餐有蛋有肉。包括：

（1）果汁或水果。

（2）冷或热的谷类食品。

（3）糖胶煎饼或各式蛋类配以肉食（咸肉、小香肠、火腿等）。

（4）吐司配黄油或果酱。

（5）炸土豆条。

（6）咖啡或茶。

美国人爱吃将蛋打碎后制作的奄列蛋，爱喝冰牛奶或在麦片等谷物食品中加入冷牛奶。

（二）西餐早餐搭配的餐具

1. 谷类食物

分热的和干的两种：

（1）热的谷类食物。主要有燕麦片（Oat meal）、牛奶麦片（Cream of wheat）。食用时加热牛奶和糖，制成麦片粥（Porridge），用甜品匙舀着吃。

（2）干的谷类食物。主要有玉米片（Corn Flakes），爆麦（Puffed Rice），麦糠片（All Bran）等。食用时加冷牛奶和糖，有的客人喜欢加蜂蜜，用甜品匙舀着吃。谷类食物均需配甜品匙；甜品匙置于正餐刀的右侧或餐巾盘花的正上方。

2. 鸡蛋类

（1）煮蛋（Boiled Egg）

①装在蛋盅内送上，配以茶匙或咖啡匙、餐刀、胡椒瓶、盐瓶。

②按煮蛋时间长短分类。服务时要问清宾客所需煮蛋的类别。煮蛋一般分：3 分钟蛋，蛋黄呈流汁状；5 分钟蛋，蛋黄开始凝固；10 分钟蛋，蛋黄发硬。

（2）煎蛋（Fried Egg）

①用餐盘盛装，配以刀叉进餐。

②按煎蛋方法分类，注意问清宾客要求的类别，通常有单面煎和双面煎。

单面煎：Up or Strait up 蛋白上存有气泡；Sunny Side up 蛋白上没有气泡，蛋黄色彩鲜艳。

双面煎：Over Easy 煎到五成熟；Over Hard 煎到全熟，蛋较老。

（3）炒蛋（Scrambled Egg），也称溜糊蛋，要求鸡蛋熟但无凝结的硬块，通常放在烤面包上提供给客人，也可直接装盘。

（4）水波蛋（Poached Egg），通常是放在烤面包上提供给客人，然后用刀叉进餐。

（5）蛋卷（Omelet），又称奄列蛋，如清炒蛋卷（Plain Omelet）、洋葱蛋卷

（Onion Omelet）、火腿蛋卷（Ham Omelet）等，再配以肉类，用刀叉进餐。

3. 水果类

草莓（Strawberry）：加入鲜奶油，以水果刀叉食用，亦可用茶匙。加牛奶和砂糖时，以茶匙食用较为方便。可以捣碎，也可以完整食用。

葡萄柚（Grapefruit）：有加糖浆和不加糖浆两类。食用时，每一类都需要加适量白砂糖。柚肉事先用刀切过，可以用茶匙挖取食用。

在食用香蕉、苹果、西瓜、甜瓜、鲜橙等水果时配刀叉，西瓜、甜瓜亦可配茶匙挖取食用；蜜橘（Mandarin Orange）、葡萄（Grape），一般用手剥着吃，吐出的核等用手接住放入盘内。

（三）西餐早餐服务

1. 摆台和进行餐前检查

西餐早餐摆台讲究效率，不铺台布，只在餐桌上摆放餐具垫布、餐具垫纸或“十”字布巾，便于翻台。西餐早餐摆台主要用具有餐巾、餐刀、餐叉、甜品勺、面包盘、黄油刀、黄油盅、咖啡具、果汁杯、胡椒瓶、盐瓶、糖缸、烟灰缸或禁烟标志和花瓶等。

做好餐前检查工作，包括整理检查餐厅设备和环境卫生，检查桌椅布局是否整齐有序，检查、清洗桌面用品，如盐、椒盅定期清洗，每日加满原料并擦净盅身等，整理并检查个人仪表仪容。

2. 餐中服务

（1）迎宾服务。客人进入餐厅时，服务员要微笑问候客人；迎宾员以手示意引领客人进入餐厅，为客人安排其喜欢的餐位并拉椅让座，拉椅时按女士优先的原则进行。

（2）点菜服务。递上餐牌并介绍当日新鲜水果；记录点菜。当客人点蛋类时，要问清客人的口味要求，如煎蛋，要问清单面煎还是双面煎，煮蛋要几分钟，蛋类是配火腿、香肠还是熏肉。当客人点饮料时，问清宾客需要何种果汁饮料，如果不需要则客人倒冰水，问清客人是否需要先饮咖啡或茶；复述点菜内容，做好落单工作。

（3）餐前服务。站在客人右侧送餐巾；根据客人所点菜肴补充相应的餐具。

（4）开餐服务。根据客人的需要给客人斟热咖啡或茶，随后跟上鲜奶盅和糖盅（已摆好的不用跟）；从客人右侧上果汁，在给客人果汁时要先放杯垫，然后放果汁杯，果汁杯应放在刀尖上方约 1 厘米处；从客人左侧上面包。给客人上烤面包时，烤面包应放在用餐巾或花纸装饰好的藤篮里，根据客人的需要用银夹夹到客人的面包碟里，然后给客人小包装的黄油和果酱；依次从客人右侧送上谷物类食物、鸡蛋和肉类；给客人送水果或杂果杯。送杯前将客人吃完的空杯碟收走，保持餐桌整洁；客人用餐基本完毕时，应征询客人是否还要添加；巡视服务区域，随时满足客人要求，搞好本区域的卫生。

3. 结账服务

提前检查账单，保证准确无误，准备好笔和账单夹；等客人示意结账后，按照结账的规范为客人结账，如遇数位客人同时进餐，应问清客人的结账是分单还是合单，以适应西方宾客的消费习惯；客人离座时，主动为客人拉椅，及时检查是否有遗留物品，同时致谢并欢迎客人下次光临。

4. 清理台面

客人离开后，服务员用托盘分类收拾餐巾、餐具，再用清洁的抹布擦净台面，同时检查有无客人的遗留品；按摆台要求重新布置台面，准备迎接下批客人的到来。

二、西餐零点餐午晚餐服务

高级西餐厅午餐和晚餐服务考究，注重情调，节奏缓慢且价格昂贵，体现酒店西餐服务的最高水准。通常以美式服务为主，个别菜肴采用法式服务。

1. 接受预订

（1）高级西餐厅因进餐节奏较慢，就餐时间长，所以餐座周转率很低，客人一般都提前订座以保证餐位。餐厅由迎宾员或领班负责按规范接受客人的电话预订或面谈预订，并记录和安排。

（2）摆放留座牌和熟记预订内容，以便准确提供服务。

2. 做好准备工作，召开班前例会

（1）做好环境卫生，保证地面、家具、餐具和棉织品的清洁卫生；按餐厅规范和预订情况摆台；备好服务用具，准备和检查菜单、点菜单、托盘、服务手推车、保温盖和笔等；备好冰水、咖啡、茶和调味品。

（2）开餐前半小时由餐厅经理主持短会，检查员工仪表仪容、进行任务分工、介绍当日特色菜肴和客情、强调 VIP 客人接待注意事项等。

3. 热情迎宾，引客入座

（1）由迎宾员或餐厅经理在餐厅门口迎候客人，并微笑着用敬语问候客人；确认客人的预订，弄清客人人数，将客人引领至适当餐桌。

（2）若客人已经预订好餐桌，则需将客人引领到相应的餐桌边，并按程序请客人入座。若客人没有预订，则按一般的引座技巧来为客人引座。协助客人入座时，先从女士开始。

（3）按人手一份的原则给客人递送菜单。

4. 接受点单，调整餐具、杯具

（1）为客人斟倒冰水，递铺餐巾。当客人看完菜单后，立即上前征求意见，问是否可以点菜。得到主人首肯后，从女士开始依次点菜，最后为主人点菜；为客人提供信息和建议，询问特殊需求，如牛排、羊排需几成熟，色拉配何种色拉酱等；记录内容，分别记下不同客人所点的菜肴，避免混淆；复述客人所点菜肴的内容，以便确认；礼貌致谢，收回菜单；填写送厨房的点菜单。

（2）因西餐是分食制，每位客人所点的菜都可能不同，所以应用座位示意图记录每位宾客所点的菜肴，然后根据示意图安排送入厨房的正式点菜单，以便控制节奏和上菜顺序。

（3）接受完客人点菜后，根据客人所点的菜肴适当推荐一些酒水饮料。在一些高级西餐厅，有专门的酒保为客人提供酒水服务。

（4）根据菜单给每位客人调整餐具；然后根据客人所点的酒水，适当增加或调整餐桌的杯具。

5. 按西餐上菜程序进行餐中服务

（1）在客人左侧先上黄油，再在面包盘里分派面包或用面包篮送上各种面包。

（2）餐前酒服务。一般是在提供开胃菜或餐前小吃时一并提供，如果客人不饮酒则向其提供冰水。

（3）开胃品的服务。开胃品包括开胃菜和开胃小吃等两类，一般从客人的右侧进行。

（4）汤的服务。服务清汤时，通常将汤盛放在带耳的汤盅内，其他的汤则盛放在无耳汤盅内。

（5）鱼的服务。若客人点了鱼类菜肴，首先需将鱼刀和鱼叉摆放在餐桌上。使用俄式服务方式为客人提供鱼类菜服务。

（6）红葡萄酒的服务。在提供深色的肉类主菜之前，通常会为客人换上一杯红葡萄酒。

（7）服务主菜。餐厅的个别主菜可以采用法式服务，服务员应提前做好准备工作，由领班在客人面前进行烹制或切割装盘表演。菜肴装盘时要注意蔬菜配菜放在主菜上方，汁酱不挂盘边。由服务员从客人右侧上菜并报菜名；跟配的色拉可用木碗或小碟盛放，摆放在主菜盘的左上方。

当客人全部用完主菜后，依次撤走主菜盘和刀叉，用面包屑刷或服务巾和面包碟将桌上面包屑清扫干净，并征求客人对主菜的意见。

（8）服务奶酪和甜点。先展示放有各式奶酪的展示木板或手推车，将客人所点的奶酪当场切割装盘并摆位。奶酪跟配黄油、面包、克力架、芹菜条、胡萝卜等，调味用胡椒和盐。

待客人用完奶酪后，用托盘撤下用过的餐具、面包盘、黄油盅、胡椒瓶和盐瓶等，只留下甜品叉和甜品勺及有酒水的杯子、烟灰缸、花瓶和烛台等。

展示甜品车或甜品单，请客人选择；摆好相应的甜品餐具，从客人右侧送上甜品。

（9）服务咖啡或茶。问清客人喝咖啡或茶。随后根据需要送上糖缸、奶壶或柠檬片，摆咖啡具或茶具，再用咖啡壶或茶壶斟倒。服务员用托盘撤下用完的甜品餐具，并将咖啡或茶杯移至客人面前，随时添加咖啡。

（10）服务餐后酒和雪茄。展示餐后酒车，询问主人是否餐后用些利口酒、白兰地或雪茄烟；为客人斟倒利口酒或白兰地，并随后开列订单；如果客人点了雪茄烟，则要帮助客人点燃。

6. 结账送客，清理台面

（1）客人用完餐，准备账单，当客人示意结账时，按规范和客人的要求办理结账或分单结账手续。

（2）感谢客人的光临，并将客人送至餐厅门口。整理餐椅，清点餐具，做好餐厅结束工作。

【实训步骤】

实训项目　西餐午餐、晚餐服务技能操作内容及标准

实训时间	实训授课 2 学时，共计 90 分钟，其中示范讲解 30 分钟，学员操作 50 分钟，考核测试 10 分钟
实训器具	西餐台、餐椅、燃焰车六组。台布、餐巾、刀叉、餐盘、平底锅、热菜盘、色拉大木盆、色拉木碗、木勺、木叉、白葡萄酒瓶、红葡萄酒瓶、调味品架、咖啡杯、茶杯、圆托盘、菜单、点菜单、笔、清洁抹布等若干
实训方法	（1）示范讲解。 （2）学员分成 8 人 1 组，在操作室进行操作练习
操作步骤	**主要操作内容与标准**
迎宾	微笑问候，了解预订情况，热情引领。 女士优先，帮助拉椅，递送菜单
餐前服务	倒冰水，递铺餐巾，请客人点餐前饮料。 呈递菜单、酒单，接受客人点菜、送点菜单到厨房。 女士优先，服务餐前酒水。 按女士优先依次在客人左侧分派面包、黄油

续表

操作步骤	主要操作内容与标准
开胃品服务	根据订单为客人服务开胃品，一般餐厅采用美式服务，每位客人所点菜肴在厨房直接装盘端至餐厅，从客人右侧送上。 服务开胃酒：应在上开胃品前服务到餐桌；开瓶、倒酒可在上开胃品前，也可在上开胃品后进行
汤或色拉（第二道菜）服务	根据实际情况可采用俄式服务。 征求客人意见撤走上一道菜的餐具，在客人右侧徒手连同开胃品刀、叉一同撤下。 服务汤或色拉：在清理完开胃品盘后进行，用右手将空盘按顺时针方向，从客位的右侧依次派给客人，然后将盛菜银盘端上桌子让客人观赏，从客位的左侧按逆时针方向绕台给客人派菜。汤类菜肴可盛放在大银碗中用勺舀入客人的汤盆里。 第二道菜用完后，餐具连同装饰盘一起撤下
主菜服务	为烘托餐厅气氛，根据客人所点菜肴可采用法式服务。 服务员应提前做好准备工作，由领班在客人面前进行烹制或切割装盘表演。 服务主菜用酒：酒杯在上主菜前服务，上菜后递酒、开瓶、倒酒。 当客人开始用餐后，征求客人对主菜的意见，发现客人有不满意时要及时妥善处理。 客人用完主菜后清理主菜盘、旁碟、空杯等，只留水杯或饮料杯，撤换桌上烟灰缸。 撤走所有调料，如盐、胡椒等
餐后服务	为客人服务奶酪和甜点。展示奶酪的展示木板或手推车，将客人所点的奶酪当场切割装盘并摆位。撤下用过的餐具、面包盘等。 布置服务咖啡或茶的用品：摆上糖、牛奶等以及热杯与杯碟。 服务咖啡或茶：应主动问客人是要咖啡还是茶，如客人需要爱尔兰咖啡、皇家咖啡等，可以在客人面前制作，以渲染餐厅气氛
结账送客服务	当客人示意结账时，按规范和客人要求办理结账手续。如客人要求分单结账，应准确无误为各位客人办理结账手续。 礼貌送客，当客人离开时要说“谢谢光临，很高兴为您服务”，并欢迎客人再次光临。 清理台面，做好餐厅结束工作

【实训考核】

西餐零点餐服务技能评分表

组别：__________　　姓名：__________　　操作用时：__________

考核内容	考核要点	分值	组内互评	组间互评	教师评价
礼节礼貌	个人仪表整洁、得体， 服务使用敬语、面带微笑	2			
服务程序	按西餐零点餐服务程序服务：餐前服务、开胃品（美式服务）、汤或色拉（俄式服务）、主菜（法式服务）、奶酪与甜点、咖啡或茶	3			

续表

考核内容	考核要点	分值	组内互评	组间互评	教师评价
操作规范	每一接待程序中，严格按照规范服务	3			
服务姿态	接待过程中，注意姿态的优美	2			
总　分		10			

【课后练习】

一、单选题

1. 欧陆式早餐不包括（　）。

A. 蛋类　　B. 咖啡　　C. 果汁　　D. 面包

2. 早餐服务煮蛋时，表述不正确的是（　）。

A. 通常放在烤面包上提供给客人　　B. 要问清宾客所需煮蛋的类别

C. 放在双耳汤盅内奉上桌　　D. 配茶匙和垫碟

3. 煎蛋 Over Hard 是指（　）。

A. 单面煎，蛋白上存有气泡　　B. 单面煎，蛋白上没有气泡

C. 双面煎五成熟　　D. 双面煎全熟。

4. 西餐是分食制，应用（　）的形式记录每位宾客所点的菜肴。

A. 点菜单　　B. 笔记本　　C. 座位示意图　　D. 纸片

5. 奶酪一般不跟配（　）。

A. 黄油　　B. 克力架　　C. 芹菜条　　D. 鱼子酱

二、判断题

1. 草莓加入鲜奶油，以水果刀叉食用，亦可用茶匙。(　)

2. 高级西餐厅午餐和晚餐服务考究，注重情调，节奏缓慢且价格便宜。(　)

3. 西餐早餐大致由果汁类、水果类、谷物类、鸡蛋类、肉类、面包类、热饮类组成。(　)

4. 主菜装盘时要注意蔬菜配菜放在主菜上方，汁酱不挂盘边。(　)

5. 在客人的右侧服务黄油和面包。(　)

第三节　西餐宴会服务

西餐宴会服务是高星级饭店为客人提供的一种较为高级的餐饮服务。包括宴会的准备工作、餐前鸡尾酒服务，席面服务以及宴会结束工作等。对于就餐环境、气氛、服务人员的技能技巧等方面要求也较高。它是餐饮服务质量的重要组成部分，对于酒店的声誉有着重要的影响。

一、西餐宴会的准备工作

（一）布置宴会场所

根据“宴会通知单”的要求布置餐厅，摆出台型，做好宴会厅的清洁卫生工作。

1. 台形设计

餐桌的主次以离主桌远近而定，右高左低，近高远低，每桌都要有主人作陪。一般使用方台或长方台，异型餐台由小餐台拼成，常见的有一字型、U 形、T 形、V 形、E 形、正方形等。如图 8–9~ 图 8–11 所示。

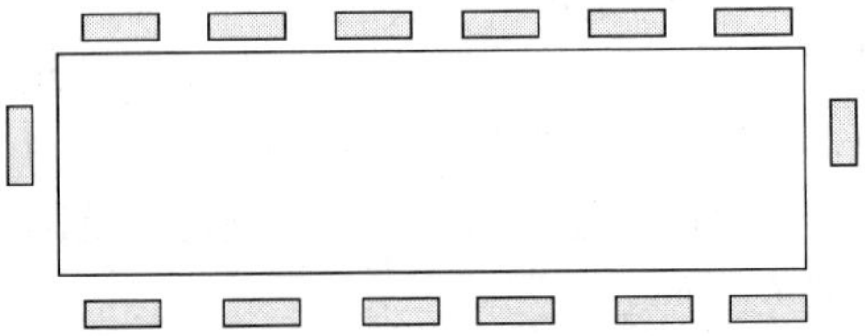

图 8–9　一字形餐台

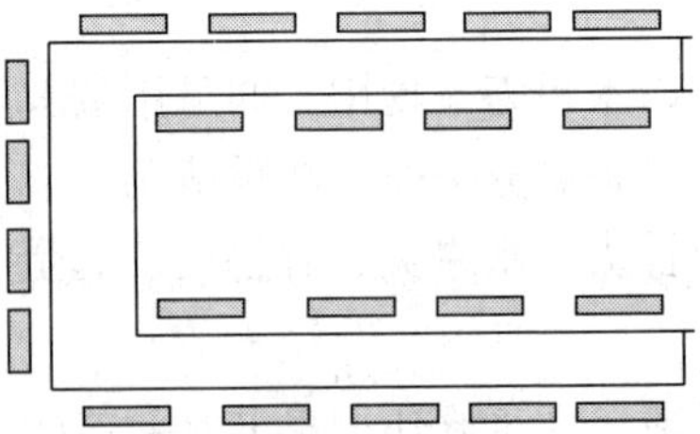

图 8–10　U 形餐台

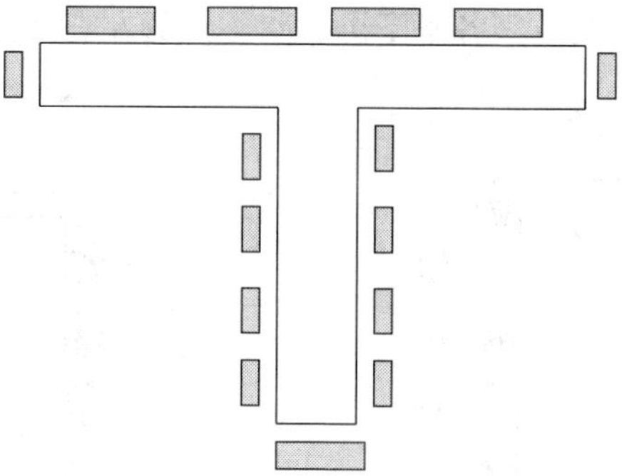

8-11 T形餐台

2. 西餐宴会的席位安排

（1）家庭、朋友式宴会考虑两点：男女宾客穿插落座；夫妇穿插落座。

（2）西式宴会的上位席与下位席：一般有壁炉台的一侧为上位席，门口处为下位席；没有壁炉的房间，门口处为下位席、对面则是上位席；出席宴会的人全部为男性，或都为女性的场合，女主人的席位由主宾（年长者、有社会地位的人、上司）坐。

（3）席位安排的方法：

①法国式（也称“欧陆式”）长方桌排法（见图 8-12）。

餐桌的摆设为横向，主人坐中间，女主人面向门，男主人背对门。女主人右边为第一男主宾，左边为第二男主宾。男主人右边为第一女主宾，左边为第二女主宾。餐桌两端安排较次要的宾客。

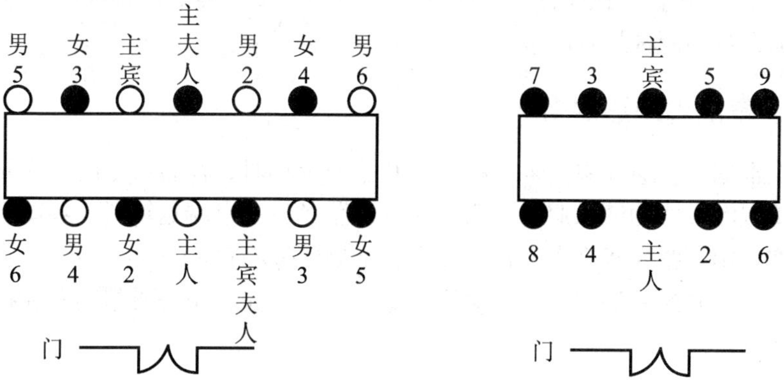

图 8-12 法国式长方桌排法

②英美式长桌排法（见图 8-13）。

餐桌的摆设为直向，男、女主人各坐餐桌的两个顶端，女主人座位面向门，男主人则背对门，男、女主宾各坐于男、女主人的左右两侧。

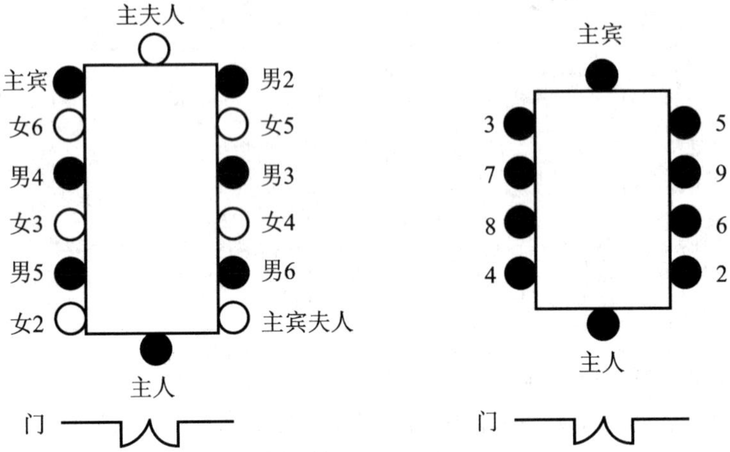

图 8–13　英美式长桌排法

（二）摆设餐台

根据宴会菜单和规格铺上台布、围桌裙和铺装饰布，按列出的宴会菜单摆放相应餐具，餐具摆放要符合规格要求。根据通知单上的酒水要求摆放酒水杯。台面中央放鲜花、烛灯、胡椒瓶、盐瓶、牙签盅等（三至四人一套）。

（三）准备工作台

根据宴请人数、菜单，准备宴会临时工作台，在工作台上通常摆咖啡具、茶具、冰水壶、托盘、干净的烟灰缸及服务用刀、叉、勺等；备餐间内准备面包篮、黄油、各种调味品及酒水等。

二、餐前鸡尾酒服务

（1）根据宴会通知单要求，在宴会开始前半小时，在宴会厅门口为先到的宾客提供鸡尾酒会式的酒水服务。服务时，由服务员托盘端送饮料、鸡尾酒，并巡回请宾客饮用；茶几或小桌上备有虾片、干果仁等小吃。

（2）宴会开始前请宾客入宴会厅就座，女士优先，服务员帮助宾客拉椅、落餐巾、倒冰水。

三、席面服务

西餐宴会多采用美式服务，有时也采用俄式服务，个别菜肴采用法式服务。下面介绍的是美式宴会服务。美式宴会上菜的顺序是：头盘、汤、副盘、主菜

（可跟配色拉）、甜食、咖啡或茶。

（1）面包服务：宴会开始前摆上黄油，服务面包。

（2）酒水服务：服务员征询宾客意见，服务餐前酒和佐餐酒。

（3）上菜服务：按菜单顺序上菜、撤盘。每上一道菜前，应先将用完的前一道菜的餐具撤下。

（4）甜品服务：上甜食前撤去除酒杯外的所有餐具，如主菜餐具、面包盘、黄油碟、胡椒瓶、盐瓶等。摆好甜食叉、勺。

（5）咖啡或茶服务：上咖啡或茶前放好糖缸、奶盅；服务咖啡或茶时，先上咖啡杯或茶具，再用咖啡壶为宾客斟咖啡或茶。

（6）推销餐后酒或雪茄：将餐后酒车推至餐桌征询主人是否用白兰地、餐后甜酒或雪茄烟。

（7）席间服务：勤添酒水、勤换烟灰缸，主动替宾客点烟。席间宾客离座时帮助拉椅、重新整理餐巾；注意菜肴服务期间询问是否加黄油、面包。在上甜品前清理台面上的面包屑。整个服务过程中始终注意女士优先。

四、宴会结束工作

按规定办理结账服务，并向宾客致谢。当宾客起身离座时，主动为宾客拉椅，检查是否有遗留物品；礼貌送宾客至宴会厅门口。做好宴会收台工作，领班记录完成宴会的情况。

【实训步骤】

实训项目　西餐宴会服务操作内容及标准

实训时间	实训授课 2 学时，共计 90 分钟，其中示范讲解 30 分钟，学员操作 50 分钟，考核测试 10 分钟
实训器具	圆托盘，餐盘若干，装满水的红酒瓶一个，酒篮一个，装满水的白葡萄酒瓶一个，冰酒桶一个，冰水壶一个，口布三条，西餐宴会摆台用品
实训方法	（1）示范讲解。 （2）学员分成 8 人 1 组，在操作室进行操作练习
操作步骤	**主要操作内容及标准**
宴会准备工作	了解参加宴会的人数、标准、宾主身份、举办单位、付款方式、特殊要求、菜单内容和服务要求等；了解席位安排；熟悉宴会菜单内容。 在宴会开始前将面包摆放在面包盘里，将黄油放在黄油碟中。为客人斟好冰水或矿泉水

续表

操作步骤	主要操作内容及标准
迎宾及休息室鸡尾酒服务	宾客到达时礼貌、热情地表示欢迎。 引领宾客到休息室休息，并为宾客送上饮料及餐前酒品。给宾客送饮料前先征求宾客的意见，然后送上餐前酒或饮料。送饮料给宾客时，如宾客是坐饮，要先在宾客面前的茶几上放杯垫，然后放饮料杯；如宾客是立饮，要先给宾客餐巾纸，然后给宾客饮料。如客人需要鸡尾酒，则根据客人要求现场调制。 当宾客到齐，主人表示可入席时，服务员要立即打开通往餐厅的门，引领宾客入席
拉椅让座、落餐巾	客人到达餐桌时，服务员微笑上前表示欢迎，然后按先女后男、先宾后主的顺序为客人拉椅让座。 客人坐下后，从客人右侧为其铺口布
斟酒服务	按照西餐中酒水与菜肴的搭配规则斟倒酒水。为客人斟酒前，先为主人斟倒少许，请其品尝，主人认可后，再为其他客人斟酒
席间服务	上菜前先斟倒与之相配的酒水。 按先女宾后男宾再主人的顺序进行斟酒和上菜。 客人全部放下餐具后，从客人右侧将盘和餐具一起撤下。不太明确时，征求客人意见，经允许后方可撤下。 上主菜时如果配有色拉，应摆放在客人左边。 上甜点前，将桌上的面包盘、黄油刀、黄油碟等撤下，用服务巾清扫面包屑，将桌面清理干净，更换烟灰缸，再将甜品叉勺按左叉右勺摆放好。从客人右侧上甜品。 客人全部用完甜品后，撤去甜品餐具及桌面上除水杯之外的所有餐用具。 服务水果时，摆好水果盘和水果刀、叉，从客人左侧送上洗手盅，派送水果。 咖啡或红茶服务，在餐桌上摆放糖缸、奶罐，在客人面前摆放咖啡杯具或茶具，为客人斟热咖啡或茶
餐后酒服务	将餐后酒水车推至餐桌前，征询客人是否用餐后酒和雪茄烟，待客人选定后送上。 也有的宴会将客人请至休息室再进行饮料和餐后酒服务
礼貌送客	拉开餐椅，递送衣帽，礼貌送别客人

【实训考核】

西餐宴会服务技能评分表

组别：__________　　姓名：__________　　操作用时：__________

考核内容	考核要点	分值	组内互评	组间互评	教师评价
礼节礼貌	个人仪表整洁、得体， 服务使用敬语、面带微笑	2			
服务程序	按西餐宴会服务程序服务：餐前准备、餐前鸡尾酒服务、餐中服务、餐后酒服务、结束工作	3			

续表

考核内容	考核要点	分值	组内互评	组间互评	教师评价
操作规范	每一接待程序中，严格按照规范服务	3			
服务姿态	接待过程中，注意姿态的优美	2			
总　分		10			

【课后练习】

一、单选题

1. 服务甜品叉勺时，摆放要求是（　）。

A. 叉勺均放左边　B. 叉勺均放右边　C. 左勺右叉　D. 左叉右勺

2. 西餐宴会餐桌的主次定位标准是（　）。

A. 以离备餐台远近而定　B. 以离主桌远近而定

C. 以离厨房远近而定　D. 以离窗户远近而定

3. 法国式长方桌排法，餐桌的摆设为横向，面向门的座位是（　）。

A. 女主人位　B. 男主人位　C. 第四女宾位　D. 第三男宾位

4. 西餐宴会，上主菜时如果配有色拉，应摆放在客人（　）。

A. 餐桌中心　B. 正前面　C. 右边　D. 左边

5. 英美式长桌排法，餐桌的摆设为直向，男、女主人各坐餐桌的（　）。

A. 同一边位置　B. 两个顶端位置

C. 两边中间位置　D. 两边对角位置

二、判断题

1. 家庭式西餐宴会席位安排应考虑男女宾客穿插落座、夫妇穿插落座的原则。（　）

2. 在西餐宴会开始前半小时，可为先到的宾客提供鸡尾酒会式的酒水服务。（　）

3. 面包和黄油服务的时间选择在上完主菜以后。（　）

4. 西餐宴会服务包括宴会的准备工作、餐前鸡尾酒服务，席面服务以及宴会结束工作等。（　）

5. 服务水果时从客人右侧送上洗手盅。（　）

第四节　自助餐服务

自助餐服务是一种比较流行的服务方式，在自助服务中，客人可以从布满丰盛食品的自助餐台上选择自己所喜欢的食物，选取食物时，客人可以自己拿取，也可以由自助餐台后站立的厨师为他们提供服务。

一、自助餐的特点与分类

1. 自助餐的特点

（1）菜肴种类丰盛，选择余地大。

（2）不受时间限制，随来随吃。

（3）客人自我服务，服务人员只提供简单的服务，节省劳力，降低服务成本。

（4）进餐速度较快，餐位周转率高。

（5）用餐标准一般固定，随意食用。

2. 自助餐的分类

（1）按就餐形式，可分为坐式和立式两种，通常为坐式。

（2）按就餐地点，可分为室内和室外两种。

二、自助餐餐厅与餐台布置原则

1. 自助餐餐厅布置

（1）个性鲜明，突出主题。可以以节日或活动为主题，通过装饰材料、灯光、餐具、音乐、服务员的服装来烘托主题氛围。

（2）方便客人和服务，合理分区。餐桌与餐台相应分区、餐台相应分设，为保证客人迅速顺利取菜，一般设一个中心食品陈列桌和几个分散的食品陈列桌，特色菜通常单独设台；根据食品种类和客人数量，留出合理的空间，避免拥挤。

2. 自助餐餐台布置

（1）根据场地和就餐人数设计餐台形状。一般有长方形、圆形、椭圆形、半圆形、梯形等。长台是最基本的台形，常靠墙放；由两个长台拼成的 L 形，一般放于餐厅一角；O 形圆台，通常摆在餐厅中央。

（2）进行餐台装饰：餐台须铺台布、围桌裙（离地 2 厘米）；中央一般用鲜花，雕刻、烛台、水果、冰雕等饰物装饰、点缀、填补空白，增强效果。

（3）餐盘放在自助餐台最前端。不宜摞叠太高，一般每摞餐盘以 15~25 个为宜，如客人人数较多，可在食品台的两端分别设立取食餐具处。

（4）酒水杯的数量应当是客人人数的 3~6 倍，酒杯的摆放宜采用倒梯形，即第一排数量少，越往后数量比前一排多一个，一般以三排为宜。

3. 菜肴与酒水陈列

（1）以色拉、开胃品、汤、熏鱼、热蔬菜、烤炙类或其他热的主菜、甜品、水果为顺序摆放菜肴。

（2）可将某些特色菜分台摆放，如甜品台、水果台或切割烧烤肉类的服务桌。

（3）注意保持菜肴应有的温度，热菜用保温锅保温，宾客来后揭开盖子。

（4）每盘（盆）菜肴都要摆放一副取菜用的公用叉、勺。叉、勺的柄朝向右下方。菜盘（盆）前摆放中英文菜牌。

（5）所有菜盘（盆）不得伸出桌边，一般距桌边 5 厘米。

（6）菜肴的配料应与菜肴一起摆放。

（7）技巧摆放，控制成本。成本低的菜靠前放，客人先取食便宜的菜肴，会减少昂贵菜肴的消耗量。

（8）酒水按类分开布置时，每一类宜摆成三角形或梯形，三角形的一个尖端或梯形的短边朝向客人，这样从客人的角度看，酒水的量多而显得台面丰满。处于前端的酒水商标应正面朝向客人，且商标完整、干净，不能有脱落或不洁、不清的现象。第一排不开瓶，从最后一排斟倒。如果自助餐规模小，酒水不分类摆放，则应高低搭配，色彩协调，中间部分陈列昂贵的酒水，两边陈列普通酒水。

三、自助餐服务注意事项

（1）应遵循先宾后主，女士优先的原则。

（2）在自助餐台应有一名厨师来照顾餐台，以向客人介绍、推荐和分送菜肴，分切大块的烤肉等，其任务还包括：整理餐台，要保持其美观；及时更换和添加菜盘；检查设备，保持食品的适当温度；回答客人问题；如果客人把食物溅出及时提供帮助。

（3）客人需要自助餐规定之外的酒水时，一定要向客人说明需加收费用。

（4）一个陈列盘里如 1/3 已空时，就应进行补充，否则会让客人感觉食物不丰盛。

（5）在餐厅发生意外，如客人打翻盘子时，服务员要迅速帮助处理，将打翻在桌上的食品立即清理到空盘内，除去污迹，再盖上清洁的餐巾。打翻在地上或地毯上的食物要立即通知有关人员清洗，在此之前可先盖上一块餐巾，以免其他客人踏上去。

【实训步骤】

实训项目　自助餐服务操作内容及标准

实训时间	实训授课 1 学时，共计 45 分钟。其中，示范讲解 10 分钟、学员操作 30 分钟、考核测试 5 分钟
实训器具	圆托盘，账单夹，餐盘若干、餐具若干、饮料杯若干、咖啡杯或茶杯、服务夹、自助餐摆台
实训方法	（1）示范讲解。 （2）学员分成 8 人 1 组，在操作室进行操作练习
操作步骤	**主要操作内容及标准**
迎宾服务	客人到达时，服务员微笑上前表示欢迎，然后按先女后男、先宾后主的顺序为客人拉椅让座。 客人坐下后，从客人右侧为其铺口布
酒水服务	询问客人需要的酒水。如果客人想喝规定以外的酒水，则说明需加收费用。 开单领取饮料并提供斟酒服务
餐中服务	整理自助餐台。 由厨师向客人介绍、推荐菜肴，分切大块烤肉或现场烹制食品等。 及时补充食品及餐具。保证食品、餐具不短缺。 保持台面清洁卫生。 保证菜肴温度。 对行动不便的客人，应征求意见后为其取食物。 及时撤下客人用过的餐盘、餐具、饮料杯。 随时为客人提供添加酒水、更换烟灰缸、点烟等服务。 帮助客人取递食品
咖啡或茶服务	客人用完甜点后，将台面清理干净，询问客人是否需要咖啡或茶，如果需要，则将糖缸、奶罐摆在桌上，为客人斟上热咖啡或茶
结账送客	客人示意结账后，迅速到收银台取账单，仔细核对后，放入账单夹递送给客人。 客人离座时，上前拉椅，提醒客人带好随身物品，礼貌送客

【实训考核】

自助餐服务技能评分表

组别：__________ 姓名：__________ 操作用时：__________

考核内容	考核要点	分值	组内互评	组间互评	教师评价
礼节礼貌	个人仪表整洁、得体，服务使用敬语，面带微笑	2			
服务程序	按自助餐服务程序进行服务	3			
操作规范	每一接待程序中，严格按照规范服务	3			
服务姿态	接待过程中，注意姿态的优美	2			
总 分		10			

【课后练习】

一、单选题

1. 自助餐负责向客人介绍、推荐和分切大块烤肉或现场烹制食品菜肴的员工一般是（ ）。

A. 迎宾员 B. 厨师 C. 收银员 D. 值台员

2. 自助餐酒水陈列的原则，表述错误的是（ ）。

A. 酒水分类陈列时，每一类宜摆成三角形或梯形

B. 陈列的酒水商标应完整、干净且正面朝向客人

C. 酒水不分类摆放，则应高低搭配，色彩协调

D. 酒水不分类摆放时，中间部分陈列普通的酒水，两边陈列昂贵的酒水

3. 自助餐餐台的圆台形，通常摆在（ ）。

A. 餐厅大门处 B. 厨房进出口处

C. 餐厅角落 D. 餐厅中央

4. 自助餐菜肴陈列时，菜肴的配料（ ）。

A. 由服务员分派 B. 与菜肴一起摆放

C. 摆放在客人的进餐桌上 D. 单独摆放在另一个餐台上

5. 自助餐菜肴摆放时，一般靠前放的菜肴是（　　）。

A. 成本低的菜　　B. 成本中等的菜

C. 成本较高的菜　　D. 成本昂贵的菜

二、判断题

1. 自助餐陈列盘里全部菜肴取完毕，应进行补充。（　）

2. 自助餐每三盘（盆）菜肴都要摆放一副取菜用的公用叉、勺。（　）

3. 自助餐餐台的 L 形，一般放于餐厅一角。（　）

4. 自助餐菜肴摆放顺序一般是：色拉、开胃品、汤、熏鱼、热蔬菜、烤炙类或其他热的主菜、甜品、水果。（　）

5. 自助餐菜肴摆放时，一般靠前放的是成本昂贵的菜肴。（　）

第九章　其他服务规范

酒店餐饮部除了提供中、西餐服务，还提供其他服务项目，如客房送餐、酒吧服务、茶坊服务等。

第一节　客房送餐服务

客房送餐服务（Room Service）是星级饭店为方便客人所提供的一项服务，也是饭店的创收渠道之一。送餐部通常是餐饮部下属的一个独立部门，一般提供全天24小时或不少于18小时的服务。由于服务周到，涉及环节多，人工费用高，所以产品和服务的价格一般比餐厅售价高20%~30%。

一、客房餐饮服务的主要内容

（1）早餐：早餐是客房餐饮服务最主要的项目，主要供应正式的欧陆式、美式零点早餐。

（2）午餐、晚餐、夜宵：提供容易烹调、速度快、不易变味的菜品。

（3）点心：三明治、面点、主食、甜点、水果等。

（4）饮料：只要是饭店有的饮料都可向客人提供。

（5）特别服务：总经理赠送给VIP客人的花篮、水果篮、欢迎卡等都由客房餐饮服务人员负责送入客人房间；送给VIP客人的生日礼物，如鲜花、蛋糕等；节日送给全部或部分客人的礼物。

二、客房送餐特别服务的服务程序

1. 送VIP客人水果篮

（1）每天早班从前台获取VIP宾客报表，了解客人预抵时间、人数、房号、特殊要求，根据VIP客人的等级和饭店的规定配备水果。

（2）所用的水果必须符合质量要求；进行消毒冲洗后，将水果装入水果篮；用透明礼品塑料纸包装，束上丝带。

（3）准备刀、叉、餐巾、甜食盘、洗手盅；洗手盅内放三分之一的水并配上柠檬片；将叠好的餐巾荷花套垫放在甜食盘和洗手盅下。

（4）提前20分钟送达房间，将水果篮摆在客房小圆桌上，果篮下方放置洗手盅，甜食盘上放置刀、叉及餐巾，在水果篮上放置总经理名片及欢迎卡。

（5）检查，确保水果新鲜洁净卫生，确认所有餐具和食品摆放合理、正确。

2. 生病客人服务

（1）了解患病客人的基本病情、饮食禁忌和所需要的特殊服务。

（2）婉转礼貌地征询患病客人的用餐建议和特殊要求。

（3）积极向客人推荐清淡可口、营养丰富、易于消化的菜肴、食品。

（4）根据客人的病况和需求下订单。

（5）确保菜肴制作、送餐过程中的清洁卫生。

（6）按照客房送餐的程序和标准向患病客人提供规范服务。

（7）为客人送上鲜花和水果，祝愿客人早日康复。

对生病客人服务时，必须注意以下几点：

①根据宾客的病情合理安排就餐位置，以减轻宾客的体力消耗。

②在服务的过程中，行为举止体现对患病客人的关切、安慰，不要过多地问及客人的病情。

③如客人需要就医，向客人介绍附近的就医场所。

④为客人提供白开水或矿泉水，以方便客人服药。

⑤客人在进餐的过程中，如病情突发，服务员应保持冷静，立即用电话通知饭店医务室和客房部经理，同时照顾病人在床上休息；如客人已休克，则不宜搬动客人。

【实训步骤】

实训项目　客房送餐服务技能操作内容及标准

实训时间	实训授课1学时，共计45分钟，其中示范讲解10分钟，学员操作25分钟，考核测试10分钟
实训器具	送餐用具、餐盘等
实训方法	（1）示范讲解。 （2）学员分成5人1组，在操作室进行操作练习
操作步骤	**主要操作内容及标准**
了解当天供应食品情况	订餐员了解当天供应食品情况：上午10:30、下午2:30。 准确记录菜单上食品实际供应的变动情况，详细记录特荐食品原料、配料、味道及制作方法。 将食品信息通知到客房餐饮部的每一位工作人员

续表

操作步骤	主要操作内容及标准
接受客人预订并记录	电话铃响三声之内接听电话，聆听客人预订要求，掌握客人订餐种类、数量、人数及特殊要求，主动向客人介绍当天推荐食品。 复述客人预订内容及要求，告诉客人等候时间并向客人致谢。 根据订单为客人备餐。若客人需要特殊食品或有特殊要求需附文字说明连同订单一同送往厨房，必要时，可向厨师长说明
备餐摆台	准备送餐用具(送餐车、托盘)和餐具；备好客人所订食品和饮料；热菜一定要放入保温箱内
送餐	在送餐途中，保持送餐用具平稳、避免食品或饮品溢出。 食品、饮品餐具需加盖或加洁净盖布，确保卫生。 核实客人房号，敲门三下，报称"客户服务"
客房内服务	待客人开门后，问候客人，并询问是否可以进入房间，得到客人允许后进入房间，并致谢。 询问客人用餐位置，按照客人要求放置，依据订餐类型和相应规范进行服务。 如果是早餐，询问客人是否需要帮助其打开窗帘
结账道别	双手持账单夹上端，将账单递给客人，客人签完后向客人致谢。 请客人用餐，服务员礼貌退出房间
收餐	检查订餐记录，确认房间号码。 早餐30分钟后打电话收餐，午、晚餐60分钟后打电话收餐。 问候客人并介绍自己，询问客人是否用餐完毕。 服务员收餐完毕即刻通知订餐员，订餐员要详细记录。 当客人不在房间时，请楼层服务员开门及时将餐车餐盘等用具取出；若客人在房间，收餐完毕需询问客人是否还有其他要求并道别

第二节 酒吧服务

酒吧（Bar）是以销售各种酒类和饮料为主，兼营各种佐酒小吃，同时也是人们交友、聚会的场所。酒吧服务应以客人需求为目标，高效周到，不断创新，给客人留下深刻和良好的印象。

一、酒吧的组成

酒吧由前吧、后吧和服务区域三部分组成。

1. 前吧

前吧主要包括吧台面及操作台。

（1）吧台面。吧台面摆放一排蘑菇形圆凳或有靠背的高椅子。最常见的吧台高度一般在1.1~1.2米，但在一些较低矮的酒吧或酒店顶层的酒吧中，吧台高度相对降低，以免遮挡顾客的观赏视线。吧台宽度在0.7~0.76米，厚度在0.04~0.05米。吧台面主要放置饮料，调酒员在此向客人提供酒水，有些客人也在此饮用。吧台上部倒挂各种酒杯，并装饰新颖的吊灯。

（2）操作台。操作台位于吧台下方，高度一般在0.85~0.9米，宽0.65米，它是调酒员工作的重要区域。主要设备有：装有滴水板装置的三格洗涤槽（具有初洗、刷洗、消毒功能）；饮料分配系统（诸如苏打枪之类）、瓶装酒架、杯架、冰盒、调味碟等，这样安排既减轻了调酒员的体力消耗，又不影响操作。

2. 后吧

后吧具有展示和储存的双重功能，酒柜上摆满了各种牌号的瓶装酒，并镶嵌了玻璃镜，它可以增加房间深度，使坐在吧台前喝酒的客人，通过镜子反射，观赏酒吧内的一切，同时调酒员也可以通过此镜子观察客人。传统上认为没有酒瓶、酒杯、镜子便不是酒吧，现代酒吧仍沿用这一习惯。

后吧包括陈列柜、制冰机、收银机、储存柜、电冰箱等。前吧和后吧之间的距离应为1~1.25米。如果太宽，则调酒师来回走动时间长，影响工作效率；如果太窄，则显得很拥挤，也不利于工作。

3. 服务区域

服务区域应设有高级的小圆桌、低矮的重椅或沙发等配套家具，地面应铺满地毯。

二、酒吧的常见器具

（1）摇酒壶（Shaker，亦称调酒壶）：是由壶盖（Top）、滤冰器（Strainer）、壶体（Body）三个部分组成。先把配料和冰倒入壶体中，再依次装上滤冰器、壶盖。摇动后，打开壶盖，通过滤冰器将酒斟入载杯中。

（2）调酒杯（Mixing Glass）：又称酒吧杯（Bar Glass）。是用厚玻璃制成，杯内底部有一圆形凸起，将较大的冰块和配料放入其中，用吧匙沿着杯壁进行搅动，再盖上滤冰器，将酒斟入载杯中，并提供给客人。

（3）吧匙（Bar Spoon）：在搅拌配料时使用的，中央为螺旋形的长柄匙，吧匙的另一端是叉形，用于从容器中取出樱桃或将柠檬片放在酒杯之上。

（4）量杯（Measure Cup）：用来计量酒或果汁分量的金属杯。

（5）榨汁器（Squeezer）：将柠檬、橘子、橙子、西柚等柑橘类水果榨成鲜果汁时使用的器具。

（6）开塞钻（Corkscrew）：专业的酒吧服务员在客人面前最好使用依据杠杆原理来开启瓶塞的杠杆式开塞钻。

（7）香槟酒定塞器（Champagne Stopper）：这是一种香槟酒开塞后为防止二氧化碳气体逸出而紧塞瓶口的装置。

（8）搅拌棒（Muddler）：是用于搅拌鸡尾酒或捣碎放入鸡尾酒中的砂糖和水果果肉的棒。

（9）冰锥（Ice Pick）：是捣碎冰时必不可少的工具。锥的种类，有单尖的，也有双尖或三尖的。

（10）冰桶（Ice Pail）：也称为冰斗（Ice Backet）。是盛放碎冰块用的容器。

（11）冰钳（Ice Tongs）：是夹冰的工具。为了更容易夹起冰，在夹钳部带有锯齿纹。

（12）冰铲（Ice Shovel）：铲碎冰和方冰块用的稍大一点儿的，也有铲碎冰用的小铲。

（13）碎冰机（Ice Crusher）：是制造碎冰的机器，有手动和电动的两种。

（14）鸡尾酒刺针（Cocktail Pin）：这是一种牙签状的刺针，用它刺在鸡尾酒的装饰物，如橄榄、樱桃等上，然后用手拿着吃起来更方便。

（15）节流瓶嘴（Pourer）：是将其插在打开瓶盖的瓶口里使用的一种附加瓶嘴，它能很好地控制倒出的液体流量。当一天业务结束后，要把节流瓶嘴拿下来，盖上原来的瓶栓（盖）。

（16）擦杯巾（Glass Towel）：是擦拭酒杯用的布巾。

（17）杯垫（Coaster）：是垫在酒杯下面的铺垫。由于酒杯有时会流下水滴，所以最好有一定的吸水力。

其他一些工具，如果平时备有的话，用时非常方便。如小刀（Petit knife）、带把的大啤酒杯（Jug）、葡萄酒冷藏器（Wine Cooler）、玻璃杯托（Glass Holder）、葡萄酒定塞器（Wine Stopper）等。

三、酒吧常用的酒杯及酒杯的清洗、擦拭服务

酒吧常用的酒杯有威士忌酒杯（Whisky Glass）、广口威士忌酒杯（Rock Glass）、高口平底杯（Tumbler）、柯林杯（Collins Glass）、有柄啤酒杯（Jug）、利乔酒杯（Liqueur Glass）、白兰地杯（Brandy Glass）、鸡尾酒杯（Cocktail Glass）、雪利酒杯（Sherry Glass）、香槟酒杯（Champagne Glass）、葡萄酒杯（Wine Glass）、沙瓦杯（Sour Glass）、大高脚杯（Goblet）、啤酒杯（Beer Glass）。

清洗酒杯的步骤有：

（1）用蘸有中性洗涤剂的海绵刷子将酒杯清洗干净之后，用清洁的热水冲洗，然后，将其倒扣过来去掉水珠。

（2）在酒杯还没有变凉之前，用麻或棉麻混纺的专用酒杯擦巾将杯子认真擦拭干净。即使是用酒杯清洗机清洗过的酒杯，如果是自然干燥的话也会留下水印的痕迹，因此必须要擦干净。

（3）收放擦好的酒杯时，专业的酒吧服务员的做法是将杯口朝上放置。酒杯的擦拭，要按图 9–1 所示要领进行。

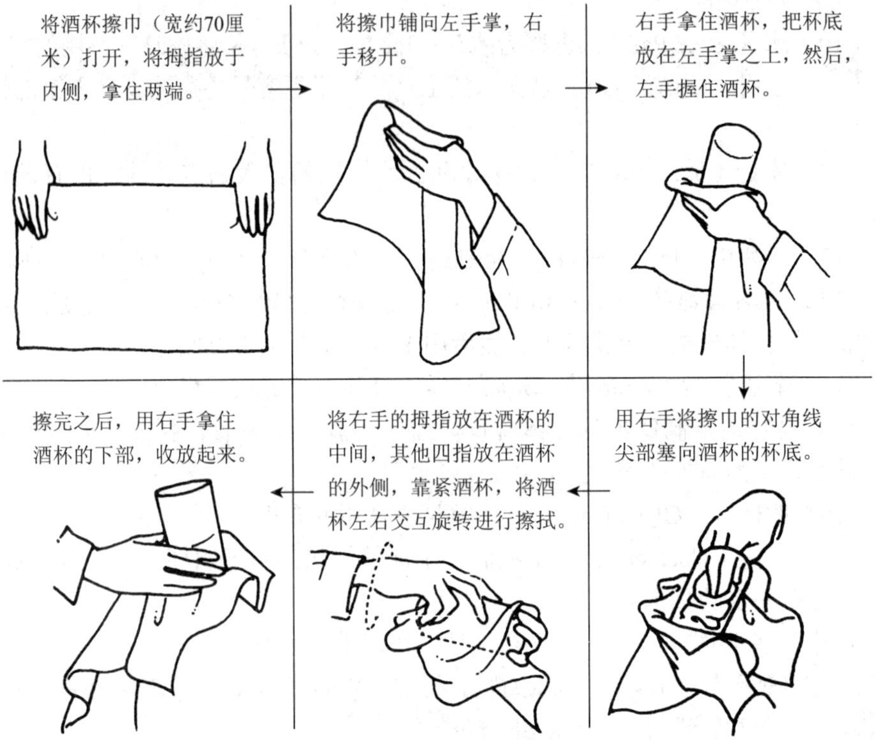

图 9–1　酒杯擦拭要领

【实训步骤】

实训项目　酒吧服务技能操作内容及标准

实训时间	实训授课 1 学时，共计 45 分钟，其中示范讲解 10 分钟，学员操作 25 分钟，考核测试 10 分钟
实训器具	酒吧用具、托盘等
实训方法	（1）示范讲解。 （2）学员分成 5 人 1 组，在操作室进行操作练习

续表

操作步骤	主要操作内容及标准
营业前的准备工作	做好酒吧的清洁卫生工作，包括前吧、后吧、地面、酒杯等清洁。 填写酒水领料单，按要求陈列酒水。 调酒师备好调酒用具、冰块、配料、装饰物等；酒吧服务员整理好桌椅、托盘、餐巾纸、酒水单、笔、杯垫等。 设备及环境、个人的仪表仪容检查
酒吧服务	客人到达酒吧时，服务员应主动热情地问候客人。 将客人引领到其喜爱的座位入座。单个客人喜欢到吧台前的吧椅就座。对两位以上的客人，服务员可领到小圆桌旁就座并协助拉椅，女士优先。 客人入座后递上酒水单，向客人介绍酒水和鸡尾酒的品种，并耐心回答客人的有关提问。 开单后，服务员要向客人重复并确认订单。 坐在吧台前吧椅上的客人由调酒师负责点酒
调酒服务	调酒师接到点酒单后要及时调酒。 调酒时，应始终面对客人，去陈列柜取酒时应侧身而不要转身，否则被视为不礼貌。 严格按配方要求调制，如客人所点的酒水是酒单上没有的，应征询客人的意见，按其要求调制。 调制好的酒应尽快倒入杯中，对吧台前的客人应倒满杯，其他客人斟倒八成满即可。 若要斟一杯以上的酒，应将酒杯整齐排列在吧台上，然后由左至右、再由右至左反复斟倒，使各杯的酒水浓度均匀。 随时保持吧台及操作台的卫生，用过的瓶酒应及时放回原处，调酒工具应及时清洗。 当吧台前的客人杯中的酒水不足三分之一时，调酒师可建议客人再来一杯，起到推销的作用
送酒服务	送酒时应先放好杯垫和免费提供的佐酒小吃，递上餐巾后再上酒，报出饮品的名称并说“这是您的，请慢用”。 服务员要巡视自己负责的服务区域，及时撤走桌上的空杯、空瓶(听)，并按规定要求撤换烟灰缸。 在送酒服务过程中，服务员应注意轻拿轻放，手指不要触及杯口，处处显示礼貌卫生习惯。 如果客人点了整瓶酒，服务员要按示酒、开瓶、试酒、斟酒的服务程序服务
结账服务	客人示意结账时，服务员应立即到收银台处取账单。 确认无误后，将账单放在账单夹中送至客人的面前，并有礼貌地说：“这是您的账单。” 找回零钱后要向客人道谢，并欢迎客人下次光临
清理酒吧	将剩余的酒类、配料等妥善存放。 用托盘将台面上撤下的杯具等送至工作间清洗、消毒
填制表单	检查和记录酒水的实际存数，填写酒水的记录簿，如实反映当日或当班所售酒水的数量，理论盘存和实际盘存数量必须相等。 全面检查酒吧的安全状况，关闭除冷藏设备以外的所有电源开关

第三节　茶坊服务

茶坊服务是近年来高星级酒店为了满足不同客人对品茶的需求而提供的茶艺服务。以表现茶艺、品味茶文化、洽谈业务、休闲聊天为主要内容。

一、茶坊的经营特点

（1）文化特色的民族性。茶坊是通过古朴典雅的家具、悠扬的民族音乐、民族服装、工艺品、各种各样的名茶、引人入胜的茶艺表演，让人在领略茶文化风韵的同时，感受民族文化的丰富内涵。

（2）社会效益性。茶坊在经营过程中，注重茶文化的宣传和普及，所产生的良好社会效益也能促进茶坊经济效益的提高。

（3）经营方式的灵活性。茶坊既有室内的雅座、普座、包房，也有室外的融酒店自然风景于一体的茶座；既有早茶、午茶、下午茶、自助茶，也有各地名茶、调饮茶等。在经营上，传统和时尚有机结合，充分满足客人的需要。

二、茶坊服务的基本要求

1. 服务标准化

服务标准化是保证茶艺服务质量的最基本要求。标准化内容包括：迎宾服务标准、仪容仪表、言谈举止、礼仪礼节的标准、茶艺表演动作标准、茶叶、茶具、茶点等的质量控制标准；茶艺师的考核标准等。

2. 服务诚信化

就是要求茶艺服务人员对客人以诚相待，真挚恳切，讲究信誉。

3. 服务情感化

茶艺服务人员必须有意识地树立“三心”：即细心，真心，热心。

4. 服务艺术化

为能更好地展示茶艺之美，演绎茶文化的丰富内涵，茶艺服务人员在进行服务时就要充分体现出礼、雅、柔、美、静的服务艺术要求。

（1）礼。服务过程中，要注意礼貌、礼仪、礼节，以礼待人，以礼待茶，以礼待器，以礼待己。

（2）雅。茶乃大雅之物，尤其在茶坊工作，服务人员的语言、动作、表情、姿势、手势等都要符合雅的要求，努力做到言谈文雅、举止优雅，尽可能与茶叶、茶艺、茶坊的环境相协调，给客人一种高雅的享受。

（3）柔。茶艺服务人员在进行茶品服务时，动作要轻柔，讲话时语调要委婉、温和，展现茶艺服务特有的柔和之美。

（4）美。主要体现在茶美、器美、境美、人美等方面。茶美，要求茶叶的品质要好，货真价实，并且通过优美的茶艺把茶叶的各种美感表现出来。器美，要求茶具的选配要与冲泡的茶叶、客人的心理、品茗环境相适应。境美，要求茶室的布置、装饰要协调、清新、干净、整洁，台面、茶具应干净、整洁且无破损等。茶、器、境的美，还要通过人美来带动和升华。人美体现在服装、言谈举止、礼仪礼节、品行、职业道德、服务技能和技巧等方面。

（5）静。主要体现在环境安静、器静、心静等方面。茶坊最忌喧闹、喧哗、嘈杂之声，播放的音乐要轻柔、悦耳，交谈声音不能太大。茶艺服务人员在使用茶具时，动作要娴熟、自如、轻拿轻放，尽可能不发出声音，做到动中有静，静中有动，高低起伏，错落有致。心静，就是要求心态平和。茶艺服务人员的心态要在泡茶时能够通过语言、动作、表情等表现出来并传递给客人。如果表现不当，就会影响服务质量，引起客人的不满。

【实训步骤】

实训项目　茶坊服务技能操作内容及标准

实训时间	实训授课 1 学时，共计 45 分钟，其中示范讲解 10 分钟，学员操作 25 分钟，考核测试 10 分钟
实训器具	茶艺用具、茶叶等
实训方法	（1）示范讲解。 （2）学员分成 5 人 1 组，在操作室进行操作练习
操作步骤	**主要操作内容及标准**
营业前的准备工作	做好环境布置工作：茶坊的卫生、湿度、温度、通风与采光、装饰布置、灯光、色彩、绿化。 熟悉茶单，了解茶单的变化，熟悉茶单的内容，熟悉茶品的服务方式。 备好茶叶、茶具：备好茶坊提供的各类名茶以及冲泡所需的茶具，如乌龙茶用具、玻璃杯用具、瓷壶用具、盖碗用具和辅助用具等。 淡妆上岗，注意手部卫生，头发要干净整洁，统一着装
营业中的服务工作	礼貌迎宾。 主动点茶，掌握好推荐时机，运用合适的推荐方法，根据不同季节、不同客人，推荐茶饮、茶点。 按照不同茶叶的冲泡流程进行茶艺服务。一般顺序为展示茶叶、温杯洁具、投茶、冲水、分茶、敬茶、品饮。 询问客人是否需要配套的茶点，并介绍和推销茶坊的特色茶点。 当客人确认了茶点后应立即送上并配送毛巾或餐巾纸。 添加茶水，再次推销茶饮，及时清理桌面
结束工作	结账收款、礼貌送客、清理台面

【实训考核】

客房送餐服务、酒吧服务、茶坊服务技能评分表

组别：__________ 姓名：__________ 操作用时：__________

考核内容	考核要点	分值	组内互评	组间互评	教师评价
礼节礼貌	个人仪表整洁、得体，服务使用敬语，面带微笑	2			
服务程序	按客房送餐服务 / 酒吧服务 / 茶坊服务程序进行服务	3			
操作规范	每一接待程序中，严格按照规范服务	3			
服务姿态	接待过程中，注意姿态的优美	2			
总　分		10			

【课后练习】

一、单选题

1. 客房送餐服务一般提供不少于（　　）小时服务。

A.12 小时　　B. 15 小时　　C. 18 小时　　D. 20 小时

2. 饭店的 VIP 客人的送餐服务是由（　　）来完成的。

A. 营销部经理　　B. 客房部经理

C. 客房送餐领班　　D. 前厅服务员

3. Room Service 是指（　　）。

A. 客房清扫服务　　B. 客房送餐服务

C. 酒吧服务　　D. 外卖服务

4. 酒吧设计的吧台高度应为（　　）。

A. 110~120 厘米　　B. 90 厘米　　C. 100 厘米　　D.130 厘米

5. 高星级酒店茶坊服务的主要内容不包含（　　）。

A. 品味茶文化　　B. 棋牌活动　　C. 洽谈业务　　D. 休闲聊天

二、判断题

1. 客房收餐具服务要求早餐 30 分钟后打电话收餐。（　　）

2. 酒吧吧台应保持卫生，用过的酒瓶应顺手放置。(　)

3. 酒吧的前吧和后吧之间的距离应为 3 米。(　)

4. 吧台前的客人杯中的酒水不足三分之一时，调酒师可建议客人再来一杯，起到推销的作用。(　)

5. 茶坊服务员按照不同茶叶的冲泡流程进行茶艺服务。一般顺序为展示茶叶、温杯洁具、投茶、冲水、分茶、敬茶、品饮。(　)

English For Hospitality

Section 10 The Front Desk Service

Part 1 Reservation and Telephone Desk
房间预订及电话服务

1. Lead-in

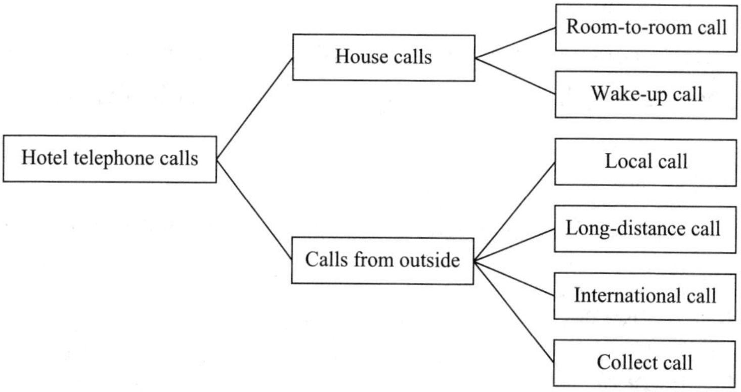

2. Useful Expressions

(1) wake-up service
叫醒服务

(2) Good morning/afternoon/evening…Hotel. Can I help you?
早上好 / 下午好 / 晚上好。这是 ××× 酒店。需要我效劳吗？

(3) I'm leaving for Tokyo tomorrow morning.
明天早上我要去东京。

(4) Could you wait for a moment while I put you through, please?
我帮您转接过去。请您稍等一会儿，好吗？

(5) At what time shall we call you?

我们该什么时候叫您起床？

(6) I'll transfer your call to… Could you hold on the line, please?

我将帮您把电话转到 ××× 部门，请您别挂电话，好吗？

3. Dialogue

(A: Operator; B: Guest)

A: This is the operator. Can I help you?

B: I'm leaving for Tokyo tomorrow morning. Will you please give me a call in the morning?

A: Certainly, sir. Your room number is 1235, right?

B: Yes, 1235.

A: At what time?

B: At around 6: 00 a.m.

A: We have a computer wake-up service. Please dial 5 first and then the time. For 6:00 a.m. , press 5 and then 0600 for the time. There must be five digits in the final number.

B: 5-0600. I see.

A: That's right, sir. Our computer will record your time and your room number.

B: Thank you.

A: You are welcome, sir. Have a good sleep.

4. Role Play

Situation: A guest calls and the operator answers the phone with a standard greeting. The guest makes a request in English. Please make a dialogue between the guest and the operator.

5. Exercise

Complete the sentences with the given words in their proper forms.

incoming	street	connect	woken	free
response	incident	guide	souvenirs	guests

(1) Service attitude plays an important role in impressing ________.

(2) He changed his phone number, so no ________calls could get through.

(3) I'd like to be ________ up tomorrow morning.

(4) What's your principal reason for wanting to be a tour ________ ?

(5) I sent you, at your house, the ________ you wanted.

(6) Our hotel offer ________ wake-up service. All you have to do is simply dialing some numbers.

(7) He had no desire with that break-in ________.

(8) The first ________ on the right will lead you to the post office.

(9) Nowadays, ________ problem is even more serious than before.

(10) The guest's ________ to the delicious Chinese food is great.

Part 2 Mail and Information
邮寄服务与信息咨询

1. Lead-in

The Services of Mail and Information Area usually include: Handling messages and mails of the guests; Introducing facilities and services of the hotel; Showing the way to a certain place in the city; Introducing facilities of the surrounding area.

Hotel facilities usually include: Health Club; Spa & Salon; Restaurants & Bars; Entertainment & Gaming; Business Centre Banquet and Conference Shopping.

Other facilities include: Airport limousine and shuttle; Currency exchange; Regular bus & light rail services; Doctor on call; Laundry services; Checkout.

2. Useful Expressions

(1) Where is the coffee shop, please?
请问咖啡厅在什么地方?

(2) The coffee shop is next to the lift.
咖啡厅在电梯旁边。

(3) Can I get something hot at this hour of night?
在晚上这个时间，我是否还能吃上点儿热的东西呢?

(4) Yes. Over there in the coffee shop.

可以，就在那边的咖啡厅里。

(5) The travel agency in the hotel takes all kinds of booking.

酒店的旅行社代办各种预订票。

(6) You can send your telex and fax in the business center.

您可以在商务中心发电报和传真。

3. Dialogue

(A: Guest; B: Receptionist)

A: Is there any place in the hotel where we can amuse ourselves?

B: If you want to take a walk, you can go to the garden. It is very relaxing there.

A: Oh, that sounds good. But is that the only place to go?

B: No, sir. There is a Recreation Centre on the ground floor. You can play billiards, table tennis, bridge, and go bowling.

A: Is there a place where we can listen to some music?

B: Yes, sir. There is a music tea house where you can enjoy both classical and modern music.

A: Oh, great! Thank you very much.

B: You are welcome.

4. Role Play

Situation: Steven is an American and now he is on business in Beijing. He lives in Jianguo Hotel, right now he needs to send a fax to his company which is located in Shanghai. He goes to the business center of the hotel. Please make a dialogue between Steven and the clerk.

5. Exercise

Complete the sentences with the given words in their proper forms.

agency	hour	order	fax	accessible
garden	tourist	modern	handle	straight

(1) Excuse me. Can I get a ________ map in the hotel?

(2) It is too far away. Could you ________ a taxi for me?

(3) The travel ________ in the hotel takes all kinds of booking.

(4) This path gives ________ to the parking lot.

(5) In ________ hotels, room cards are used rather than regular keys.

(6) You can send your ________ in the Business Center.

(7) Can I get something hot at this ________ of night?

(8) A waiter should know how to ________ complaints.

(9) It is just behind the hotel. Go ________ down this road. Take the first left and it is on your left.

(10) I hope you have a happy time in the ________ Center.

Part 3 Cashier and Check-out
结算离店

1. Lead-in

Check Out Procedures

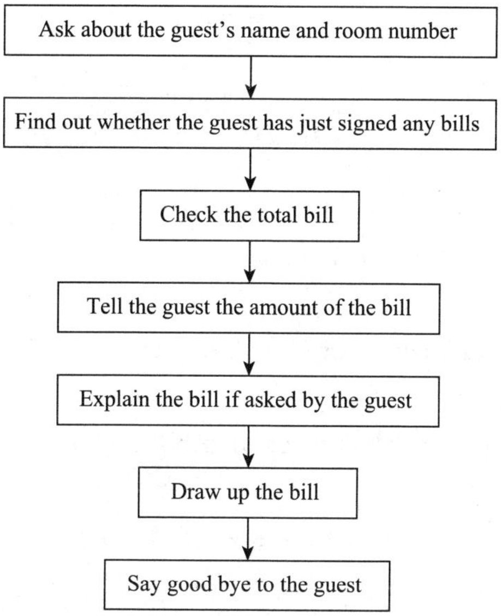

2. Useful Expressions

(1) Just a moment, please. The cashier will have your bill ready in a moment.
请稍等，收银员马上会准备好您的账单。

(2) I will calculate/draw up the bill for you.
我帮您结账。

(3) Thank you for waiting, Mr. ×, here is your bill. Would you like check?
让您久等了，× 先生。这是您的账单，您要核对一下吗？

(4) Could you sign your name here, please?
请您在这儿签名，好吗？

(5) Please keep the receipt, you'll have to produce it when you want to change your money back.
请保管好您的收据，您要换回钱币的时候需要出示它。

(6) I'm afraid that we only offer one-way change.
恐怕我们只提供单向兑换。

(7) We have a change limit of US$ ×× between 9 p.m. and 8 a.m.
在夜晚 9 点到早上 8 点之间，我们有 ×× 美元兑换限额。

(8) I'm afraid we have no credit arrangements with your company, madam. You may by any of these credit cards instead.
女士，我们与贵公司恐怕没有信用贷款协定，您可以选用这些信用卡中的任何一种。

3. Dialogue

(C= Cashier; G=Guest)

C: Good morning, sir. May I help you?

G: Yes, I'd like to check out.

C: Certainly sir. May I have your room key, please?

G: Sure, here it is.

C: Just a moment, please. I'll draw up your bill for you.

(After a while)

C: Mr. Johnson, your bill totals US $520. How would you like to make the payment?

G: By credit card. Do you accept Visa?

C: Yes, Mr. Johnson.

G: Here you are.

C: *(Print the card)* Could you sign here, please?

G: Sure.

C: Thank you, Mr. Johnson. Here is your credit card and your receipt. Have a nice trip.

4. Role Play

Situation: When checking out, the guest wanted a detailed explanation on every item on the bill. During the explanation a miscalculation was found. After correcting it, the clerk apologized to the guest. Make a conversation between them.

5. Exercise

Translate the following Chinese into English.

(1) 请稍等一下，我帮您结算账单。

(2) 可以给我开张收据吗？

(3) 要我解释一下收费款项吗？

(4) 我们将把账单改过来，从总额中减去 200 元。

(5) 我为给您带来的不便表示歉意。

Section 11 Restaurant Service

Part 1 Food Service
用餐服务

1. Lead-in

Ways of Western Food Service include: Russian Service; French Service; American Service; English Service; Buffet Service; Integral Service.

2. Useful Expressions

(1) Would you like your rice now or later?
米饭是现在上还是一会儿再上?

(2) Shall I bring some garlic and ginger?
要不要我拿些姜蒜来?

(3) Waitress, can you bring me the menu? I want to order something more.
服务员，能不能把菜单拿过来? 我想再点些东西。

(4) This is complementary / on the house / free of charge.
这是免费赠送的 / 不收费的。

3. Dialogue

(A: Waitress; B: Guest)

A: Your Braised Prawns, Fried Steak, and the red wine, sir. Please enjoy.

B: Thank you.

A: This is very hot. Please be careful.

B: OK. By the way, can I have one more spoon and bowl?

A: Sure, sir. Please wait for a moment.

(A moment later.)

A: Here is your spoon and bowl, sir. Anything else I can do for you?

B: No, thank you.

(A few minutes later.)

B: Waitress, can you please bring me some desserts?

A: Yes, sir. What kind of dessert would you prefer?

B: Well, I'd like to have a chocolate pudding.

(Several minutes later.)

A: Sir, this is your chocolate pudding. Shall I serve the coffee now or later?

B: Later, please.

(After the guest has finished his pudding.)

B: Waitress, please bring me the bill. And my coffee, please.

A: Yes, sir. This is the bill. And your coffee. How is everything?

B: Fine, thank you.

4. Role Play

Situation: A guest ordered fish-maw soup. But he realized he did not want it after it was served. So the waiter explained to him that the dish cannot be changed once it was ordered and served.

5. Exercise

Translate the following Chinese into English.

(1) 我能把这道菜移到您那边去吗?

(2) 服务员，能把菜单拿过来吗?我想再点些东西。

(3) 能不能帮我换张桌子?

(4) 你们好像上错了菜。

(5) 稍等一下，这是你们餐厅的招牌菜吗?

Part 2 Paying the Bill
结账服务

1. Lead-in

Credit cards or Cash

Many guests prefer to carry their money in the form of traveler's checks because these are safer than cash. If the guest loses them, or if they are stolen, he can get his money back. Traveler's checks have other advantages. They can be bought in different kinds of currency, so the guest does not have to worry about the changing of the exchange rates. Today more and more people are using credit cards instead of money to buy the things they need. There are many credit cards available: AE, Master, Visa and Dinner's Club are the names of some of the most popular credit cards. With the credit card in your wallet or purse, you don't have to carry much cash. This saves your trips to the bank to cash checks or withdraw cash. If you stay in the hotel, you may sign the bill instead of pay with cash or credit card. Signing your name and room number is OK. When you check out, the hotel will charge all the expenses you consume in the hotel together.

Of course, you can pay with cash directly. But sometimes, you should change the money into the local currency as some restaurants do not accept foreign currencies. If you bring much money with you when you go out, it's unsafe.

2. Useful Expressions

Traveler's checks 旅行支票
exchange rate 汇率
American Express （美国）运通卡
Diners Club （美国）大来卡
Visa （美国）维萨卡
Master Card （美国）万事达卡

(1) How would you like to pay the bill?
您打算如何付费呢？

(2) There are several payment terms as follows: cash, credit card, check and signing the bill.
一共有下面几种付款方式：现金、信用卡、支票和签单。

(3) I'm sorry, sir. This card has expired. Please change another one.
对不起，这张信用卡已到期 (expire)，请换张卡。

(4) I have no cash with me. May I use Visa?
我身边没有带现金，可以用维萨卡吗？

(5) It's very kind of you. But we don't accept any tip.
您太好了，不过我们不收小费。

3. Dialogue

(S: Mr. Smith; W: the waiter)

(When Mr. Smith finishes his dinner, he calls the waitress.)

S: *(waves to the waitress)* Waitress!

W: Yes, sir. I'm at your service. Do you have any special instructions?

S: Nothing special. I enjoyed the dinner very much. The bill, please.

W: Yes, sir. *(a short while later)* Here you are, sir.

S: 500 Yuan. Why so much? *(checks the bill carefully)* Please break it down for me. What's this 80 Yuan and 35 Yuan for if you don't mind my asking?

W: 80 Yuan for the chicken and 35 Yuan for two glasses of juice.

S: Just stop here. But I didn't have chicken at all. Do you still remember I asked you to take it back? And for the juice, I'm afraid you made an obvious mistake, because we didn't order that drink. All the drinks we have were beers and spirits. Right?

W: I'm deeply sorry, sir. I think the cashier miscalculated the bill by adding the bill of the other table to yours. I'll have it changed at once.

(The waiter comes back with a new one)

W: Sorry to have kept you waiting so long, sir. Would you mind checking it again?

S: Well, it's right this time. Here is the money. I hope such a thing will not happen to me next time.

W: I must apologize for the miscalculation. We'll report it to the manager. I assure you such a thing will not happen again. Good-bye and have a nice evening.

4. Role Play

Situation: When paying the bill, a guest finds that he doesn't have his wallet with him. Without any money, credit card or room card, the guest gets quite uneasy. Then the waiter helps him out.

5. Exercise

(1) Could you tell me where ______ get Guangdong cuisine?

A. can I　　B. may I　　C. I can　　D. I may

(2) Would you like to try Quan Jia Fu? It's our chef's ______.

A. recommendation　　B. advice　　C. dish　　D. suggestion

(3) We look forward to ______ you with us tonight.

A. have　　B. having　　C. seeing　　D. see

(4) —Is there a table for four?

—Yes. Please come ______ .

A. on　　B. in　　C. here　　D. this way

(5) I prefer coffee ______ tea.

A. than　　B. to　　C. and　　D. over

(6) There are several ways of ______.

A. Pay　　B. paid　　C. payment　　D. to pay

(7) A good hotel provides guests with ______ rooms and ______ food.

A. empty…good　　B. comfortable…poor

C. empty…poor　　D. comfortable…good

(8) —Would you like to try Whiskey?

—Oh, yes. That's just ______ I like.

A. what B. as C. that D. which

(9) The waiter is offering the guest a ______ drink while waiting.

A. complete B. common

C. complement D. complimentary

(10) The wine is ______ from Portugal.

A exported B. imported C. important D. take

Part 3 Banquet Service
宴会服务

1. Lead-in

Types of drink service include: Before-dinner drink service; With-dinner drink service; After-dinner drink service.

2. Useful Expressions

(1) What is your house wine?

你们的酒店特饮是什么？

(2) Do you want to have an appetizer first?

要不要先来点儿开胃菜？

(3) This wine is rich but delicate and not too dry.

这种酒浓郁香醇，但也不至于一点甜味都没有。

(4) Whisky on the rocks or straight up?

威士忌加冰块还是直饮？

(5) At room temperature or well-chilled?

常温还是冰镇？

(6) It is a concoction of Remy Martin X.O. and ginger ale.

那是雷米·马丁 X.O. 和姜汁啤酒调和的。

(7) If you have your own way to make your favorite cocktail, just tell us the ingredients and we will try to make it for you, sir.
如果您想调您喜欢的鸡尾酒，请告诉我们原料，我们会尽量为您准备，先生。

3. Dialogue

(A: Waiter; B: Guest)

A: Welcome to our restaurant. Here's two cups of lemonade, and the menu. Please call me when you are ready to order.

B: OK. Thank you.

…

A: May I take your order please?

B: Yes.

(Ordering some food.)

A: What would you like to drink, sir?

B: Usually I would like some local beer. But I want to have a change today and try something else.

A: Good idea, sir. How about the Chinese alcohol?

B: No. I heard it is kind of strong. I'd like something light. You know, I have to work in the afternoon.

A: All right, sir. Would you like to try some Lambrusco? It's a very light red wine.

B: Then please bring me two glasses of that.

A: OK, sir. And if you order one bottle of Lambrusco, we can give you 30% off today.

B: It sounds attractive. OK, then one bottle please. Thank you.

A: My pleasure.

4. Role Play

Situation: A guest talked about his drink service request with the restaurant staff: Chinese tea as the before-dinner drink; Qingdao beer and Chinese alcohol as the with-dinner drink; Metheglin as the after-dinner drink.

5. Exercise

Translate the following English into Chinese.

(1) Have you decided what to drink, sir?

(2) I'd like to have a change. But I don't know what to drink today.

(3) What's today's special?

(4) Would you like to try some Chinese alcohol?

(5) Do you want to have an appetizer first?

Section 12 Housekeeping Department

Part 1 Linens and Laundry
洗衣服务

1. Lead-in

Key point:

the function of linen room; to offer laundry services; to handle complaints about laundry from guests.

Warm up:

Ways of washing usually include: Laundry (湿洗); Drying-cleaning (干洗); Hand-wash (手洗); Press only (单烫); Starch (上浆); Heavy (重浆); Light (水浆); Medium (中浆); No (免浆).

2.Useful Expressions

(1) Can you send someone to Room 1537 to pick up my laundry?
你能不能派人来 1537 房间取我送洗的衣物?

(2) How long does your laundry service usually take?
你们洗衣服务一般要多长时间?

(3) We will deliver it to your room by tomorrow noon.
我们会在明天中午以前送回您房里。

(4) For clothes received before 11:00 a.m., we'll deliver them to your room by 8:00 p.m. the same day; for those received before 3: 00 p.m., you may get them back by noon the next day.
您在早上 11 点前送洗的衣物，我们会在晚上 8 点前送回给您；下午 3 点以前送洗的衣物，我们会在第二天中午以前送回。

(5) By the way, I don't want this shirt starched, and I'd like this sweater washed by hand in cold water.
还有，我不想给这件衬衫上浆，毛线衫我希望能用冷水手洗。

(6) We will deliver them around 7 p.m. tomorrow.
我们明天下午7点左右把它们送过去。

(7) We have some laundry done this morning. Two shirts and two skirts. But they are not sent back yet.
我们今早送了一些衣服去洗，两件衬衫和两条裙子，但它们到现在还没有送回来。

(8) Your laundry has been done but it was sent to another room by mistake. We will get them back right away and send them to your room.
您的衣服已经洗好，但是错送到别的房间了。我们会马上把它们找回，送到您房里。

3.Dialogue

(A: Room Attendant; B: Guest)

A: Excuse me. Have you any laundry (需要洗的衣服)? The laundry man is here to collect it.

B: No, not now, thank you.

A: If you have any, please just leave it in the laundry bag. The laundry man comes over to (过来) collect it every morning.

B: Thank you.

A: Please tell us or notify in the list whether you need your clothes laundry, dry-cleaning or pressing and also what time you want to get them back.

B: I see. What if there is any laundry damage? I wonder if your hotel has a policy on dealing with (处理) it.

A: In such a case, the hotel should certainly pay for it. The indemnity (赔偿) shall not exceed ten times the laundry (烫洗费用).

B: That sounds quite reasonable. I hope there's no damage at all.

A: Don't worry, sir. The Laundry Department has wide experience in their work.

B: All right. Thank you for your information.

A: Not at all.

4. Role Play

Situation: A guest finds his/her garment with embroidered-items (绣花) ruined after laundry. He/she did not point out that the garment needed special treatment, which he/she was supposed to do. So the clerk discusses the responsibility with the guest.

5. Exercise

Complete the conversation according to the instruction.

(A: Housekeeper; B: Guest)

A: ________________________ (客房服务，请问我能进来吗)?

B: Yes. I'd like to have this laundry done, please.

A: OK, madam. ________________________ (您能填下这个洗衣表吗)?

B: OK. But where is it?

A: Just in the drawer of the writing desk.

B: Fine. By the way, I don't want this shirt starched, ________________________ (并且我还想把这件毛衣用冷水手洗了).

A: OK. I understand, madam. One shirt, one sweater, a pair of socks and a pair of trousers. ________________________ (总共有四件).

B: ________________________ (什么时候可以洗好)?

A: We will deliver them around 7:00 p.m. Tomorrow.

B: Thank you.

A: You are welcome.

Part 2 Complaints and Emergencies 处理投诉及突发事件

1. Lead-in

Key point:

To deal with guest complaints; To deal with emergencies.

Warm up:

Emergencies that might happen in a hotel usually include: Sick / injured guest;

Getting on fire; Earthquake / air-attack; Loss of things.

2. Useful Expressions

(1) Is there anything wrong, sir?
先生，出了什么事?

(2) Could you attend to this matter at once?
你能马上处理这件事吗?

(3) I'm terribly sorry, sir. I'll attend to it at once. / I'll see to it right away.
很抱歉，先生。我会马上处理这件事的。

(4) I'll speak to the person in charge and ask him to take care of the problem.
我会告诉负责人的，让他来解决这个问题。

(5) Would you mind coming with me to my office and explain what exactly happened?
如果不介意的话，能不能到我的办公室详细解释一下所发生的事情？

3. Dialogue

(A: Housekeeper; B: Guest)

A: Housekeeping. May I help you?

B: Yes. This is Mr. White in Room 708. There is something wrong in my room that annoys me a lot.

A: What's the matter, Mr. White?

B: Well, my bed is quite a mess. It seems that nobody has come to make the room for me. And there is no toilet paper in the bathroom.

A: I'm sorry to hear that, Mr. White. First I want to apologize for the inconvenience we have brought to you. You know it's the high season now, and we might have overlooked some points. I'll send a housemaid to your room at once. I'm sorry, Mr. White. Please pardon us.

B: It's OK. I can understand.

A: We appreciate your understanding so much. And I assure you this won't happen again.

B: OK. Thank you.

A: You are welcome.

4. Role Play

Situation: Mrs. Winston has lost her gold earrings in the hotel. She goes to reception office to complain about the lost earrings and you are the receptionist. She insists that the housemaid has stolen her earrings. What will you say and what will you do?

5. Exercise

Translate the following Chinese into English.

(1) 你能马上处理这件事情吗?

(2) 请稍等一会儿，先生，我去把我们经理叫过来。

(3) 请接受我代表饭店向您道歉。

(4) 如果您还需要别的什么东西，请一定要告诉我们。

(5) 您感觉好点儿了吗，先生?

参考文献

[1] 刘红专 . 客房服务与管理 [M]. 桂林 : 广西师范大学出版社 , 2014.

[2] 贺湘辉 . 饭店客房管理与服务 [M]. 北京 : 清华大学出版社 , 2005.

[3] 吴旭云 . 客房部的运行与管理 [M]. 北京 : 中国旅游出版社 , 2012.

[4] 黄英 . 饭店客房管理实务 [M]. 北京 : 清华大学出版社 , 2008.

[5] 朱承强 . 饭店客房管理 [M]. 北京 : 旅游教育出版社 , 2004.

[6] 范运铭 . 客房实务 [M]. 重庆 : 重庆大学出版社 , 2009.

[7] 本书编写组 . 旅游饭店星级的划分与评定释义 [M]. 北京 : 中国旅游出版社 , 2010.

[8] 姜红 . 餐饮服务与管理 [M]. 大连 : 大连理工大学出版社 , 2011.

[9] 陈静，谢洪勇 . 餐饮服务与管理 [M]. 上海 : 上海交通大学出版社 , 2011.

[10] 叶红 . 客房服务与管理实务 [M]. 北京 : 北京大学出版社 , 2010.

[11] 汝勇健 . 客房管理实务 [M]. 北京 : 旅游教育出版社 , 2010.

[12] 朱小彤 . 客房服务与管理 [M]. 北京 : 旅游教育出版社 , 2013.

参考答案

前厅部

第一章　ABC
第二章　ADB
第三章　DDC

客房部

第四章

第一节 BCBAD 对，对，错，错，对
第二节 AABBC 错，对，错，对，错
第三节 ACBCA 对，错，错，错，对

第五章

第一节 ABCDD 错，对，错，对，错
第二节 AABBD 对，对，对，错，错

第六章

第一节 DABAD 对，错，错，对，错
第二节 CDDAD 对，错，错，对，错
第三节 ADBBC 错，对，错，对，对
第四节 BCBAD 对，对，错，错，错

餐饮部

第七章

第一节 DDBDC 对，错，错，错，对
第二节 DACAC 错，对，错，对，对
第三节 CADBB 错，对，对，对，错

第八章

第一节 CCBDA 错，错，错，错，对
第二节 ACDCD 对，错，对，对，错
第三节 DBADB 对，对，错，对，错
第四节 BDDBA 错，错，对，对，错

第九章

CCBAB 对，错，错，对，对

English For Hospitality

Section 10

Part 1

(1) guests (2) response (3) woken (4) guide (5) souvenirs (6) free (7) incident (8) street (9) connect (10) incoming

Part 2

(1) tourist (2) order (3) agency (4) accessible (5) modern (6) fax (7) hour (8) handle (9) straight (10) Garden

Part 3

(1) Just a moment, please. I'll draw up your bill for you.
(2) May I have a receipt?
(3) Shall I explain some items for you?
(4) We will correct the bill and subtract 200 Yuan from the total.
(5) I really must apologize for the inconvenience.

Section 11

Part 1

(1) May I move this dish to your side?
(2) Waitress, can you bring me the menu? I want to order something more.
(3) Can I change a table?
(4) You seem to have brought me a wrong dish.
(5) One moment. Is it the specialty of your restaurant?

Part 2

1-5 CABDB　6-10 CDADB

Part 3

(1) 您决定喝什么了吗，先生？

(2) 我今天想换换口味，但不知道喝什么。

(3) 今天的特色酒是什么？

(4) 您想不想试试中国酒？

(5) 要不要先来点开胃菜？

Section 12

Part 1

(1) Housekeeping. May I come in?

(2) Would you fill in the laundry form, Please?

(3) And I'd like this sweater washed by hand in cold water.

(4) There are four pieces all together.

(5) When will they be ready?

Part 2

(1) Could you attend to this matter at once?

(2) Just a moment, sir. I'll get the manager.

(3) Please accept my apology on behalf of the hotel.

(4) If there is anything more you need, please don't hesitate to tell us.

(5) Are you feeling better, sir?